高等院校**金融学新形态**系列教材

证券投资理论与实务

微课版|第2版

赵文君◎主编

李莹 姜睿◎副主编

Securities Investments Theory and Practice

人民邮电出版社

北 京

图书在版编目（ＣＩＰ）数据

证券投资理论与实务：微课版 / 赵文君主编. -- 2
版. -- 北京：人民邮电出版社，2024.3
高等院校金融学新形态系列教材
ISBN 978-7-115-63856-4

Ⅰ.①证… Ⅱ.①赵… Ⅲ.①证券投资－高等学校－
教材 Ⅳ.①F830.91

中国国家版本馆CIP数据核字(2024)第046503号

内 容 提 要

本书介绍了证券投资的基本理论和各种具体证券的有关投资内容。全书共9章，包括证券投资概述、债券、股票、证券投资基金、金融衍生工具、证券市场运行、证券投资基本分析、证券投资技术分析，以及量化投资、大数据分析与智能投顾。

本书配有PPT课件、教学大纲、电子教案、课后习题答案、模拟试卷及答案等教学资源，用书老师可在人邮教育社区免费下载使用。

本书可作为普通高等院校金融学、投资学、金融工程、信用管理、会计学、保险学、国际经济与贸易、经济学、财务管理和审计学等专业相关课程的教材，也可作为投资者进行培训或自学的参考书。

◆ 主　　编　赵文君
　　副主编　李　莹　姜　睿
　　责任编辑　王　迎
　　责任印制　胡　南

◆ 人民邮电出版社出版发行　　北京市丰台区成寿寺路 11 号
　　邮编　100164　　电子邮件　315@ptpress.com.cn
　　网址　https://www.ptpress.com.cn
　　北京市艺辉印刷有限公司印刷

◆ 开本：787×1092　1/16
　　印张：12.5　　　　　　　　　　2024 年 3 月第 2 版
　　字数：359 千字　　　　　　　　2024 年 3 月北京第 1 次印刷

定价：59.80 元

读者服务热线：(010)81055256　印装质量热线：(010)81055316
反盗版热线：(010)81055315
广告经营许可证：京东市监广登字 20170147 号

前 言 FOREWORD

《证券投资理论与实务（微课版）》一书自 2020 年 8 月出版以来，已经重印了多次，不仅在高校中被广泛使用，而且深受社会上广大读者的欢迎。在过去的几年里，科创板开板；历经四年多时间修订完成的《中华人民共和国证券法》自 2020 年 3 月 1 日起施行；中小板市场华丽转身；广州期货交易所、北京证券交易所相继成立。党的二十大报告指出，要健全资本市场功能，提高直接融资比重。2023 年 2 月 17 日，股票发行注册制相关制度规则正式实施。资本市场的这些新变化、新特点、新业务、新知识有必要及时地反映到教材中。在此背景下，我们与时俱进，在《证券投资理论与实务（微课版）》基础上编写了本书。

本书继承了《证券投资理论与实务（微课版）》的特点和优势，除了讲述相关理论知识外，增加了实践内容的比例；将现代金融的前沿思想和创新实务相融合，力图充分反映国际、国内资本市场的新变化。

本书对《证券投资理论与实务（微课版）》的部分章节进行了调整和精简，如在第一章增加了证券投资操作的相关实操内容；将《证券投资理论与实务（微课版）》第六章的内容进行拆分，添加到第二章至第四章对应的定价内容中；在第四章增加了基金运作实务的内容比例；在第六章增加了《中华人民共和国证券法》中关于注册制的内容；将《证券投资理论与实务（微课版）》第九章和第十章内容整合为本书的第八章，侧重于技术分析方法的实践应用；因互联网金融兴起，金融创新盛行，故增加了量化投资、大数据分析与智能投顾等内容，作为本书的第九章；每章增加了思维导图，便于读者直观地了解章节内容；对大部分案例进行了补充和更新，在每章中增加了关于实训操作的具体练习；对各章所涉及的政策、法规也都进行了及时更新。总之，各章内容均有不同程度的修改。

本书由哈尔滨金融学院赵文君担任主编，李莹、姜睿担任副主编；由赵文君提出编写要求、撰写大纲，并经本书全体编者多次集体讨论后分工撰写而成，最后由赵文君负责定稿。参编人员的具体分工如下：第一章、第二章、第三章由李莹编写；第四章和第七章由赵文君编写；第五章和第六章由姜睿编写；第八章由张晓鹏编写；第九章由李春丽编写。

由于工作原因，《证券投资理论与实务（微课版）》的部分编写者不再参与本书的编写工作，但他们为《证券投资理论与实务（微课版）》的成稿奠定了基础，在此对他们的贡献表示由衷的感谢。

编者

目 录 CONTENTS

第九章 量化投资、大数据分析与智能 投顾 / 185

第一章　证券投资概述

知识学习目标与思维导图

掌握投资、证券和证券投资的基本知识；掌握证券投资的操作流程，会使用证券投资软件。

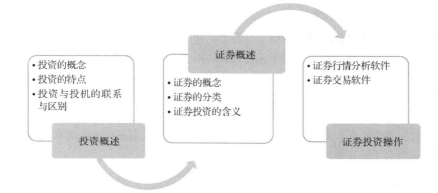

案例导入

投资方式选择

2023 年春天，于先生有一笔资金想要投资，但是考虑到房地产市场未来的升值空间有限，存入银行收益率又太低，理财产品和信托产品又不够灵活，于是咨询理财规划师还有哪些投资渠道可供选择。理财规划师告诉于先生，他有如下投资渠道：第一，到银行购买基金；第二，购买债券；第三，到证券公司开户购买股票；第四，购买黄金和外汇资产。经过权衡，于先生决定用一部分资金购买证券投资基金，将另一部分资金投入证券公司开立证券账户并购买股票。

从于先生的选择来看，不论他是到银行购买基金还是到证券公司开户购买股票都属于证券投资的范畴，那么到底什么是证券投资呢？

1-1　课程概要

第一节　投资概述

一、投资的概念

（一）投资

在商品经济社会中，投资是普遍存在的经济现象，很多情况下，人们往往把能够带来报酬的支出行为称为投资。一般来说，投资是指预先投入实物或货币，形成实物资产或金融资产，借以获取未来收益的经济行为。投资本质上是一种以获取未来收益为目的而进行的财富预付行为。

（二）投资学概念

投资学学科着重介绍证券投资方面的基本理论和相关知识，主要涉及证券投资工具、证券市场及其运行、证券交易的程序和方式、证券投资的风险与收益、证券投资分析方法和证券投资管理与评价等内容。其中，证券投资分析方法的内容最为复杂和深奥，包括了以下3种分析：基本分析、技术分析和演化分析。证券投资分析方法所涉及的学术领域相当广泛，包括经济学、金融学、心理学、行为学、生物学、认知科学、应用数学等。

二、投资的特点

投资是当前支出一定财富的经济活动。从静态的角度来看，投资是现在垫支一定量的资金的经济行为。从动态的角度来看，投资是为了获得未来的报酬而采取的经济行为。从动态和静态两方面来看，投资具有以下特点。

（1）时间性。从资金的投入到资金的收回需要一定的时间间隔，有一个过程。

（2）收益性。一项投资的终极目标是获取收益。

（3）风险性。投资需要一定的时间间隔，在这期间将会有很多不确定的因素影响，导致获取收益和收回本金都具有不确定性。

三、投资与投机的联系与区别

（一）投机的概念

投机指利用市场出现的价差进行买卖并从中获得利润的交易行为。投机可分为实体经济投机和虚拟经济投机两大领域，其中内涵最为丰富、原理最为复杂的是证券投机。

（二）投资与投机的相同之处

第一，两者都是以获得未来货币的增值或收益为目的而预先投入货币的行为，即本质上没有区别；第二，两者的未来收益都具有不确定性，投资者或投机者需要承担本金损失的风险。

（三）投资与投机的不同之处

1．两者的期限长短不同

一般认为，投资的期限较长，投资者愿意进行实物投资或长期持有证券；而投机的期限较短，投机者热衷于频繁地快速买卖。

2．两者的利益着眼点不同

投资者着眼于长期利益；而投机者只着眼于短期的价格涨跌，以谋取短期利益。

3．两者承担的风险不同

一般认为，投资的风险较小，本金相对安全；而投机的风险较大，本金有损失的风险。因此，投机被称为"高风险的投资"。

4．两者的交易方式不同

投资一般是一种实物交割的交易行为，而投机往往是一种信用交易行为。

第二节　证券概述

一、证券的概念

证券是指各类记载并代表一定权利的法律凭证。它表明证券持有人或第三者有权取得该证券拥有的特定权益，或证明其曾发生过的行为。从这个角度来看，股票、国债、证券投资基金是证券，提货单、保险单、存款单也是证券。

人们通常所说的证券指的是有价证券。有价证券是指标有票面金额，用于证明持有人或该证券指定的特殊主体对特定财产拥有所有权或债权的凭证。有价证券不是劳动产品，所以本身没有价值。由于它代表着特定的财产权利，持有人可凭该证券直接取得一定量的商品、货币，或是利息、股息等收入，因而它可以在证券市场上买卖，客观上具有交易价格。

二、证券的分类

（一）按照证券代表的权利性质分类

按照证券代表的权利性质，有价证券可划分为股票、债券和其他证券。股票和债券是证券市场中两个最基本和最主要的品种。其他证券，如金融期货、可转换债券、金融期权等将在第五章详细介绍。

（二）按照证券的发行主体分类

按照证券的发行主体，有价证券可划分为政府证券、政府机构证券和公司（企业）证券。

（1）政府证券是指由中央政府或地方政府发行的债券，是政府凭借其信誉，采用信用方式，筹措财政资金或建设资金的债务凭证。

（2）政府机构证券是指政府所属机构、公共团体或与政府有直接关系的企业发行的债券。

（3）公司（企业）证券是公司（企业）为筹措资金而发行的有价证券。

（三）按照上市与否分类

按照上市与否，有价证券可划分为上市证券和非上市证券。这种划分一般只适用于股票和债券。

（1）上市证券是向证券交易所注册登记，经批准在所内挂牌公开交易的有价证券。

（2）非上市证券是指未申请上市或不符合证券交易所上市条件的证券。非上市证券不允许在证券交易所内交易，但可以在其他证券交易市场上交易。凭证式国债和普通开放式基金份额属于非上市证券。

（四）按照募集方式分类

按照募集方式，有价证券可划分为公募证券和私募证券。

（1）公募证券是指发行人通过中介机构向不特定的社会公众投资者公开发行的证券。公募证券审核较严格，并且采取公示制度。

（2）私募证券是指向少数特定的投资者发行的证券。私募证券审查条件相对宽松，投资者相对较少，所以不采取公示制度。目前我国信托投资公司发行的集合资金信托计划以及商业银行和证券公司发行的理财计划均属于私募证券。

三、证券投资的含义

（一）证券投资的概念

证券投资是指经济主体投入资本，通过购买股票、债券等有价证券以获取股权和预期投资收益的投资活动。

（二）证券投资的要素

1．证券投资主体

证券投资主体就是证券市场上的投资者，包括机构投资者和个人投资者。

（1）机构投资者主要包括金融机构、各类基金、政府机构和企事业法人。

（2）个人投资者是从事证券投资的社会自然人，是证券市场上最为广泛的投资者。

2．证券投资客体

证券投资客体就是证券投资的对象，是指包括股票、债券在内的各种有价证券。证券发行人将其作为筹资工具；投资者则将其作为投资工具，借以获取投资收益。

3．证券投资目的

投资者进行证券投资的目的主要有以下几个。

（1）获取预期收益。

（2）分散风险。

（3）提高资产的流动性。

（4）充分利用闲置资金。

（5）取得公司实际控制经营权。

4．证券投资方式

证券投资的方式多种多样，投资者可以针对某种特定证券进行投资，也可以选择几种证券组合投资；可以长期持有，也可以短线操作；可以定期分散投资，也可以一次性投入。证券投资方式没有一定之规，投资者根据自己的资金实力、收益预期和风险承受能力来选择适合的投资方式即可。

5．证券投资风险

证券投资风险是指证券投资收益的不确定性。由于证券市场瞬息万变，投资者的实际收益有可能比预期收益高，也有可能比预期收益低。实际收益与预期收益的差额越大，说明证券投资风险越大。根据风险的影响范围和风险是否能通过一定手段分散，证券投资风险可分为系统性风险与非系统性风险。

第三节　证券投资操作

1-2　证券行情分析
软件介绍

一、证券行情分析软件

（一）行情软件盘面解释

证券行情分析软件的使用熟练程度是判断一个证券从业人员专业与否的重要参考指标之一，所以证券从业人员必须熟练掌握证券行情分析软件的操作，明白软件中涉及的名词的含义。对任何一款行情软件的熟练使用都离不开对盘面的理解，在理解盘面的基础上才能更好地使用行情软件的相应功能。

中国石油（601857）2023年11月10日行情盘面如图1-1所示。

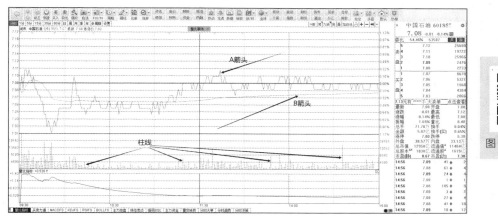

图1-1（彩色）

图1-1　中国石油（601857）2023年11月10日行情盘面

1．价位

价位是指买卖价格的升降单位，价位的高低因股票每股市价的不同而异。价位包括开盘价、收盘价、最高价、最低价等。

开盘价，指每个交易日开市后，某只证券的第一笔买卖成交价。

收盘价，通常指某种证券在证券交易所每个交易日的最后一笔买卖成交价格。

最高价，是指某种证券在每个交易日从开市到收市的交易过程中所产生的最高价格。如果当日该种证券成交价格没有发生变化，最高价就是即时价；若当日该种证券停牌，则最高价就是前收市价。如果证券市场实施了涨停板制度或涨幅限制制度，则最高价不得低于前市收盘价×（1+最大允许涨幅比率）。

最低价，是指某种证券在每个交易日从开市到收市的交易过程中所产生的最低价格。如果当日该种证券成交价格没有发生变化，最低价就是即时价；若当日该种证券停牌，则最低价就是前收市价。如果证券市场实施了跌停板制度或跌幅限制制度，则最低价不得低于前市收盘价×（1-最大允许跌幅比率）。

成交价，指某种证券在交易日从开市到收市的交易过程中即时产生的成交价格。成交价揭示行情不停变动。直到当日该种证券收市后，成交价格也就是收市价。股票的成交价是按如下原则确立的：最高的买入申报与最低的卖出申报相同；在连续竞价状态，高于卖出价的买入申报以卖出价成交，低于买入价的卖出申报以买入价成交。有的分析软件中显示的"最新"表示当前的最新价，和成交价意义相同。

2．成交量和成交金额

成交量是指股票成交的数量，单位为股或手，1手=100股。其中：总手是指当日从开市到目前为止该股票成交的总数量，现手是指刚刚成交的那一笔股票数量。成交金额是指已成交证券的价值，单位为元或万元。有的分析软件中成交金额显示为总额。

3．涨跌幅

涨跌幅是指当日股票（或指数）最新价与前一日收盘价相比的涨跌百分比幅度，正值为上涨，负值为下跌，零为持平。涨跌，是当前市价和上一个交易日收盘价的差价。涨跌幅=（当前价-上一交易日收盘价）÷上一交易日收盘价×100%，正值为涨幅，负值为跌幅。

4．内盘和外盘

内盘就是股票在买入价成交，成交价为委托买入价，说明抛盘比较踊跃。外盘就是股票在卖出价成交，成交价为委托卖出价，说明买盘比较积极。

5．现手和总手

现手就是最近一笔的成交量，总手就是当天的总成交量。现手数值由红绿两种颜色表示。一般来说，红色表示按卖价成交；绿色表示按买价成交。

【例 1-1】如果 A 下单 10 元买 1 000 股，B 下单 10.01 元卖 3 000 股。10 元是买入价，10.01 元是卖出价。买入价低于卖出价，买卖不会成交。

这时，C 下单 10.01 元买 2 000 股，于是 B 的股票中就有 2 000 股卖给 C（还有 1 000 股没有卖出去）。这时，成交价是 10.01 元，现手就是 20 手，即 2 000 股，成交现手数值显示 20，显示的数值颜色是红色。

还是上面的情况，如果 D 下单 10 元卖 2 000 股，于是 A 和 D 就成交了。这时成交价是 10 元，由于 A 只买 1 000 股，所以成交了 1 000 股，现手是 10 手，成交现手数值显示 10，数值颜色是绿色。

6．换手率

换手率也称"周转率"，指在一定时间内市场中股票转手买卖的频率，是反映股票流通性强弱的指标之一。换言之，换手率就是当天的成交股数与流通总股数的比值。换手率低，说明成交不活跃，如果是庄股，则说明筹码已基本集中到主力手中，浮筹不多；换手率高，说明交投踊跃，反映主力大量吸货，有较高的活跃度，今后拉高可能性大。

另外，将换手率与股价走势相结合，可以对未来的股价做出一定的预测和判断。某只股票的换手率突然上升，成交量放大，可能意味着有投资者在大量买进，股价可能会随之上扬；如果某只股票持续上涨了一段时间后，换手率又迅速上升，则可能意味着一些获利者要套现，股价可能会下跌。

然而值得注意的是，换手率较高的股票，往往也是短线资金追逐的对象，投机性较强，股价起伏较大，风险也相对较大。一般来讲，一只股若想有较好的上涨行情，必须保持相对较高的换手率。

7．委比

委比是衡量一段时间内场内买、卖盘强弱的技术指标。它的计算公式为：委比=[（委买手数－委卖手数）/（委买手数＋委卖手数）]×100%。若委比为正值，说明场内买盘较强；若委比为负值，则说明买盘较弱。

8．量比

量比是衡量相对成交量的指标，它是当日开市后每分钟的平均成交量与过去 5 个交易日平均每分钟成交量之比。

当量比大于 1 时，说明当日每分钟的平均成交量大于过去 5 个交易日的平均数值，交易比过去 5 个交易日活跃；当量比小于 1 时，说明现在的成交量比不上过去 5 个交易日的平均水平。

9．分时走势图

蓝色曲线（如图 1-1 中 A 箭头所示）表示该种股票即时成交的价格；黄色曲线（如图 1-1 中 B 箭头所示）表示该种股票即时成交的平均价格，即当天成交总金额除以成交总股数；柱线（如图 1-1 中柱线所示）位于蓝黄两条曲线下方，用来表示每一分钟的成交量。

（二）行情软件的使用

在安装完行情软件后，可弹出行情软件的登录界面。

登录后，进入行情软件主界面，如图 1-2 所示。在这里可以看到一些综合数据，包括上证指数、深证成指、创业板指、科创 50 等。

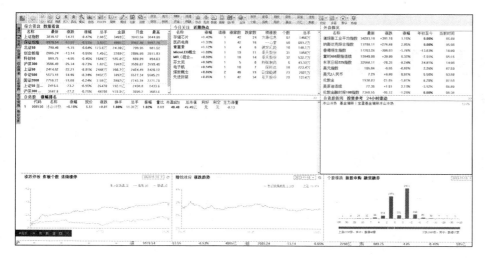

图 1-2（彩色）

图 1-2　行情软件主界面

1．查看指数及个股走势图

第一种方式是通过输入指数（或个股）名称的拼音首字母来调出相应的走势图。如输入"上证指数"的拼音首字母"SZZS"，软件会自动匹配与这 4 个字母相对应的入口，随后可通过双击这一入口调出相应的上证指数走势图，如图 1-3 所示。

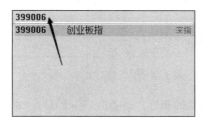

图 1-3　通过输入指数名称的拼音首字母查看走势图

第二种方式是通过输入指数（或个股）代码调出相应的走势图。每一种股票指数都有其相应的代码，每一只个股也有其相应的代码。随着对股票市场的不断熟悉，投资者会慢慢记住常见的股票指数和大盘股的代码，可以通过输入代码来调出相应的走势图，如图 1-4 所示。

图 1-4　通过输入代码来查看走势图

7

第三种方式是通过快捷键调出走势图。很多行情走势及功能都有相应的快捷键，通过快捷键，投资者可以更高效地调出相应的功能组件或行情走势图。表 1-1 是同花顺软件部分快捷键及操作说明。

表 1-1　同花顺软件部分快捷键及操作说明

快捷键	操作说明	快捷键	操作说明
F3（03）	上证大盘	F6（06）	看自选股
F4（04）	深圳大盘	F12	委托下单
F10（10）	看公司资讯	Insert	加入自选股
F5（05）	切换分时、K 线	Delete	删除自选股
enter	切换类型（列表、分时、K 线）	Ctrl+F	公式管理器
Esc	返回上一画面	Ctrl+H	查看港股关联代码
F1	成交明细	Ctrl+L	两股对比
F2	价量分布	Ctrl+R	查看所属板块
F7	个股全景	Ctrl+T	分笔走势
F8	分析周期	Ctrl+Z	缩放右侧单元表
F9	牛叉诊股	.+1	卖一价买入
F11	基本资料	.+2	卖二价买入

2．行情软件技术分析功能讲解

图 1-5 所示为 3 图组合调出技术指标——指数平滑异同平均线 MACD 示意图，MACD 指标见图 1-5 中最下方的图。MACD 指标是一项中、长线指标，投资者在投资时可以参考该指标，也可以对该指标的参数进行设置。

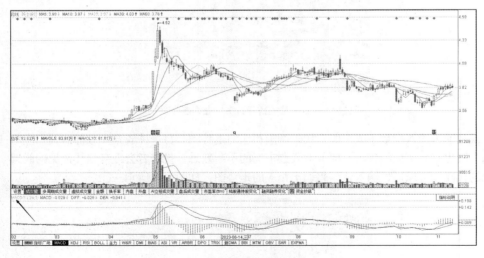

图 1-5（彩色）

图 1-5　调出技术指标 MACD 示意图

同理，投资者还可以调出其他的指标，如随机指标 KDJ，如图 1-6 所示。

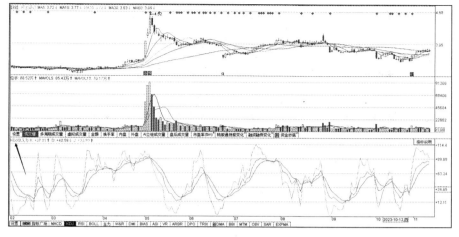

图1-6（彩色）

图1-6　调出技术指标 KDJ 示意图

　　另一款行情软件大智慧365软件包含了丰富的技术指标，既有普通指标，也有专业指标，还有特色指标。投资者可以通过菜单栏中的"常用工具""系统指示"调出"系统指示"对话框来查看各类指标。图1-7所示为"系统指示"对话框，在"系统指示"对话框左侧选择相应的技术指标后，右侧就会显示相应指标的常用参数设置情况（见图1-8）。对话框左下方有相应指标的"用法注释"和"修改公式"按钮。

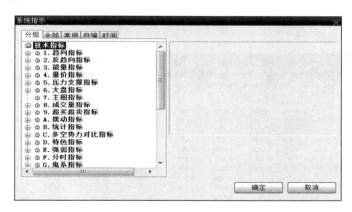

图1-7　"系统指示"对话框示意图

图1-8　"系统指示"对话框参数设置示意图

"用法注释"对指标的用法做出了简单的说明。例如选择 MACD 指标后，单击"用法注释"按钮，将打开如图 1-9 所示的"MACD 条件选股用法"对话框。

单击"修改公式"按钮可以打开相应技术指标的编辑器对话框。图 1-10 所示为"技术指标公式编辑器"对话框。在这一对话框中，投资者可以对指标的详细参数进行设置，如设置其显示方式为"主图叠加"还是"副图"，设定参数的"禁用周期"，修改"买入规则"等。

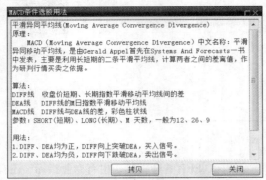

图 1-9　"MACD 条件选股用法"对话框　　　　　图 1-10　"技术指标公式编辑器"对话框

在"行情报价"的左侧有"统计"栏目，在"统计"界面可看到最近 7 日、30 日的阶段涨幅、换手、累计成交量等情况，如图 1-11 所示。同时投资者还可以通过单击"涨幅""总手"等对相关数据进行排序，从而快速搜寻到有用的信息。通过单击"涨幅"，投资者可以按涨幅降序对沪深 A 股进行排序，如图 1-12 所示。

图 1-11（彩色）

图 1-11　"统计"界面

在"常用工具"选项下，投资者可以使用"阶段统计"来实现在预设的时间范围内将当前对话框中所有股票按"阶段换手率""阶段成交量""阶段涨幅"等统计条件进行排序，方便快速找到当前动态显示牌中最符合自身条件的股票，如图 1-13、图 1-14 所示。

序号	代码	名称	最新	涨跌	涨幅↓	换手率	量比	涨速	总额	总手	现手	最高	最低	行业
1	873665	科强股份	8.88	+1.83	25.96%	7.19%	37.66	4.47%	2006万	23718	19	9.10	7.25	橡胶塑料
2	301180	万祥科技	11.39	+1.90	20.02%	4.35%	20.95		2771万	25159	1	11.39	10.22	电子设备
3	836871	派特尔	6.60	+0.81	13.99%	1.84%	10.96	11.43%	463万	7288	31	6.80	5.60	橡胶塑料
4	300685	艾迪生物	17.90	+2.12	13.43%	0.40%	9.66	5.05%	2701万	15829	41	17.98	16.20	医药制造
5	870436	大地电气	8.18	+0.86	11.75%	1.91%	14.06	5.28%	682万	8527	63	8.66	7.10	汽车制造
6	831278	泰德股份	5.00	+0.56	12.61%	3.56%	16.80	-1.96%	1756万	34739	80	5.68	4.33	通用设备
7	837663	明阳科技	13.31	+1.35	11.29%	7.92%	17.33	5.22%	3021万	24054	88	13.31	12.10	汽车制造
8	838171	邦德股份	12.08	+1.23	11.34%	1.16%	9.68	4.95%	703万	6020	31	12.18	10.51	汽车制造
9	002400	省广集团	5.15	+0.47	10.04%	4.10%	12.53		3.37亿	68.62万	193	5.15	4.54	商务服务
10	002931	锋龙股份	12.61	+1.15	10.03%	2.63%	20.63		6204万	49213	49213	12.61	12.36	专用设备
11	603004	鼎龙科技	19.54	+1.78	10.02%	7.59%	9.52		8343万	43778	1	19.54	18.00	化学制品
12	002085	万丰奥威	5.17	+0.47	10.00%	0.90%	7.29		9644万	19.07万	20	5.17	4.83	汽车制造
13	002325	洪涛股份	1.32	+0.12	10.00%	0.49%	1.48		927万	70261	60	1.32	1.32	建筑装饰
14	603033	三维股份	11.33	+1.03	10.00%	0.26%	8.43		2936万	26502	200	11.33	10.46	橡胶塑料
15	603135	中重科技	14.97	+1.36	9.99%	4.72%	28.09		6126万	42455	42455	14.97	13.68	专用设备
16	603960	克来机电	17.40	+1.58	9.99%	1.47%	8.52		6694万	38472	3	17.40	17.40	专用设备
17	603958	哈森股份	15.31	+1.39	9.99%	7.19%	14.34	2.96%	2.24亿	15.77万	39	15.31	12.89	毛皮鞋类
18	002432	九安医疗	36.57	+3.31	9.95%	0.98%	13.40	0.44%	4.79亿	47960	115	36.59	35.17	专用设备
19	300487	蓝晓科技	45.79	+4.27	10.28%	0.42%	6.32	3.90%	5561万	12685	41	45.93	41.02	化学制品
20	839792	东和新材	6.08	+0.49	8.77%	0.73%	11.02	5.92%	234万	3937	3937	6.12	5.52	金属矿制品
21	873570	坤博精工	35.20	+2.33	7.09%	3.87%	8.84	7.38%	1005万	2977	8	35.69	31.51	通用设备
22	839946	华阳变速	4.59	+0.35	8.25%	2.15%	8.23	4.56%	961万	21392	20	4.78	4.20	汽车制造
23	002008	大族激光	15.98	+1.22	8.27%	0.79%	10.37	1.78%	1.21亿	77604	915	16.08	15.10	专用设备
24	301502	C华阳智	51.38	+3.87	8.15%	14.97%	4.42	-0.60%	9980万	20256	24	52.65	44.51	电气机械
25	300003	乐普医疗	13.75	+1.06	8.35%	0.48%	8.31	1.63%	1.04亿	78053	190	13.84	12.52	专用设备

图 1-12　按涨幅降序对沪深 A 股进行排序

图 1-12（彩色）

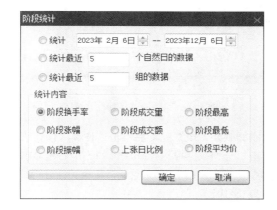

图 1-13　"阶段统计"对话框

序号	代码	名称	阶段换手↓	最新	涨幅	总手	_7日涨幅	_7日换手
1	600560	金自天正	564.29%	15.09	9.99%	2222	18.45%	15.25%
2	600313	农发种业	472.49%	6.00	-3.07%	511	-11.11%	4.78%
3	600138	中青旅	446.04%	9.25	0.00%	89	-16.52%	14.94%
4	300120	经纬辉开	438.43%	4.01	2.04%	184	-30.86%	11.98%
5	002620	瑞和股份	357.56%	3.02	-9.58%	367	-31.98%	14.89%
6	600037	歌华有线	304.62%	5.95	0.00%	100	-16.67%	3.76%
7	300121	阳谷华泰	256.35%	6.87	-0.58%	49	-9.01%	2.76%
8	833454	同心传动	211.82%	13.33	19.98%		117.81%	26.56%
9	600180	瑞茂通	185.38%	9.35	-9.20%	175	-21.01%	4.22%
10	600182	S佳通	163.64%	11.50	-3.77%	146	-18.03%	3.86%
11	600183	生益科技	162.13%	13.75	0.00%	62	-6.65%	2.24%
12	600316	洪都航空	147.44%	13.95	0.22%	28	-15.91%	2.40%
13	600315	上海家化	137.27%	16.00	-1.96%	28	-12.90%	2.43%
14	600000	浦发银行		6.89	0.00%	265	0.00%	0.00%

图 1-14（彩色）

图 1-14　按阶段换手率排序得到的结果

投资者利用上证指数相关性分析功能，可以发现哪只上证 A 股最近 60 个交易日的形态、涨幅与上证指数相关性、相似度最高。

单击"常用工具"选项下的"相关性分析"，先单击"新增栏目"按钮，在弹出的"选择指标"对话框中选择"相关性公式"，分别添加放大倍数、形态相关、涨幅相关、阴阳相关 4 个公式。这 4 个公式的参数都设置为 60，也就是计算出的最终结果是指定日期之前的 60 个交易日的数据计算结果。相关性分析操作如图 1-15 所示。

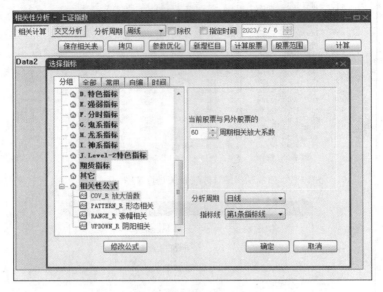

图 1-15　相关性分析操作示意图

单击"股票范围"按钮添加股票，设置完毕后单击"计算"按钮进行数据计算，即可得出 4 个不同数列的相关性系数。单击每一列数据可进行降序排列，排名越靠前，相关系数越大，说明与目标指数或个股走势的相关性越高。图 1-16 所示为上证指数相关性分析结果，结果显示雅戈尔与上证指数的涨幅相关系数最高，为 0.4191。

Data2	放大倍数	形态相关	涨幅相关	阴阳相关	放大倍数
雅戈尔	0.1032	0.8030	0.4191	0.3251	0.1032
华夏银行	0.2035	0.7448	0.4045	0.1827	0.2035
葛洲坝	0.1141	0.4589	0.3800	0.1827	0.1141
浦发银行	0.1207	0.7960	0.3486	0.0528	0.1207
民生银行	0.1173	0.2331	0.3215	0.1920	0.1173
上海电力	0.0727	-0.2741	0.3115	0.1920	0.0727
皖通高速	0.1295	0.0624	0.2973	0.1292	0.1295
华能国际	0.0906	0.6220	0.2828	-0.0773	0.0906
上港集团	0.0685	0.0490	0.2528	0.1920	0.0685
日照港	0.0655	-0.2183	0.2163	0.0000	0.0655
中国国旅	0.3183	0.7268	0.2144	-0.0598	0.3183
电子城	0.2282	-0.5540	0.2142	0.0773	0.2282
爱使股份	0.0952	0.6779	0.1890	0.0000	0.0952
鲁抗医药	0.4583	0.6779	0.1890	-0.0689	0.4583
中国石化	0.0892	-0.6157	0.1843	0.0000	0.0892
云天化	0.0812	-0.3614	0.1823	0.1796	0.0812
八一钢铁	0.2516	0.6310	0.1769	0.0000	0.2516
中原高速	0.0366	0.1939	0.1733	0.0887	0.0366
宝信软件	0.0045	0.6152	0.1712	0.0000	0.0045
豫园商城	0.0379	0.7020	0.1702	0.2874	0.0379

图 1-16　上证指数相关性分析结果

二、证券交易软件

（一）交易登录

普通投资者并不允许直接进入证交所进行交易，普通投资者要想参与证券买卖活动，需要通过相关的中介机构，而券商就是这一中介机构。券商通过计算机系统接受投资者的买卖委托申请，并把相应的成交结果实时地反馈给投资者。若一笔交易达成，券商就会按成交金额收取相应的佣金。

投资者可以利用证券行情软件来获得证券每个交易日的盘中实时成交情况、实时成交价位等信息。证券行情软件多种多样，但所提供的功能基本相似，投资者可以根据自己的喜好来选择。投资者确定了券商并完成了相应的开户程序后就可在网上进行交易。一般来说，不同的券商会提供不同的买卖委托软件，投资者可以从相应券商的官方网站下载。通过委托软件，投资者就可以根据自己对价格走势的判断挂出委买单或委卖单进行交易。

（二）交易主界面

随着互联网的发展，很多交易都通过自助委托来完成。以卖出某只股票为例，其委托指令的一般内容如图 1-17 所示。

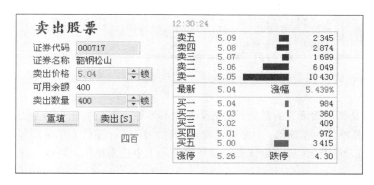

图 1-17　卖出某股票委托指令下单界面

（三）买卖股票、委托下单

在证券交易所市场，只有证券交易所的会员（在我国主要是证券公司）才能进行证券买卖，那么非会员投资者想要买卖证券就必须通过证券交易所的会员来进行。换而言之，非会员投资者需要通过经纪商的代理才能在证券交易所买卖证券。在这种情况下，非会员投资者向经纪商下达买进或卖出证券的指令，就称为"委托"。

委托指令有多种类型，如表 1-2 所示。

表 1-2　委托指令的类型

分类依据	类型
根据委托订单的数量分类	整数委托和零数委托
根据买卖证券的方向分类	买进委托和卖出委托
根据委托价格限制分类	市价委托和限价委托
根据委托时效限制分类	当日委托、当周委托、无期限委托、开市委托和收市委托等
根据投资者是否亲自到证券部营业柜台下达委托指令分类	柜台委托和非柜台委托

在委托指令中，不管是采用填写委托单还是自助委托方式，都要反映投资者买卖证券的基本要求或具体内容，委托指令的基本要素能体现出投资者的基本要求或具体内容。以委托单为例，委托指令的基本要素如下。

（1）证券账号。客户在买卖上海证券交易所上市的证券时，必须填写在中国证券登记结算有限责任公司（简称"中国结算公司"）上海分公司开设的证券账户号码；买卖深圳证券交易所上市的证券时，必须填写在中国结算公司深圳分公司开设的证券账户号码。

（2）日期。日期即客户委托买卖的日期，填写年、月、日。

（3）品种。品种指客户委托买卖证券的名称，也是填写委托单的第一要点。填写证券名称的方法有全称、简称和代码3种（有些证券品种没有全称和简称的区别，仅有一个名称）。通常的做法是填写代码及简称，这种方法比较方便快捷，且不容易出错。上海证券代码和深圳证券代码都为一组6位数字。委托买卖的证券代码与简称必须一致。表1-3所示为交易所股票的代码、简称和全称示例。

表1-3 股票代码、简称和全称示例

证券市场	股票代码	股票简称	股票所属股份有限公司全称
上海证券交易所	600000 688793（科创板市场）	浦发银行 倍轻松	上海浦东发展银行股份有限公司 深圳市倍轻松科技股份有限公司
深圳证券交易所	000001 300027（创业板市场）	平安银行 华谊兄弟	平安银行股份有限公司 华谊兄弟传媒股份有限公司

（4）买卖方向。客户在委托指令中必须明确表明委托买卖的方向，即是买进证券还是卖出证券。

（5）数量。这是指买卖证券的数量，可分为整数和零数。整数委托是指委托买卖证券的数量为1个交易单位或交易单位的整数倍。1个交易单位俗称"1手"。零数委托是指客户委托证券经纪商买卖证券时，买进或卖出的证券不足证券交易所规定的1个交易单位。目前，我国只在卖出证券时才有零数委托。

（6）价格。这是指委托买卖证券的价格。在我国上海证券交易所和深圳证券交易所的交易制度中，涉及委托买卖证券价格的内容包括委托价格限制形式、证券交易的计价单位、申报价格最小变动单位、债券交易报价组成等方面。

（7）时间。这是指客户填写委托单的具体时点，即上午×时×分或下午×时×分。委托时点也可由证券经纪商填写。时间是检查证券经纪商是否执行时间优先原则的依据。

（8）有效期。这是指委托指令的有效期间。有效期内，如果委托指令未能成交或未能全部成交，证券经纪商应继续执行委托。委托有效期满，委托指令自然失效。委托指令有效期一般有当日有效与约定日有效两种。当日有效是指从委托之时起至当日证券交易所营业终了之时止的时间内有效；约定日有效是指委托人与证券公司约定，从委托之时起到约定的营业日证券交易所营业终了之时止的时间内有效。如不在委托单上特别注明，均按当日有效处理。我国现行规定的委托期为当日有效。

（9）签名。客户签名以示对所做的委托负责。若预留印鉴，则应盖章。

（10）其他内容。其他内容涉及委托人的身份证号码、资金账号等。

本章知识要点

一般来说，投资是指预先投入实物或货币，形成实物资产或金融资产，借以获取未来收益的经济行为。投资具有时间性、收益性和风险性的特点。

证券是指各类记载并代表一定权利的法律凭证。它表明证券持有人或第三者有权取得该证券拥有的特定权益，或证明其发生过的行为。证券的种类繁多，可以按照不同的划分依据进行分类。投资者需根据自身需要及各证券特点有选择地进行投资。

证券投资是指经济主体投入资本，通过购买股票、债券等有价证券以获取股权和预期投资收益的投资活动。证券投资的操作包括筹备投资资金、开户、使用证券投资软件、选定投资对象进行投资等。

知识测评与实训操作

一、选择题

1. 证券是指各类记载并代表一定权利的（   ）凭证。它表明证券持有人或第三者有权取得该证券拥有的特定权益，或证明其曾发生过的行为。

    A. 股票　　　　B. 债券　　　　C. 法律　　　　D. 基金

2. （多选）投资的特点包括（   ）。

    A. 时间性　　　B. 收益性　　　C. 空间性　　　D. 风险性

3. （多选）按照募集方式分类，有价证券划分为（   ）。

    A. 公募证券　　B. 股票　　　　C. 债券　　　　D. 私募证券

4. 开盘价，指每个交易日开市后，某只证券的第（   ）笔买卖成交价。

    A. 一　　　　　B. 二　　　　　C. 十　　　　　D. 一百

5. （多选）根据买卖证券的方向对委托指令进行划分，分为（   ）。

    A. 整数委托　　B. 零数委托　　C. 买进委托　　D. 卖出委托

6. 一般来说，（   ）是指预先投入货币或实物，形成实物资产或金融资产，借以获取未来收益的经济行为。

    A. 投资　　　　B. 投机　　　　C. 股票　　　　D. 债券

7. 填写证券名称的方法有全称、简称和（   ）三种。

    A. 数字　　　　B. 汉字　　　　C. 编码　　　　D. 代码

二、判断题

1. 上市证券是指经过证券主管机构核准发行，并经证券交易所依法审核同意，允许在证券交易所内公开买卖的证券。（   ）

2. 私募证券审核较严格，并且采取公示制度。（   ）

3. 实际收益与预期收益的差额越大，说明证券投资风险越大。（   ）

4. 股票和基金是证券市场的两个最基本和最主要的品种。（   ）

5. 委托指令下单时填写的交易证券的数量，可以是整数也可以是零数。（   ）

三、简答题

1. 简述投资与投机的联系和区别。

2. 简述查看指数及个股走势图的三种方式。

四、实训操作题

下载同花顺App，注册成为用户，进行模拟证券投资并将操作结果截屏，形成一份操作报告并记述心得体会。

第二章　债券

知识学习目标与思维导图

　　掌握债券的含义；掌握资产证券化的具体分类；熟练掌握债券定价方法；能够运用债券交易策略指导债券投资。

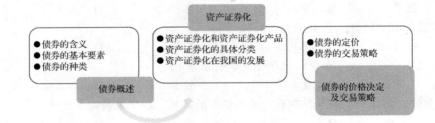

案例导入

青岛成功发行第二期新增政府一般债券 16 亿元

　　2023 年 6 月 29 日，青岛市政府在中央国债登记结算有限责任公司（简称"中央结算公司"）成功发行了 2023 年第二期新增政府一般债券 16 亿元，发行期限为 10 年期，中标利率为 2.72%，较前 5 日国债收益率上浮 5BP。本批一般债券以国债基准上浮 5BP 设置发行底价（以往上浮均不低于 10BP）。本批债券发行利率，为青岛市自地方债发行以来同期限债券最低利率，更好地节约了财政筹资成本，标志着青岛市债券融资管理水平迈上了新台阶。

　　全场投标总量为 401.7 亿元，投标倍数为 25.1 倍。投资者踊跃购买，反映了公开市场对青岛债券的认可，也表明金融机构对青岛市经济社会发展充满信心。

　　材料中所述的债券是什么？债券长什么样子？它的种类有哪些？什么样的债券违约风险比较低，吸引投资者进行投资？

第一节　债券概述

一、债券的含义

（一）债券的定义

　　债券是指政府、金融机构、企业等直接向社会筹措资金时，面向投资者发行，并且承诺按规定利率支付利息并按约定条件偿还本金的债权债务凭证。由此，债券包含了以下 4 层含义。

1. 债券的发行人（政府、金融机构、企业等）是资金的借入者。
2. 购买债券的投资者是资金的借出者。
3. 发行人（借入者）需要在一定时期还本付息。
4. 债券是债的证明书，具有法律效力。债券购买者与发行人之间是一种债权债务关系，债券发行人即债务人，投资者（或债券持有人）即债权人。

（二）债券的特征

债券体现的是债券持有人与债券发行人之间的债权债务关系，具有以下特征。

1. 偿还性。债券一般规定偿还期限，发行人必须按约定条件偿还本金并支付利息。
2. 流通性。债券一般可以在流通市场上自由转让。
3. 安全性。与股票相比，债券通常规定有固定的利率，与企业业绩没有直接联系，收益比较稳定，风险较小。此外，在企业破产时，债券持有人享有优先于股票持有者对企业剩余资产的索取权。
4. 收益性。债券的收益性主要表现在两个方面：一是投资债券可以给投资者定期或不定期地带来利息收入；二是投资者可以利用债券价格的变动，买卖债券赚取差额。

（三）债券与股票的区别

1. 性质不同。债券代表的是发行人与投资者之间的债权债务关系，而股票代表的是股东与股份有限公司之间的所有权关系。
2. 责任不同。债券持有人不能参与债券发行公司的经营管理活动，而股票持有人可以通过一定形式参与股份有限公司的经营管理。
3. 期限不同。债券必须有到期日，而股票没有。
4. 发行主体不同。债券的发行主体并不限于股份有限公司，而股票只能由股份有限公司发行。
5. 财务处理不同。公司发行债券所筹集的资金列为公司的负债，所需支付的利息属于公司的成本费用支出；而发行股票所筹集的资金列为公司的资本，股票的股息、红利则属于利润分配。
6. 收益不同。债券收益具有稳定性，其收益率固定，一般与企业经营状况无关；而股票收益具有不稳定性，其收益与企业经营状况密切相关。
7. 清偿顺序不同。当企业因经营不善破产倒闭或解散时，债券优先于股票得到清偿。

二、债券的基本要素

（一）面值

债券面值（Par Value 或 Face Value）是指债券发行时所设定的票面金额，它代表着发行人借入并承诺于未来某一特定日期（如债券到期日）偿付给债券持有人的金额。我国发行各类债券的面值通常为 100 元。

（二）期限

债券的期限（Term）是指债券发行时就确定的债券还本的年限，债券的发行人到期必须偿还本金，债券持有人到期收回本金的权利得到法律的保护。

（三）票面利率

票面利率指债券发行人每年向投资者支付的利息占票面金额的比率。债券的票面利率通常以年利率（Annual Coupon Rate）来表示。

（四）发行价格

发行价格指债券投资者认购新债券时实际支付的价格。债券的发行价格（Issue Price）可能不等同于债券面值。债券发行价格高于面值，称为溢价发行；债券发行价格低于面值，称为折价发行；债券发行价格等于面值，称为平价发行。导致债券发行价格变动的因素主要有债券收益率（债券收益率越高，债券发行价格越高）、市场利率（市场利率上升，债券发行价格下跌）、市场供求（市场对债券的需大于供，债券发行价格就上升）、发行者的信誉、经营状况等。

（五）信用级别

信用级别指债券发行人按期履行合约规定的足额支付利息和本金的可靠程度。信用级别越低的债券，风险越大，投资者要求的收益率越高。国家财政发行的国库券和国家银行发行的金融债券，由于有政府的保证，通常不参加债券信用评级。而一些信用级别较低的企业在发行债券时，为了提升投资者的信心，规避兑付风险，可以由信用级别更高的企业甚至银行等金融机构为其正常还本付息提供担保，以此达到所谓"信用增级"（Credit Enhancement）的效果。

2-1 债券的种类

三、债券的种类

（一）按发行主体划分

1. 政府和政府机构债券

（1）政府债券。

政府债券是政府为筹集资金而发行的债券，主要包括国债、财政债券等，其中最主要的是国债。国债因其信誉好、利率优、风险小而又被称为"金边债券"。国债是一种收入稳定、风险极低的投资工具，这一特性使得国债利率处于整个利率体系的核心环节，并且成为其他金融工具定价的基础。国债市场的高效运行有助于形成市场基准利率，及时反映出金融市场的资金供求状况。另外，中央银行通过在二级市场上买卖国债来进行公开市场操作，借此吞吐基础货币，调节货币供应量和利率。

（2）政府机构债券。

政府机构债券是由一国中央政府部门（财政部除外）或其所属机构发行的债券。

我国的中央银行票据也可看作是一种特殊的政府机构债券，它是中央银行为调节货币供应量和短期利率，而向商业银行等金融机构发行的短期债务凭证，其实质是中央银行债券。之所以叫"中央银行票据"，是为了突出其短期性的特点。

2. 金融债券

金融债券是由银行和非银行金融机构发行的债券。在我国，金融债券目前主要由国家开发银行、中国进出口银行等政策性银行发行。三大政策性银行（国家开发银行、中国农业发展银行和中国进出口银行）所发行的政府性金融债券，其信用级别较高，也可看作是政府机构债券。

3. 公司（企业）债券

公司债券是公司为了筹措资金发行的，承诺在未来特定日期偿还本金并按事先规定的利率支付利息的有价证券。狭义的公司债券指的是股份有限公司发行的债券。

公司债券的还款来源是公司的经营利润，而任何一家公司的未来经营都存在很大的不确定性，因此公司债券持有人承担着损失利息甚至本金的风险，这使得公司债券的信用风险要高于前面介绍的其他 3 类债券。当然，按照风险与收益成正比的原则，公司债券预期的收益水平也较高。另外，对于某些公司债券而言，发行人与持有人之间可以相互给予一定的选择权。

在发达国家的债券市场中，企业债券与公司债券并没有明确的区分；但在我国，企业债券一般是指由中央人民政府部门所属机构、国有独资企业或国有控股企业发行的债券，因而严格意义上讲带有极强的政府信用性质，并不是真正意义上信用风险较高的公司债券。

（二）按计息方式划分

1．贴现债券

贴现债券又称为零息债券（Zero Coupon Bonds），指券面上不附有息票，发行时按规定的折扣率，以低于债券面值的价格发行，到期按面值支付本金的债券。贴现债券的发行价格与其面值的差额即为债券的利息。一般而言，贴现国债一般期限较短。例如，美国每周四会发行 4 周、13 周、26 周国库券，均以贴现债券的形式发行，其中的 13 周（3 个月期）国库券债的发行利率已成为全球金融市场重要的基准利率。我国 1996 年推出贴现国债品种。根据财政部 1997 年的规定，期限在 1 年以内（不含 1 年）以贴现方式发行的国债归入贴现债券类别。

2．一次还本付息债券

一次还本付息债券指在债务期间不支付利息，只在债券到期后按规定的利率一次性向持有人支付利息并还本的债券。我国的一次还本付息债券可视为零息债券。

3．附息债券

附息债券（Coupon Bond）指券面上附有息票的债券，是按照债券票面载明的利率及支付方式支付利息的债券。息票上标有利息额、支付利息的期限和债券号码等内容。持有人可从债券上剪下息票，并据此领取利息。附息债券的利息支付方式一般是在偿还期内按期付息，如每半年或一年付息一次。附息债券又叫息票债券，它可进一步分为固定利率债券（固定票息债券）和浮动利率债券（浮动票息债券）。

4．单利债券

单利债券指在计息时，不论期限长短，仅按本金计息，所生利息不再加入本金计算下期利息的债券。

5．复利债券

与单利债券相对应，复利债券指计算利息时，按一定期限将所生利息加入本金再计算利息，逐期滚动计算利息的债券。

6．累进利率债券

累进利率债券指以利率逐年累进方法计息的债券。累进利率债券的利率随着时间的推移，后期利率比前期利率高，呈累进状态。

（三）按利率确定方式划分

1．固定利率债券

固定利率债券指在发行时规定利率在整个偿还期内不变的债券。因此，债券发行人和投资者必须承担市场利率波动的风险。如果未来市场利率下降，发行人能以更低的利率发行新债券，则原来发行的债券成本就显得相对高昂，而投资者则获得了相对现行市场利率更高的报酬，原来发行的债券价格将上升；反之，如果未来市场利率上升，新发行债券的成本升高，则原来发行的债券成本就显得相对较低，而投资者的报酬则低于购买新债券的收益，原来发行的债券价格将下降。

2．浮动利率债券

浮动利率债券是与固定利率债券相对应的一种债券，它是指发行时规定债券利率随市场利率定期浮动的债券，其利率通常根据市场基准利率加上一定的利差来确定。浮动利率债券往往是中长期债券。由于利率可以随市场利率浮动，采取浮动利率债券形式可以有效地规避利率风险。

（四）按偿还期限划分

按偿还期限不同可将债券分为长期债券、中期债券和短期债券。长期债券期限在 10 年以上，短期债券期限一般在 1 年以内，中期债券的期限则介于二者之间。短期债券又包括短期国债、央行票据、短期融资券等，其主要特点是期限在 1 年以内，有很强的流动性。（注：我国企业债券的期限划分与上述标准有所不同。我国短期企业债券的偿还期限在 1 年以内，中期企业债券的偿还期限在 1 年以上 5 年以下，长期企业债券的偿还期限在 5 年以上。）

（五）按信用等级划分

信用评级机构对债券进行评级的主要原因是方便投资者进行债券投资决策。由于受到时间、知识和信息的限制，投资者无法对众多债券进行分析和选择，因此需要专业机构对准备发行的债券还本付息的可靠程度进行客观、公正和权威的评定，也就是进行债券信用评级，以方便投资者决策。

1．垃圾债券

垃圾债券也称为高风险债券，是指根据美国两大债券评级机构穆迪公司和标准普尔公司的评定结果，信用评估级别在标准普尔公司 BB 级或穆迪公司 BA 级以下的公司发行的债券，属于可能无法偿付的公司债券。垃圾债券向投资者提供高于其他债务工具的利息收益，因此垃圾债券也被称为高收益债券（High-yield Bond）。但由于垃圾债券的发行主体信用评级都比较低，因此相对于投资级债券而言，垃圾债券的投资风险更大，投资者更容易遭受发行人到期无法偿还本息的违约风险。

2．信用债券

信用债券是凭借企业信用而发行的债券，由于这种债券无抵押品做保证，债券持有人要承担一定风险。但这种债券的利率往往高于有保证的债券的利率。

3．抵押债券

抵押债券是以企业特定资产为抵押品的债券。其中特定资产是指动产、不动产或其他企业股票。如果发行企业无力偿还到期本息，债券持有人或作为其代表的信托人有权将抵押品作为补偿。

（六）按债券形态划分

1．实物债券（无记名债券）

实物债券是一种具有标准格式的实物券面的债券，券面标有发行年度和不同金额，可上市流通的债券。实物债券由于其发行成本较高，将会被逐步取消。

2．凭证式债券

凭证式债券是一种储蓄债券，通过银行发行，采用"凭证式国债收款凭证"的形式，从购买之日起计息，但不能上市流通。

3．记账式债券

记账式债券指没有实物形态，以记账方式记录债权，通过证券交易所的交易系统发行和交易的债券。由于记账式债券发行和交易均无纸化，所以交易效率高、成本低，是未来债券发展的趋势。

（七）按募集方式划分

1．公募债券

公募债券指按法定手续，经证券主管机构批准在市场上公开发行的债券。这种债券的认购人可以是社会上的任何人。公募债券发行人一般有较高的信誉。除政府机构、地方公共团体外，一般企业必须符合规定的条件才能发行公募债券，并且发行人必须遵守信息公开制度，向证券主管部门提交有价证券申报书，以保护投资者的利益。

2．私募债券

私募债券指以特定的少数投资者为对象发行的债券。其发行手续简单，一般不能公开上市交易。

（八）按嵌入期权特征划分

在债券市场上，许多债券都会附加一些期权条款，赋予发行人或投资者某种期权（又称选择权）。常见的就是发行人可赎回债券（Callable Bond）、投资者可回售债券（Puttable Bond）以及可转换债券（Convertible Bond）。

可赎回债券给予发行人在利率下降、债券价格上升时以事先规定的价格提前买回债券，并以较低的市场利率重新发行新债券的权利。投资者可回售债券则允许投资者根据一组预先设定的回售价格（Puttable Price）将债券提前卖还给发行人，从而避免在债券持有期内因利率上升、债券价格下跌而遭受更大的损失。

可转换债券是可转换公司债券的简称，又称可转债。它赋予持有人在发债后一定时间内，可依据本身的自由意志，选择是否依约定的条件将持有的债券转换为发行公司的股票或者另外一家公司股票的权利。换言之，可转换公司债券持有人可以选择持有债券至债券到期，要求公司还本付息；也可选择在约定的时间内将持有的债券转换成股票，享受股利分配或资本增值。

第二节　资产证券化

2-2　资产证券化
及其发展

一、资产证券化和资产证券化产品

资产证券化是以特定资产组合或特定现金流为支持，发行可交易证券的一种融资形式。传统的证券发行以企业为基础，而资产证券化则以特定的资产池为基础发行证券。在资产证券化过程中发行的以资产池为基础的证券就称为资产证券化产品。

资产证券化产品在发达国家的债券市场上占有极其重要的地位，与普通债券和债券衍生品并列，是债券市场的三大金融工具之一。以美国为例，20世纪80年代以来，美国的资产证券化发展非常迅速，其范围涵盖了抵押担保证券、信用卡贷款、助学贷款、房屋净值贷款、汽车贷款等基础资产。其中以MBS（住房抵押贷）为主，美联储总资产的25%～30%由MBS构成。截至2020年9月，美国抵押贷款相关债券存量高达10.91万亿美元（超过2万亿美元被美联储持有），占美国全部债券市场规模（超过50万亿美元）的21.75%。且从历史数据来看，美国抵押贷款相关债券的市场份额始终在1/5以上，其每年发行量市场份额亦达到1/4左右。

二、资产证券化的具体分类

（一）根据资产证券化的基础资产划分

根据资产证券化的基础资产不同，可以将资产证券化分为不动产证券化、应收账款证券化、信贷资产证券化、未来收益证券化（如高速公路收费）、债券组合证券化等类别。

（二）根据资产证券化的地域划分

根据资产证券化发起人、发行人和投资者所属地域不同，可将资产证券化分为离岸资产证券化和境内资产证券化。境内融资方通过在境外的特殊目的机构（Special Purpose Vehicles，SPV）或结构化投资机构（Structured Investment Vehicles，SIV）在国际市场上以资产证券化的方式向境外投资者融资称为离岸资产证券化；境内融资方通过境内的 SPV 在境内市场融资则称为境内资产证券化。

（三）根据资产证券化产品的属性划分

根据资产证券化产品的金融属性不同，可将资产证券化分为股权型证券化、债券型证券化和混合型证券化。

尽管资产证券化的历史不长，但相关证券化产品的种类层出不穷，名称也千变万化。最早的资产证券化产品以商业银行房地产按揭贷款为支持，故称为按揭支持证券（Mortgage-backed Securities，MBS）；随着可供证券化操作的基础产品越来越多，出现了资产支持证券（Asset-backed Securities，ABS）的称谓；再后来，由于混合型证券（具有股权和债权性质）越来越多，人们干脆用担保债务凭证（Collateralized Debt Obligations，CDOs）概念指代证券化产品，并细分为担保贷款凭证（Collateralized Loan Obligations，CLOs）、担保抵押凭证（Collateralized Mortgage Obligations，CMOs）、担保债券凭证（Collateralized Bond Obligations，CBOs）等产品。最近几年，人们还采用金融工程方法，利用信用衍生产品构造出合成 CDOs。

三、资产证券化在我国的发展

2005 年 3 月，中国人民银行等十部委组成信贷资产证券化试点工作协调小组，正式启动我国信贷资产证券化试点。2005 年 12 月，国家开发银行和中国建设银行分别发行了我国首只信贷资产支持证券和住房贷款支持证券，这成为我国试点发行的首批信贷资产证券化产品。

经过多年探索，我国资产证券化的发展在多个方面取得了成效。

（一）参与主体范围逐步扩大

从发起主体来看，目前已涵盖政策性银行、国有商业银行、股份制商业银行、汽车金融公司、资产管理公司以及其他非金融企业。在投资主体方面，我国资产支持证券的投资者结构也日渐多元化。以信贷资产证券化为例，在我国，信贷资产支持证券最初的持有人结构整体上比较集中，商业银行占比超过 70%，银行互持现象明显。而随着近年来债券市场的快速发展，各类投资者对创新产品的认知和接受程度有所提高，信贷资产支持证券的投资者范围也逐步扩展至国有商业银行、股份制商业银行、城市商业银行、城乡信用社、财务公司、证券公司、证券投资基金、社会保障基金等。

（二）产品种类日益丰富，基础资产范围逐步扩大

我国资产证券化产品目前主要有三类：一是由国家金融监督管理机构审批发起机构资质、

中国人民银行主管发行的信贷资产支持证券；二是由中国银行间市场交易商协会主管的资产支持票据；三是由中国证监会主管、主要以专项资产管理计划为特殊目的载体的企业资产支持证券。在规模方面，信贷资产支持证券规模最大，其次为企业资产支持证券，资产支持票据规模最小。

在相关产品日益丰富的同时，基础资产池中基础资产的种类也不断丰富，目前已经涵盖一般中长期贷款、个人住房抵押贷款、汽车贷款、中小企业贷款和不良贷款五大类。2012 年 5 月发布的《关于进一步扩大信贷资产证券化试点有关事项的通知》（银发〔2012〕127 号）鼓励金融机构选择符合条件的国家重大基础设施项目贷款、涉农贷款、中小企业贷款、经清理合规的地方政府融资平台公司贷款、节能减排贷款、战略性新兴产业贷款、文化创意产业贷款、保障性安居工程贷款、汽车贷款等多元化信贷资产作为基础资产。

第三节　债券的价格决定及交易策略

一、债券的定价

（一）固定收益证券价格的确定

固定收益证券的收益是在未来某一特定时刻才能获得的。由于通货膨胀等因素的存在，未来的证券收益价值与现在的证券代表的收益价值并不相等，也就是说 1 年后的 100 元不等于现在的 100 元。而投资固定证券的时机却是现在，这就需要将未来的收益贴现到现在，这里引进了贴现率的概念。那么，固定收益证券的价格需要依据以下两个因素确定。

1．未来现金流的确定

一般债券的现金流如下。

（1）债券持有期间利息的支付。支付利息的频率一般是一年一次，或者半年一次。

（2）债券到期时的票面价值。

因此，一般债券的现金流（不含期权的）由年金（固定的票面利息）以及债券到期价值两部分组成。

【例 2-1】一只 10 年期、年利率为 10%（每半年付息一次）的 1 000 元债券的现金流由以下部分组成。

半年的利息：1 000×10%/2=50（元）

到期价值：1 000 元。

该债券有 20 笔半年的现金流和一笔从现在起到 20 个半年期后的 1 000 元现金流。

2．贴现率的确定

（1）贴现率要经过对市场可比债券利率的考察后才能决定，一般是比照同一到期日、同一信用等级的债券利率情况。

（2）贴现率一般用年利率表示，当半年付息一次时，采用年利率的一半表示半年的贴现率。

（二）债券定价

1．债券定价的决定因素

（1）债券的价格是由其未来现金流入量的现值决定的。

（2）债券未来现金收入由各期利息收入和到期时债券的变现价值两部分组成。

2．附息债券的价格

一年付息一次的附息债券的价格为

$$P = \frac{I_1}{(1+r)} + \frac{I_2}{(1+r)^2} + \cdots + \frac{I_n+F}{(1+r)^n} = \sum_{t=1}^{n} \frac{I_t}{(1+r)^t} + \frac{F}{(1+r)^n} \qquad (2\text{-}1)$$

式中，I_t——各期利息收入；

F——债券到期时的变现价值；

n——债券的付息期数；

r——市场利率（或贴现率）；

P——附息债券的价格。

半年付息一次的附息债券的价格为

$$P = \frac{\frac{1}{2}I_1}{\left(1+\frac{r}{2}\right)} + \frac{\frac{1}{2}I_2}{\left(1+\frac{r}{2}\right)^2} + \cdots + \frac{\frac{1}{2}I_{2n}+F}{\left(1+\frac{r}{2}\right)^{2n}} = \sum_{t=1}^{2n} \frac{\frac{1}{2}I_t}{\left(1+\frac{r}{2}\right)^t} + \frac{F}{\left(1+\frac{r}{2}\right)^{2n}} \qquad (2\text{-}2)$$

【例2-2】某公司于2023年5月1日购买一张票面价值为1 000元、票面利息为8%、每年5月1日支付一次利息，并于5年后4月30日到期的债券。当时的市场利率为10%，请为该债券定价。

$$P = \frac{80}{(1+10\%)} + \frac{80}{(1+10\%)^2} + \cdots + \frac{80+1\,000}{(1+10\%)^5} = \sum_{t=1}^{5} \frac{80}{(1+10\%)^t} + \frac{1\,000}{(1+10\%)^5} = 924.18 \ （元）$$

【例2-3】某公司发行票面价值为100 000元、票面利率为8%、期限为5年的债券。该债券每年1月1日、7月1日付息一次，到期归还本金。

（1）当时的市场利率为10%，计算该债券的价值。

（2）当市价为92 000元时，判断投资者是否应买入该债券。

$$P = \frac{\frac{1}{2} \times 100\,000 \times 8\%}{\left(1+\frac{10\%}{2}\right)^1} + \frac{\frac{1}{2} \times 100\,000 \times 8\%}{\left(1+\frac{10\%}{2}\right)^2} + \cdots + \frac{\frac{1}{2} \times 100\,000 \times 8\% + 100\,000}{\left(1+\frac{10\%}{2}\right)^{2\times5}}$$

$$= \sum_{t=1}^{2\times5} \frac{\frac{1}{2} \times 100\,000 \times 8\%}{\left(1+\frac{10\%}{2}\right)^t} + \frac{100\,000}{\left(1+\frac{10\%}{2}\right)^{2\times5}} = 92\,278 \ （元）$$

该债券目前的市价为92 278元，因此该债券价值（92 278元）大于市价，如果不考虑其他风险问题，则投资者应该购买该债券，可以获得大于10%的收益。

如果贴现率高于票面利率，那么债券的发行价格就低于债券票面价值，此时称该债券折价发行（如例2-2）。如果贴现率低于票面利率，那么债券以高于票面价值的价格发行，此时称该债券溢价发行。如果贴现率等于票面利率，那么债券的发行价格就是面值，此时称该债券平价发行。

当债券到期时，债券将以票面价值出售。也就是说，在债券有效期限内，平价发行的债券的价格将保持为票面价值，而溢价或者折价发行的债券的价格将随着到期日的临近，逐渐回归票面价值。

3．零息债券的价格

某些债券在存续期内不支付利息，投资者收益的获取是通过债券的购买价格和到期价值的差额来实现的。这类特殊的债券被称为零息债券，其唯一的现金流就是到期后赎回的票面价值。

零息债券的价格为

$$P = \frac{F}{(1+r)^n} \qquad (2-3)$$

式中，F——零息债券到期时的变现价值；

n——债券的计息期数；

r——市场利率（或贴现率）；

P——零息债券的价格。

【例2-4】计算8年后到期、到期价值为1000美元、市场年利率为8%的零息债券的价格。

$$P = \frac{1000}{(1+8\%)^8} = 540.269 \quad （美元）$$

期限在1年以内的短期贴现债券的价格也可采用以下公式计算。

$$P = F \times (1 - r \times \frac{t}{360}) \qquad (2-4)$$

式中，F——债券的票面价值；

t——债券的到期天数；

r——市场利率（或贴现率）；

P——贴现债券的价格。

【例2-5】已知某债券为贴现债券，面值为1000元、期限为180天、贴现率为10%。该债券的发行价格定为多少比较合适？

$$P = 1000 \times (1 - 10\% \times \frac{180}{360}) = 950 \quad （元）$$

该债券的发行价格定为950元比较合适。

4. 一次还本付息债券的价格

有些债券在存续期内不支付利息，而是在到期时一次性偿还本金和利息，称为一次还本付息债券，其现金流就是到期后赎回的票面价值及利息。

一次还本付息债券的价格为

$$P = \frac{F+I}{(1+r)^n} \qquad (2-5)$$

式中，F——债券的票面价值；

I——债券到期时的利息收入总和；

r——市场利率（或贴现率）；

P——一次还本付息债券的价格。

【例2-6】某债券为一次还本付息债券，期限为5年。该债券的票面价值为1000元、票面利率为8%，以单利计息。若贴现率为10%，则该债券的价格是多少？

$$P = \frac{1000 + 5 \times 1000 \times 8\%}{(1+10\%)^5} \approx 869.29 \quad （元）$$

（三）债券收益率

任何一项投资的结果都可以用收益率来衡量，通常收益率的计算公式为

$$收益率 = \frac{收入 - 支出}{支出} \times 100\% \qquad (2-6)$$

投资期限一般用年来表示；如果投资期限不是整数，则转换为月。通常情况下，收益率受许多不确定因素的影响，因而是一个随机变量。为了简化收益率的计算，采用以下估算公式计量固定收益证券的收益率。而收益率又有两种：到期收益率和持有期收益率。前者是投资者在债券发行的当天购买债券，一直持有该债券至到期日为止的收益率；后者是指投资者在到期日之前的任意一天买入该债券，持有一段时间后将其卖出，并未持有至到期，在持有该债券的这段时间里的收益率。

1. 附息债券的到期收益率估算公式

$$R_{到期}=\frac{C+（F-P_{买入价}）/n}{P_{买入价}}\times100\% \qquad （2-7）$$

式中，$R_{到期}$——附息债券的到期收益率；

$\qquad$ C——附息债券的一次利息收入；

$\qquad$ F——附息债券票面价值；

$\qquad$ $F-P_{买入价}$——附息债券的价差收入；

$\qquad$ n——附息债券的到期期限。

【例 2-7】某投资者以 950 元的价格购买了一只票面价值为 1 000 元、票面利率为 8%、期限为 5 年的附息债券。投资者一直持有该债券直至到期，该债券的到期收益率为多少？

$$R_{到期}=\frac{1\,000\times8\%+（1\,000-950）/5}{950}\times100\%\approx9.47\%$$

2. 附息债券的持有期收益率估算公式

$$R_{持有期}=\frac{C+（P_{卖出价}-P_{买入价}）/t}{P_{买入价}}\times100\% \qquad （2-8）$$

式中，$R_{持有期}$——附息债券的持有期收益率；

$\qquad$ C——附息债券的一次利息收入；

$\qquad$ $P_{卖出价}-P_{买入价}$——附息债券的价差收入；

$\qquad$ t——附息债券的持有期限。

【例 2-8】某投资者以 950 元的价格购买了一只票面价值为 1 000 元、票面利率为 8%、期限为 5 年的附息债券。投资者持有该债券 2 年后以 980 元的价格卖出，该债券的持有期收益率为多少？

$$R_{持有期}=\frac{1\,000\times8\%+（980-950）/2}{950}\times100\%=10\%$$

通过【例 2-7】和【例 2-8】计算结果的比较，可以发现，附息债券持有期收益率的估算结果大于同一只附息债券到期收益率的估算结果，这也就解释了为什么有些投资者在投资的过程中频繁买卖债券。不考虑通货膨胀等因素的影响，当持有某债券到一定时期，且计算出的持有期收益率大于预计的到期收益率时，投资者会毫不犹豫地将持有的债券卖出。

3. 一次还本付息债券的到期收益率估算公式

$$R_{到期}=\frac{（F+I-P_{买入价}）/n}{P_{买入价}}\times100\% \qquad （2-9）$$

式中，$R_{到期}$—— 一次还本付息债券的到期收益率；

$\qquad$ I—— 一次还本付息债券的利息收入；

F——一次还本付息债券票面价值；

$F+I-P_{买入价}$——一次还本付息债券的价差收入；

n——一次还本付息债券的到期期限。

【例 2-9】某投资者以 950 元的价格购买了一只票面价值为 1 000 元、票面利率为 8%、期限为 5 年的一次还本付息债券（利息按单利计算）。投资者一直持有该债券至到期，该债券的到期收益率为多少？

$$R_{到期}=\frac{(1\,000+1\,000\times8\%\times5-950)/5}{950}\times100\%\approx9.47\%$$

4．一次还本付息债券的持有期收益率估算公式

$$R_{持有期}=\frac{(P_{卖出价}-P_{买入价})/t}{P_{买入价}}\times100\%\qquad(2\text{-}10)$$

式中，$R_{持有期}$——一次还本付息债券的持有期收益率；

$P_{卖出价}-P_{买入价}$——一次还本付息债券的价差收入；

t——一次还本付息债券的持有期限。

【例 2-10】某投资者以 950 元的价格购买了一只票面价值为 1 000 元、票面利率为 8%、期限为 5 年的一次还本付息债券（利息按单利计算）。投资者持有该债券 1 年后以 990 元的价格卖出，该债券的持有期收益率为多少？

$$R_{持有期}=\frac{(990-950)/1}{950}\times100\%\approx4.21\%$$

5．贴现债券的到期收益率估算公式

$$R_{到期}=\frac{F-P_{买入价}}{P_{买入价}}\times\frac{365}{n}\times100\%\qquad(2\text{-}11)$$

式中，$R_{到期}$——贴现债券的到期收益率；

F——贴现债券票面价值；

$P_{买入价}$——贴现债券的买入价格；

n——贴现债券的到期天数。

【例 2-11】已知某债券为贴现债券，面值为 1 000 元、期限为 180 天。某投资者以 950 元的价格买入。若投资者一直持有该贴现债券至到期日，请计算该债券的到期收益率。

$$R_{到期}=\frac{1\,000-950}{950}\times\frac{365}{180}\times100\%\approx10.67\%$$

6．贴现债券的持有期收益率估算公式

$$R_{持有期}=\frac{P_{卖出价}-P_{买入价}}{P_{买入价}}\times\frac{365}{t}\times100\%\qquad(2\text{-}12)$$

式中，$R_{持有期}$——贴现债券的持有期收益率；

$P_{卖出价}-P_{买入价}$——贴现债券的价差收入；

t——贴现债券的持有天数。

【例 2-12】已知某债券为贴现债券，面值为 1 000 元、期限为 180 天。某投资者以 950 元的价格买入该债券。若发行 90 天后，投资者在市场上以 980 元卖出该债券，则该债券的持有期收益率是多少？

$$R_{持有期} = \frac{980 - 950}{950} \times \frac{365}{90} \times 100\% \approx 12.80\%$$

通过【例 2-11】和【例 2-12】计算结果的比较，可以发现，贴现债券持有期收益率的估算结果大于同一只贴现债券到期收益率的估算结果，这也就解释了有些投资者在投资的过程中频繁买卖债券的原因。不考虑通货膨胀等因素的影响，当持有某债券到一定时期，且计算出的持有期收益率大于预计的到期收益率时，投资者会毫不犹豫地将持有的债券卖出。

二、债券的交易策略

（一）债券远期交易策略

债券远期交易一方面能够为避险型的投资者提供提前锁定收益率的管理工具，为投资型的投资者提供基于利率预期而获取盈利的投资空间；另一方面则可和现券、回购等现有金融工具相配合，组合产生一系列复杂的交易方式，达到避险或实现盈利的目的。具体来说，投资者可以采取以下 4 种基本策略。

1．债券远期交易为投资者提供了一个利用利率预期获取盈利的机会

如果投资者预测市场利率将会上升，某只债券价格将会下跌，则可在限额内对该债券远期卖出。只要远期合约的卖出收益率低于远期合约履行时即期市场的收益率，投资者便可从即期市场买入该债券并履行远期卖出合约，继而从中获利。如果投资者预测市场利率将会下降，某只债券价格将会上涨，则可在限额内对该债券远期买入。

2．债券远期交易可以和买断式回购相组合，实现无风险产品间套利

如果投资者预期收益率水平将会上升，则可以通过买断式回购交易融入债券，并立即通过即期交易卖出，同时进行一笔相同债券、相同数量，期限与买断式回购期限相同的远期买入交易。只要远期买入交易的收益率高于买断式回购到期买回收益率，投资者便可获得无敞口风险的利差收益，同时还能获得回购交易的利息收入。

3．对于有持券需求的投资者，债券远期交易是一个有效的套期保值工具

如果投资者担心较长时期持有的债券未来价格下跌导致不确定的损失，则可以在当前利用远期卖出交易提前锁定收益。有一定预测分析能力的机构还可以通过远期卖空该债券获取盈利的方式来对冲掉持仓的敞口风险。同样，未来将要买入债券的机构也可以通过远期交易来提前锁定买入收益率水平，从而提高资金运营的管理水平。

4．债券远期交易使得投资者可以进行基差套利

期限相同或是特性相同的债券之间存在明显的收益率相关性。如果相关性很强的两只债券的收益率差出现了明显的扩大，则必然存在获利的机会。投资者在此时可以买入收益率较高的债券并持有，而对收益率较低的债券远期卖出。在远期合约到期时，只要两只债券的收益率差缩小，投资者就可以通过高收益率债券价格的升高，或低收益率债券价格的下跌获得盈利。但这一套利机会在现有的债券市场是不存在的。

（二）债券回购交易策略

债券投资的魅力更多地来自杠杆融资放大带来的收入。

1．杠杆效应

杠杆效应（Leverage Effect）指投资者借入的资金如果能获得高于资金成本的盈利，则投资者可以获得更高的投资收益率；如果投资出现损失，则投资者也会因为亏损率被放大而蒙受更高的损失。例如，投资者 A 拥有 100 万元的自有资金，如果投资者 A 以自有资金及借入资金购买的债券作抵押，可以另借入 100 万元资金（借款利率为 10%），按面值买入某种票面利率为 10%、期限为 10 年的债券。当市场要求收益率不同时，则半年后投资者 A 的权益收益率和投资收益率分别如表 2-1 和表 2-2 所示。

表 2-1　相同市场条件下，无杠杆投资者 A 的损益情况

单位：元

要求收益率	债券价格	债券的市场价值	半年期息票收入	收入额	年收益率
6%	128.65	1 286 476	50 000	336 476	67.30%
7%	120.56	1 205 648	50 000	255 648	51.13%
8%	113.13	1 131 339	50 000	181 339	36.27%
9%	106.30	1 062 966	50 000	112 966	22.59%
10%	100.00	1 000 000	50 000	50 000	10.00%
11%	94.20	941 962	50 000	−8 038	−1.61%
12%	88.84	888 419	50 000	−61 581	−12.32%
13%	83.90	838 979	50 000	−111 021	−22.20%
14%	79.33	793 288	50 000	−156 712	−31.34%

表 2-2　相同市场条件下，有杠杆（1∶1）投资者 A 的损益情况

单位：元

要求收益率	债券价格	债券的市场价值	半年期息票收入	利息支出	收入额	年收益率
6%	128.65	2 572 952	100 000	50 000	622 952	124.59%
7%	120.56	2 411 295	100 000	50 000	461 295	92.26%
8%	113.13	2 262 679	100 000	50 000	312 679	62.54%
9%	106.30	2 125 933	100 000	50 000	175 933	35.19%
10%	100.00	2 000 000	100 000	50 000	50 000	10.00%
11%	94.20	1 883 923	100 000	50 000	−66 077	−13.22%
12%	88.84	1 776 838	100 000	50 000	−173 162	−34.63%
13%	83.90	1 677 959	100 000	50 000	−272 041	−54.41%
14%	79.33	1 586 576	100 000	50 000	−363 424	−72.68%

可见当不使用杠杆时，投资者 A 的最高和最低收益率分别为 67.30% 和 −31.34%；而当使用杠杆时，其最高和最低收益率分别为 124.59% 和 −72.68%。可见杠杆的使用，使投资者 A 的收益或损失都放大了。较高的财务杠杆，既可能成倍地提高资金收益率，也可能成倍地扩大损失，这就是杠杆效应。

2. 证券回购协议

回购协议（Repurchase Agreement）是由资产的卖方承诺在将来某时间按约定价格买回所出售的资产而向买方融资的一种方式，其中，约定的买回价格即回购价（Repurchase Price），约定的买回日期称为回购日（Repurchase Date）。回购协议也可以被看成质押贷款，即以所出售并约定将来买回的资产进行质押的贷款。回购协议的期限有长有短，最短的仅 1 天，称隔夜回购（Overnight Repo），期限不止 1 天的称为定期回购（Term Repo）。约定的买卖价差，就是该贷款融资所支付的

利息。根据所融通的资金、所支付的利息及回购协议的期限长短，可以推算出回购融资的利率，此即回购利率（Repo Rate）。

【例 2-13】某投资者与证券公司签订一份回购协议：该投资者将所持有的 1 000 万元国库券以 988 万元的价格出售给证券公司，约定将于 31 天后，以 990 万元的价格买回。则该回购协议中的回购利率为

$$回购利率=[（回购价-卖出价）/卖出价]×360/实际天数 \qquad (2\text{-}13)$$
$$=[（990-988）/988]×360/31≈2.350\ 79\%$$

回购利率计算的惯例，即一年按 360 天计算，不到一年的时间，则按实际天数计算。上面计算出来的 2.350 79%是年回购利率。当然，在现实生活中，也可能是先确定回购利率，再根据所要融通的资金数量来计算回购价。**【例 2-13】**中，如果事先确定了回购利率为 2.350 79%，则回购价应为

$$回购价=卖出价×（1+回购利率×实际回购天数/360） \qquad (2\text{-}14)$$
$$=988×（1+2.350\ 79\%×31/360）$$
$$≈990（万元）$$

除了以上回购方式融资外，还存在一种被称为逆向回购（Reverse Repo）的形式，即以承诺卖回证券为前提，买进某种资产。在这种情况下，买进资产的一方，实际上也相当于向卖出资产的一方提供质押贷款，只是合约的发起方不同，对标的资产的处理方式不同。

有了回购利率，就可以计算出回购时的现金利息额（Dollar Interest）了，其公式为

$$现金利息额=借款额×回购利率×回购期限（天）/360 \qquad (2\text{-}15)$$

与前面一样，这里的天数仍然使用实际天数/360 的惯例计算，按**【例 2-13】**，则相应的现金利息额为

$$现金利息额=988×2.350\ 79\%×31/360≈2（万元）$$

3．债券回购基本交易策略

简单来说，债券回购基本交易策略可以分为两种：杠杆正回购（融资）放大模式和买断式杠杆逆回购（融券）放大模式。杠杆正回购放大模式为不断回购融资的循环，放大自身的多头头寸。买断式杠杆逆回购放大模式与杠杆正回购放大模式正好相反，通过不断将购得的债券融出，放大自己的空头头寸。放大策略其实就是通过融资或融券放大持仓规模，从而获得融券与融资成本的收益差。

【例 2-14】不考虑交易费用，初始资金 100 万元，要购买 1 万张票面利率为 6%的某债券，回购利率为 3%（固定不变），债券折算成标准券的比例为 1：0.8，按交易规则标准券使用比例不得超过可用额的 90%。

首先，我们买到了 1 万张该债券，之后我们把债券质押融资，得到了 8 000 张标准券。此时我们可用的标准券只有 7 200 张。由于申报融资时，最小单位必须是 1 000 张或是其整数倍，因此我们可用 7 000 张标准券融到 70 万元，继续买入 7 000 张上述债券。此轮操作结束后，我们的收益为

$$70×（6\%-3\%）=2.1（万元）$$

其次，继续操作，用融资买入的 7 000 张债券质押，换 5 600 张标准券，我们可用的标准券为 5 040 张。再次申报融资时，由于最小申报单位的限制，我们只能用 5 000 张标准券融到 50 万元（回购利率为 3%）。随后我们进行第二轮放大操作，用融到的 50 万元，继续买入上述债券 5 000 张。此轮操作到期结束后，我们的收益为

$$50×（6\%-3\%）=1.5（万元）$$

所有交易到期结束后，算上我们最初买入的 1 万张票面利率为 6% 的债券，我们一共赚得

$$6+2.1+1.5=9.6（万元）$$

收益率为 9.6%。

在牛市中，放大操作使取得的实际利差不断扩大，并且资本利得为正，因此操作策略具有很强的自由性。机构可以根据自身的流动性要求和风险承受能力去配置套利品种。如果机构对流动性要求较高，则可以选择中短期利率品种，虽然资本利得和利差都比较有限，但可以随时获利了结；如果机构对流动性要求较低，则可以选择中长期利率品种或短期信用品种，获取较多的资本利得和更高的利差收益。

在熊市中，放大操作的难度有所加大，机构在选择策略时需要相对谨慎。机构可以选择的策略如下。

（1）以短久期的品种作为套利对象。套利对象可以是剩余期限处于考核期内的短久期信用品种，因其能够规避市场下跌的风险，只要保证在持有期利差为正即可获取超额收益；也可以是利率风险较低的浮动利息债券，其票面利率不断跟随市场情况调整，能够基本锁定利差。

（2）结合融资和利率掉期操作，买入对应的浮动利息债券，基本锁定利差。

获得这种放大收益的风险是什么呢？

首先，信用债券的收益其实来自投资者对违约风险的把握，投资者买入则承担了违约风险加大的风险，卖出则承担了违约风险变小的风险。这需要找准时间点来进行操作，对投资者对市场走势的把握能力有相当高的要求。

其次，由于杠杆的实际作用是成倍地增加久期，一旦走势与预期相反，会导致巨大的亏损。在极端情况下，当利用杠杆正回购时，头寸会遭受非常大的亏损甚至导致流动资产枯竭。还有一种情况就是头寸亏损会导致信用受到冲击。若投资者选择低杠杆率，则需要出售债券，而债券的流动性不佳就会导致无法售出或以较大幅度折价售出。在实际操作中，投资者需要做足够的压力测试来了解风险的大小。

再次，信用风险。利用杠杆回购放大收益的策略对双方的信用要求非常高。对正回购来说，足够的信用可以得到较多的授信，能将杠杆放大，获得更大的收益。但信用受损的话可能会受到信用风险冲击。逆回购则相反，由于逆回购是授信的过程，投资者必须承受对手方可能违约的风险，若对手方违约，则会受到非常大的损失。

最后，价格冲击。无论是利用杠杆正回购放大，还是杠杆逆回购放大，都需要通过买卖债券来完成放大的过程，而若标的债券本身流动性不佳，则会造成正回购买入债券的成本过高和逆回购卖出债券的价格过低，不能发挥应有的杠杆效应。当回购到期时，如果正回购债券的卖出价过低，逆回购买入价过高，会导致浮盈的利差缩小，侵蚀最终的盈利。

本章知识要点

债券按照不同的分类标准，有较丰富的品种：按发行主体划分，可分为政府和政府机构债券、金融债券、公司债券；按计息方式划分，可分为贴现债券、一次还本付息债券、附息债券、单利债券、复利债券、累进利率债券；按利率确定方式划分，可分为固定利率债券、浮动利率债券；按偿还期限划分，可分为长期债券、中期债券和短期债券。债券的定价及债券收益率是按照不同的债券类型进行计算的。

资产证券化产品在发达国家的债券市场上占有极其重要的地位，与普通债券和债券衍生品并列，是债券市场的三大金融工具之一。

知识测评与实训操作

一、选择题

1. 根据发行主体的不同，债券可以分为（　　　）。

　　A. 零息债券、附息债券和息票累积债券

　　B. 实物债券、凭证式债券和记账式债券

　　C. 政府和政府机构债券、金融债券和公司（企业）债券

　　D. 国债和地方债券

2. 债券的特征包括偿还性，流通性，安全性和（　　　）。

　　A. 跨期性　　　　　B. 杠杆性　　　　　C. 收益性　　　　　D. 期限性

3. 根据基础资产不同，资产证券化可分为（　　　）、应收账款证券化、信贷资产证券化等。

　　A. 境内资产证券化　　　　　　　　　B. 离岸资产证券化

　　C. 不动产证券化　　　　　　　　　　D. 混合型证券化

4. （多选）下列有关债券含义的说法中，正确的有（　　　）。

　　A. 发行人是借入资金的主体

　　B. 投资者是出借资金的经济主体

　　C. 发行人需要还本付息

　　D. 反映了发行人与投资者之间的委托与受托关系

5. （多选）债券有不同的形式，根据债券形态可以分为（　　　）。

　　A. 实物债券　　　　　　　　　　　　B. 凭证式债券

　　C. 记账式债券　　　　　　　　　　　D. 资本债券

二、判断题

1. 国债是国家为了筹措资金而向投资者出具的、承诺在一定时期支付利息和到期还本的债务凭证。（　　　）

2. 如果当前利率下跌，债券价格将下跌。（　　　）

3. 一般来说，债券的期限越长，其票面利率定得越高。（　　　）

4. 债券的收益是债券的利息收入。（　　　）

5. 私募发行是指面向少数特定的投资者发行证券的方式。（　　　）

三、计算题

1. 某投资者购买了一张面值为 1 000 元、期限为 180 天、年贴现率为 12%的贴现债券。则此贴现债券的发行价格为多少？

2. 某债券的面值为 1 000 元、票面利率为 5%、期限为 4 年，每年付息一次。现以 987.65 元的发行价向全社会公开发行，则该债券的到期收益率为多少？

四、实训操作题

1. 查找 1 只上市交易的国债，填写完成表 2-3 所示的相关内容（表 2-3 为示例，请按此表重新查找 1 只国债）。

表 2-3　23 国债 16 基本资料

要素名称	要素内容
市场类别	深圳债券
债券代码	019709

要素名称	要素内容
债券简称	23 国债 16
起息日	2023-07-25
到期日	2024-07-25
债券品种	记账式国债
利率类型	固定利率
票面利率/%	1.557 8
付息方式	按年付息
发行价格/元	100

2. 查找 1 只上市交易的公司债券，填写完成表 2-4 所示的相关内容（表 2-4 为示例，请按此表重新查找 1 只公司债券）。

表 2-4　03 三峡债基本资料

要素名称	要素内容
市场类别	深圳债券
债券代码	120303
债券简称	03 三峡债
起息日	2003-08-01
到期日	2033-08-01
债券品种	企业债券

第三章　股票

知识学习目标与思维导图

　　掌握股票的定义、特征、基本分类和红利分配的基本知识；能够运用红利分配的基本知识对上市公司股票进行定价。

　　　　　　　　　　　　　　　　　　　　　　股票分类

● 普通股股票和优先股股票
● 记名股票和无记名股票
● 面额股票和无面额股票
● 实物股票和无实物股票
● 我国特定股票称谓
● 行情表中的特殊股票称谓
● 投资者常用股票称谓

● 股票的含义及性质
● 股票的特征

股票概述

● 红利分配
● 股票的定价模型

股票的价格决定

案例导入

中华人民共和国成立后的第一股——飞乐音响

　　1986年，中国股市还处在起步的状态。在上海开设的全国第一个股票营业柜台上只有飞乐音响和延中实业两只股票在交易。交易场所没有计算机，没有行情显示屏，成交价由客户口头协商，然后写在黑板上。交割、登记卡号、盖章、过户，所有的程序都是手工完成的，平均每天的交易量只有数十笔。飞乐音响股票票样（正面）如图3-1所示。

图3-1　飞乐音响股票票样（正面）

图3-1（彩色）

　　那么，现在中国股票市场发展到什么规模，达到什么水平了呢？通过对本章知识的学习，你会有更清晰的认识。

第一节　股票概述

一、股票的含义及性质

3-1　股票概述

（一）股票的含义

股份是一个公司向公众发行的所有权证明书。股票是股份的外在表现形式，股票是一种有价证券，它是股份有限公司发行的用于证明投资者的股东身份、所持股份，据以获得股息和红利并承担义务的凭证。持有股票（实际上是持有公司的股份）代表股东对股份有限公司的所有权。这种所有权为一种综合权利，如持股者可参加股东大会、参与投票表决、参与公司的重大决策、收取股息或分享红利等，但也要共同承担公司运作失误所带来的风险。

（二）股票的性质

股票具有有价证券、要式证券、证权证券、资本证券和综合权利证券等性质。

1．股票是有价证券

有价证券是财产价值和财产权利的统一表现形式。持有有价证券，一方面表示有价证券的持有人拥有一定价值量的财产，另一方面也表示有价证券的持有人可以行使该证券所代表的权利。

2．股票是要式证券

要式是指符合法律规定且必须采取一定形式、具备一定要素的要件。《公司法》规定，股票采用纸面形式或国务院证券监督管理机构规定的其他形式。股票应载明的事项主要有公司名称，公司成立的日期，股票种类、票面金额及代表的股份数，股票的编号。股票由法定代表人签名，公司盖章。

3．股票是证权证券

证券可以分为设权证券和证权证券。设权证券是指证券所代表的权利，原本不存在，是随着证券的制作而产生的，以证券的存在为条件。股票是一种证权证券，它是以股份的存在为条件的。股票只是把已存在的股东权利表现为证券的形式。股东权利不会随股票的毁损、遗失而消失。这也是股票无纸化发行能得以推广的主要原因之一。

4．股票是资本证券

股票是投入股份有限公司资本份额的证券化，属于资本证券。但是，股票又不是一种现实的资本。股票独立于真实资本之外，在股票市场上进行着独立的价值运动，是一种虚拟资本。虚拟资本虽然也有价格，但自身却没有价值，形成的价格只是资本化了的收入。

5．股票是综合权利证券

股票持有者作为股份有限公司的股东，享有独立的股东权利。股权是一种综合权利，股东在性质上是公司内部的构成分子，依法享有资产收益、重大决策、选择管理者等权利，但对公司的财产不能直接支配处理。

二、股票的特征

（一）不可偿还性与流通性

股票是一种无偿还期限的有价证券。投资者认购股票后，不能要求发行人退还其投资入股的资金。从期限看，股票的期限等于公司的存续期限。同理，股票所载权利的有效性是始终不变的。因此，不可偿还性也称作永久性。

股票虽然是一种无期限的有价证券，但这并不意味着投资者一旦购买就不能变现。股票的无期限性决定股票必须能够自由转让。

（二）收益性与风险性

股票的收益来源可分为两类：一是来自股份有限公司的利润分配；二是来自股票流通。股票持有者可以通过低买高卖赚取差价利润。这种差价收益称为资本利得。在货币贬值时，股票会因为公司资产的增值而升值。

股票的风险性是指持有股票获取的收益具有很大的不确定性。由于多种不确定因素的影响，股东能否获得预期的股息红利收益，完全取决于公司的盈利情况。如果股价下跌，股票持有者会因股票贬值而蒙受损失。

（三）参与性

参与性是指股票持有者有权参与公司重大决策的特性。股票持有者作为股份有限公司的股东，有权出席股东大会，选举公司的董事会，参与公司的经营管理。股东参与公司重大决策权力的大小取决于其持有股份数量的多少。如果某股东持有的股份数量达到决策所需要的有效多数时，就能实质性地影响公司的经营方针。

第二节　股票分类

3-2　股票分类

股票的种类很多，常见的股票分类如下。

一、普通股股票和优先股股票

对于同一公司所发行的不同股票，股东享有的权利和承担的义务是不一样的。根据股东所有权权限的不同，股票可以分为普通股股票和优先股股票。

（一）普通股股票

1. 普通股股票的特征。普通股股票是指持有者在公司的经营管理以及盈利和财产的分配上享有普通权利的股票，常简称为普通股。在我国上海和深圳证券交易所上市交易的股票均是普通股。普通股主要具有以下特征。

（1）普通股是最基本、最重要、最常见的股票。股份有限公司在设立的时候，最初公开发行的股票多为普通股，因此普通股是发行量最大的股票。一般而言，没有特殊说明的话，在证券投资领域所说的股票就是指普通股。

（2）普通股是标准的股票。普通股的有效期与股份有限公司的存续期一致，其持有者是公司的基本股东，平等地享有股东的基本权利，承担基本义务。普通股在权利义务上不附加任何条件。通常，人们在阐述股票的一般性质和特征时，都是以普通股为对象归纳的。

（3）普通股是风险最大的股票。在公司盈利和剩余财产的分配顺序上，普通股股东列在债权人和优先股股东之后。加之，普通股的价格波动幅度比较大，投资者要承担巨大的市场风险。

2. 普通股股东的权利。按照《公司法》的规定，公司股东依法享有分享资产收益、参与重大决策和选择管理者等权利。

（1）公司重大决策参与权。普通股股东行使这一权利的途径是参加股东大会，行使表决权。

（2）盈余分配权。普通股股东这一权利直接表明了其在经济利益上的要求，体现了普通股股东按照实缴的出资比例分取红利的权利。

（3）剩余资产分配权。股份有限公司按照股东持有的股份比例分配剩余资产。公司财产在未按照规定清偿前，不得分配给股东。

（4）优先认股权。优先认股权是指当股份有限公司为增加公司资本而决定增加发行新的股票时，原普通股股东享有的按其持股比例、以低于市价的某一特定价格优先认购一定数量新发行股票的权利，所以又称为配股权。

3. 普通股股东的义务。《公司法》规定，股东可以用货币出资，也可以用实物、知识产权、土地使用权等可以用货币估价并可以依法转让的非货币财产作价出资，但是法律、行政法规规定不得作为出资的财产除外。全体股东的货币出资额不得低于注册资本的 30%。

（二）优先股股票

1. 优先股股票的定义。优先股股票是一种与普通股股票相对应的特殊股票，是股份有限公司发行的在分配公司收益和剩余资产方面给予投资者某些优先权的股票，常简称为优先股。

2. 优先股股票的特征。

（1）股息率固定。一般情况下，优先股在发行时就约定了固定的股息率，无论公司经营状况和盈利水平如何变化，该股息率不变。

（2）股息分派优先。在股份有限公司盈利分配顺序上，优先股排在普通股之前。

（3）剩余资产分配优先。当股份有限公司因解散或破产进行清算时，在对公司剩余资产的分配上，优先股股东排在债权人之后、普通股股东之前。

（4）一般无表决权。优先股股东权利是受限制的，最主要的是表决权限制。股东通过参加股东大会参与股份有限公司的经营决策，优先股股东在一般情况下没有投票表决权，不享有公司的决策参与权。

二、记名股票和无记名股票

按股票或股东名册是否记载股东姓名，股票可以分为记名股票和无记名股票两种。从我国目前发展情况来看，记名股票的数量远远大于无记名股票，我国上市交易的股票都是记名股票。

（一）记名股票

记名股票是在股票票面或股份有限公司的股东名册上记载股东姓名的股票。股份有限公司发行记名股票的，应当置备股东名册，记载下列事项：股东的姓名或者名称及住所、各股东所持股份数、各股东所持股票的编号、各股东取得股份的日期。一般来说，记名股票具有以下特点。

1. 股东权利归属于记名股东。对于记名股票来说，只有记名股东或其正式委托授权的代理人才能行使股东权利。其他持有者不具备股东权利。

2. 股东可以一次或分次缴纳出资。一般来说，股东应在认购时一次缴足股款。但是，基于记名股票所确定的股份有限公司与记名股东之间的特定关系，有些国家也规定允许记名股东在认购股票时可以分次缴足股款。

3. 转让复杂且受限制。记名股票的转让必须依据相关法律和公司章程规定的程序进行，而且要符合有关规定的转让条件。一般来说，记名股票的转让都必须由股份有限公司将受让人的姓名或名称、住所记载于公司的股东名册，办理股票过户登记手续，这样受让人才能取得股东的资格和权利。

4. 可以挂失，相对安全。记名股票与记名股东的关系是特定的，因此，如果股票遗失，记名股东的资格和权利并不消失，记名股东可依据法定程序向股份有限公司挂失，要求公司补发新的股票。

（二）无记名股票

所谓无记名股票，是指在股票票面和股份有限公司的股东名册上都不记载股东姓名的股票，也叫作不记名股票。无记名股票与记名股票之间的差别不是在股东权利等方面，而是在股票的记载方式上。无记名股票发行时一般留有存根联，它在形式上分为两部分：一部分是股票的主体，记载了有关公司的事项，如公司名称、股票所代表的股数等；另一部分是股息票，用于进行股息结算和行使增资权利。《公司法》规定，发行无记名股票的，公司应当记载其股票数量、编号及发行日期。

三、面额股票和无面额股票

按是否在股票票面标明金额或在电子股票的设计方案中设计票面金额，股票可以分为面额股票和无面额股票两种。

（一）面额股票

面额股票是指在股票票面上或股票的设计方案中记载一定金额的股票。这一记载的金额也称为票面金额、票面价值或股票面值。

（二）无面额股票

无面额股票是指在股票票面上不记载股票面额，只注明它在公司总股本中所占比例的股票，因此也被称为比例股票或份额股票。无面额股票的价值随股份有限公司净资产和预期未来收益的增减而相应变动。公司净资产和预期未来收益增加，每股价值上升；公司净资产和预期未来收益减少，每股价值下降。

四、实物股票和无实物股票

按照发行时是否印制股票实物，可以将股票分为实物股票和无实物股票。

（一）实物股票

实物股票是指股份有限公司发行的采用一定纸张，印有票面内容和不同标志图案，可触摸的纸质股票。在现代社会中，随着股票发行规模不断扩大，大多数国家（地区）采用了股票的无纸化发行。

（二）无实物股票

无实物股票就是指股票的无纸化发行，股份有限公司不再印制股票实物，而通过登记股东姓名、购买金额的方式来发行的股票，因而又叫作登记式股票。无实物股票节约了发行成本，缩短了发行时间，简化了发行、交易手续，为利用计算机网络发行和买卖股票提供了可能。1992年，我国股票的发行和交易基本实现了集中化和无纸化。

五、我国特定股票称谓

（一）内资股

内资股，也称 A 股，是指以人民币标明面值，以人民币认购和买卖的股票，其主要面向境内投资者发行。它是由我国境内的公司发行，供境内机构、组织或个人（不含台、港、澳投资者）以人民币认购和交易的普通股股票。

（二）外资股

外资股是指由境内股份有限公司发行，以外币购买的股票。这是我国股份有限公司吸收外资的一种方式。外资股按上市地域可以分为境内上市外资股和境外上市外资股。

1. 境内上市外资股。境内上市外资股是指在境内注册的股份有限公司向境外投资者发行并在境内证券交易所上市交易，且股票投资者需使用外币购买的股票，这类股票称为 B 股。B 股的正式名称是人民币特种股票，B 股采取记名股票形式，以人民币标明股票面值，以外币认购、买卖。在上海证券交易所上市的 B 股以美元认购、买卖；在深圳证券交易所上市的 B 股以港元认购、买卖。

2. 境外上市外资股。境外上市外资股是指股份有限公司向境外投资者募集并在境外上市的股票。它也采取记名股票形式，以人民币标明面值，以外币认购。它在境外上市时，可以采取境外存托凭证形式或者股票的其他派生形式。在境外上市的外资股除了应符合我国的有关法规规定外，还须符合上市所在地国家或者地区证券交易所规定的上市条件。H 股，指注册地在中国内地，在中国香港上市的中资企业股票。注册地在中国大陆，在纽约、新加坡、伦敦上市的股票分别称为 N 股、S 股、L 股。

六、行情表中的特殊股票称谓

所谓股票简称，是指证券交易所发布股票交易行情时用来代替上市公司全称的简要称呼。股票简称一般由 4 个汉字构成，如中国石油天然气股份有限公司的股票简称为中国石油；有的只有 3 个或 2 个汉字。在我国的股票行情中，有一些股票的简称前面带 N、ST、*ST、XD、XR 和 DR 等字样，它们分别代表不同的含义。

（一）N+股票简称

若股票名称前出现字母 N，则表示这只股票是当日新上市的股票，字母 N 是英文 New（新）的首字母。带有字母 N 的股票的股价当日在市场上不受涨跌幅限制，涨跌幅可以高于 10%（或 20%；或 30%）。投资者在把握投资机会的同时要做好风险控制。

（二）ST+股票简称

沪深证券交易所对财务状况或其他状况出现异常的上市公司的股票交易进行特别处理。"特别处理"的英文是 Special Treatment，简写为 ST，因此这些股票就简称为 ST 股。

（三）*ST+股票简称

沪深证券交易所实行退市风险警示制度。在原有"特别处理"基础上增加的另一种类别的特别处理，其主要措施为在实施退市风险警示的股票的简称前冠以"*ST"字样，以区别于其他股票。在交易方面，被实施退市风险警示的股票日涨跌幅限制为前收盘价的 5%。

（四）XD+股票简称

XD 是英文 Exclude Dividend（除去利息）的简写。当股票名称前出现字母 XD 时，表示当日是这只股票的除息日。截至股权登记日，证券登记公司统计出一份股东持股情况的名册。在除息日，股份有限公司向这部分股东分派股息。在现实操作中，除息一般分派的是现金股利，俗称"派现"。

（五）XR+股票简称

XR 是英文 Exclude Right（除去权利）的简写，当股票名称前出现字母 XR 时，表示当日是这只股票的除权日。截至股权登记日，证券登记公司统计出一份股东持股情况的名册。在除权日，股份有限公司向这部分股东分配股利或进行配股。在现实操作中，除权一般分派的是股票股利，俗称"送红股"。

（六）DR+股票简称

DR 是英文 Dividend（利息）和 Right（权利）的首字母组合。当股票名称前出现字母 DR 时，表示当日是这只股票的除息、除权日。有些上市公司在分派时不仅派发现金股息，还分派股票股利，或者同时配股，所以这种情况下会出现既除息又除权的现象。

七、投资者常用股票称谓

在股票市场上，投资者根据股票价格、市场表现和交易量大小又将股票划分成不同的种类，具体如下。

（一）蓝筹股、绩优股和成长股

1．蓝筹股

蓝筹股指在某一行业中处于重要支配地位、业绩优良、交易活跃、红利优厚的大公司的股票。但蓝筹股并不一定是具有很高投资价值的股票。"蓝筹"一词源于西方赌场。在西方赌场中，有 3 种颜色的筹码，其中蓝色筹码最为值钱，红色筹码次之，白色筹码最差。投资者把这些行话套用到股票上，将蓝筹股引申为规模或市值较大的上市公司的股票。

2．绩优股

绩优股就是业绩优良的公司的股票。但对于绩优股的定义国内外却有所不同。在我国，投资者衡量绩优股的主要指标是每股税后利润和净资产收益率。一般而言，绩优股的每股税后利润应在全体上市公司所发行的股票中处于中上地位。这些公司经过长时间的努力，具有较强的综合竞争力与核心竞争力，在行业内有较高的市场占有率，形成了规模经营优势，利润稳步增长，市场知名度很高。与蓝筹股相比，绩优股具备较高的投资价值，回报率高、稳定。

3．成长股

成长股是预期未来业务增长迅速的公司的股票，通常具有高增长率、高估值和股息发放频率低的特点。这些公司通常有宏图伟略，注重科研，留有大量利润进行再投资以促进其扩张。由于这些公司再生产能力强劲，随着公司的成长和发展，其所发行的股票的价格也会上升，股东便能从中受益。

（二）大盘股、中盘股和小盘股

人们通常根据公司股票市值将股票划分为小盘股、中盘股和大盘股 3 类。在具体划分时有两种划分方法。

第一种划分方法是依据公司股票市值绝对值的大小划分。例如，目前阶段市值 50 亿元以上的为大盘股，市值 10 亿元以下的为小盘股，市值处于 10 亿～50 亿元的为中盘股。

第二种划分方法是依据公司股票市值排序的相对位置划分。将一个股票市场全部股票按照流通市值大小排序。从高市值股票向下累加市值，当累加值达到整个市场总流通市值的 50%时，累加进来的上市公司股票为大盘股。从低市值股票向上累加市值，当累加值达到整个市场总流通市值的 20%时，累加进来的上市公司股票为小盘股。其余为中盘股。从发展的角度看，第二种划分方法更为科学。

（三）白马股和黑马股

1．白马股

白马股一般是指其有关的信息已经公开的股票，由于业绩较为明朗，兼有业绩优良、高成长性、低风险的特点，因而具备较高的投资价值，往往为投资者所看好。如贵州茅台、云南白药等，它们都具有信息透明、业绩优良、增长持续稳定和市盈率低等特点。

2．黑马股

"黑马"一词起初并不是股市中的术语。它是指在赛马场上本来不被看好的马匹，却能在比赛中让绝大多数人大跌眼镜，成为出乎意料的获胜者。黑马股是指价格可能脱离过去的位置并在短期内大幅上涨的股票。黑马股是可遇而不可求的。

（四）新股、次新股

1．新股

新股主要有两个概念。第一，新股是指某公司刚发行上市且正常运作的股票，投资者可在当日进行申购。第二，股票在上市后的两个月内都可以被称为新股，此时股价波动较大。

2．次新股

次新股是指上市时间超过两个月，但不足一年的股票。这一段时间股价波动幅度逐渐减小，股价运行趋于正常。次新股由于上市的时间较短，业绩方面一般不会出现异常变化，这样年报就基本不存在业绩风险，从规避年报"地雷"的角度来说，次新股是年报公布阶段最为安全的板块。

（五）热门股、冷门股

1．热门股

热门股是指交易量大、流通性强、股价变动幅度较大的股票。一天内成交量最多的股票就是当天的热门股。热门股并不一定是那些优良企业发行的股票，也可能是热炒的股票种类。

2．冷门股

冷门股一般是那些交易量小、周转率低、流通性差、股价变动幅度较小，通常以横盘整理行情为主的股票。冷门股往往由于长时间无人问津，股价较低。一些黑马股往往就是从冷门股中脱颖而出的。

（六）题材股和投机股

1．题材股

顾名思义，题材股是有炒作题材的股票。其通常指由于一些突发事件、重大事件或特有现象而使部分个股具有一些共同的特征（题材），这些题材可供炒作者借题发挥，引起市场大众跟风。但题材股往往只发生在某一个阶段，时效性强，即人们所说的"过期不候"，持续性弱。

2．投机股

所谓投机股，是指那些价格很不稳定或公司前景很不确定的普通股。主要包括那些雄心很大、具有开发性或冒险性的公司的股票、热门的新发行股票以及一些面值较低的石油与矿业公司发行的普通股股票。这些普通股的价格，有时会在几天或几周内大幅度上涨或下跌，往往是专业投机者进行买卖的主要对象。由于这种股票易暴涨暴跌，投机者通过经营这种股票可以在短时间内赚取相当可观的利润。

第三节　股票的价格决定

一、红利分配

（一）股息、红利

股东可以定期从股份有限公司取得一定的投资利益，即通常所说的股利。股利是股息和红利的统称。

1．股息

股息是股份有限公司定期按照股票份额的一定比例支付给股东的收益。

2．红利

红利是股份有限公司按规定分配优先股股息之后，将剩余的利润再分配给普通股股东的部分。股份有限公司只有在有剩余利润时才能分派红利，而不得将公司的财产作为红利分派给股东。

（二）股利的支付形式

在成熟的市场中，股息、红利是投资者获取收益的重要来源。股份有限公司支付给股东的股息、红利主要有以下几种形式。

1．现金股利

现金股利是股份有限公司以货币形式支付给股东的股息、红利，俗称派现金或派现，是最普遍、最基本的股利分配形式。分配现金股利，既可满足股东获得预期现金收益的要求，又有助于提高股票的市场价格，吸引更多的投资者。

2．股票股利

股票股利是股份有限公司以股票的形式向股东支付的股息、红利，俗称送红股或送股。通常是由股份有限公司以新增发的股票或一部分库存股票作为股利，代替现金分派给股东。股票股利对股份有限公司的资产和股东的收益都没有影响，只是减少了公司账户上的留存收益，转增公司资本（股本）。

3．其他股利

其他股利形式包括财产股利、建设股息和负债股利等。财产股利是指股份有限公司以现金以外的其他资产向股东分派股息、红利。建设股息是指股份有限公司在开始营业之前，经主管机关批准，并有公司章程证明，从其已筹集的资本中提取一部分向股东分配的股息，也称为建业股息。负债股利是指股份有限公司通过建立一种负债，用债券或应付票据作为股利分派给股东。负债股利一般是公司在已经宣布发放股利但又面临现金不足、难以支付的情况时不得已采取的权宜之计。对于董事会来说，他们往往更倾向于推迟股利发放日期。

目前，我国股市中的上市公司进行利润分配一般只采用股票红利和现金红利两种形式，即所谓的送红股和派现金。

（三）股息、红利的分配原则

股份有限公司分配股息、红利，一般应遵循以下几项原则。

1．分配前扣除

公司必须先对利润依法进行必要的扣除，在利润尚有盈余情况下才能分配股息、红利。一般情况下，公司在取得盈利后，要按下列顺序进行扣除后才能用于股息、红利的分配：一是缴纳税款；二是清偿债务；三是弥补亏损；四是提取法定盈余公积金；五是根据公司章程规定可以提取一定的公益金和任意盈余公积金等。

建设股息是个特例。建设股息需要支付到公司正式经营时才会停止，并以预付股息列于资产负债表的资产项目下。待公司开始营业后，再以营业利润扣抵冲销，以充实公司的资本金。

2．执行股利政策

分配股息、红利，必须执行股份有限公司已定的股利政策。股份有限公司要将公司的长远发展战略同股东对投资收益的追求有机地结合起来，制定相应的股利政策，作为分配股息、红利的依据。

3．按比例分配

股息、红利的分配，原则上以股东持有的股份比例为依据，公司章程另有规定的除外。

4．同股同权

股息、红利的分配，应严格遵守股东平等原则。这主要表现在，同一种类股票的股东在分配股息、红利的数额、形式、时间等内容上没有差别。

（四）股息、红利的分配程序

股份有限公司分配股息、红利的基本程序是：首先，由公司董事会根据公司的盈利水平和股利政策，确定股利分配方案；其次，提交股东大会审议，通过后方能生效；最后，由董事会将股利分配方案向股东宣布，并在规定的付息日派发股息、红利。

二、股票的定价模型

任何资产的价值都取决于资产持有期间（或资产存续期间）内各期现金流量的现值。不同于债券，只要公司不破产，不被并购，市场投资者就可以一直持有这家公司的股票。由股票预期报酬率的定义可知：持有股票的预期报酬率是股利收益率以及出售股票时的资本利得率之和。不少人因此认为若市场投资者一直持有而不出售股票，就无法享受资本利得这部分的报酬，导致长期持有股票的投资报酬率变低。换句话说，不少人认为持有期的长短会影响股票价值的计算。为正确估算股票价值，必须先厘清：持有期的长短会不会影响股票价值的计算？换句话说，持有一期和永远持有股票时计算投资报酬的方式有无不同？

假设市场投资者决定持有股票一期，持有期间的现金流量如图3-2所示。

持有一期的现金收入就是持有股票期间的股利所得及期末处分股票所得价款，即 $DIV_1 + P_1$，若资本（机会）成本为 r，均衡状态下，持有股票一期现金收入的现值等于本期股价（P_0），得

$$P_0 = \frac{DIV_1 + P_1}{1+r} \qquad (3-1)$$

由于股票是有风险的资产，资本（机会）成本（r）必须比无风险资产报酬率更高，以反映持有股票的风险。由式（3-1）可知，持有股票一期时，股票价值等于未来持有期间内投资收益（现金收入）的现值。若股票持有者想持有两期，此时，投资者在第二期预期的投资收益为 $DIV_2 + P_2$，持有期间各期现金流量如图3-3所示。

图 3-2　持有一期股票的现金流量　　　　　　　　图 3-3　持有两期股票的现金流量

若资本（机会）成本为 r，均衡状态下，持有股票两期现金收入现值等于本期股价（P_0），得

$$P_0 = \frac{DIV_1}{1+r} + \frac{DIV_2+P_2}{(1+r)^2} \tag{3-2}$$

接下来，将明确持有一期与持有两期计算投资报酬的方式是否相同。假设市场投资者在第一期期末，即第二期期初想持有股票一期，其现金流量如图 3-4 所示。

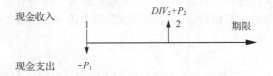

图 3-4　投资者在第一期期末持有下一期股票的现金流量

在完全竞争市场中，由于均衡状态下不可能存在套利机会，则表示下一期的市场均衡价格（P_1）应等于第二期投资收益的现值，得

$$P_1 = \frac{DIV_2+P_2}{1+r} \tag{3-3}$$

将式（3-3）代入式（3-2）可得

$$P_0 = \frac{1}{1+r}\left(DIV_1 + \frac{DIV_2+P_2}{1+r}\right) = \frac{DIV_1+P_1}{1+r} \tag{3-4}$$

式（3-4）就是当市场投资者持有股票一期时的股价（P_0）决定式。持有两期的股价决定模型[式（3-2）]和持有一期的股价决定模型[式（3-1）]的概念一致：股票的价值取决于持有期间内所有各期现金收入的现值。持有两期后，股票持有者若仍想多持有一期，由于第二期期末不会出售股票，式（3-2）中的 P_2 就不应计入持有期间的现金收入。只要 P_2 决定的方式和其他时期股价决定方式一样，类似式（3-1）的公式亦可用于决定第二期期末的股价（P_2）。

$$P_2 = \frac{DIV_3+P_3}{1+r} \tag{3-5}$$

将式（3-5）代入式（3-2）中可得

$$P_0 = \frac{DIV_1}{1+r} + \frac{DIV_2}{(1+r)^2} + \frac{DIV_3+P_3}{(1+r)^3} \tag{3-6}$$

式中 DIV_1、DIV_2 及 DIV_3+P_3 可视为持有股票三期时，持有期间各期现金收入。如同式（3-2），当市场投资者决定持有股票三期时，均衡状态下，本期股价（P_0）等于持有期间内所有现金收入的现值。就如同式（3-1）和式（3-2），本期股价（P_0）受到结束持有时第三期期末出售股票所得价款（P_3）现值的影响。市场投资者一旦决定永远持有，因无结束持有出售股票的问题，此时无限期后的股票价格对当期价格（P_0）的影响自不应存在，即无限期后的股价现值为零。

$$\lim_{t\to\infty}\frac{P_t}{(1+r)^t} = 0$$

若上述条件成立，重复上述反复代入过程可得

$$P_0 = \frac{DIV_1}{1+r} + \frac{DIV_2}{(1+r)^2} + \cdots = \sum_{t=1}^{\infty}\frac{DIV_t}{(1+r)^t} \tag{3-7}$$

式（3-7）为一般所称的股价决定模型。由式（3-7）可知：持有期若变为无穷多期，持有股票的价值等于持有期内各期现金收入（各期股利所得）的现值。式（3-7）之所以未出现期末股价的现值，是因为永远持有就没有期末出售股票的问题。

从由式（3-1）推导至式（3-7）的过程可清楚看出持有期的长短不应影响股票价值的计算。无论持有期长还是短，股票价值都取决于持有期间内所有现金收入的现值。只要以一致的方式估算持

有期间内各期现金流入，投资者对持有期长短的偏好并不影响股票价值的计算。

由于股票价值的计算涉及各期股利所得的估算，若不做简化的假设，式（3-7）的应用性不高。一般常用的简化假设有三：零增长模型、单一股利所得成长率模型以及多重股利所得成长率模型。

（一）零增长模型

假设各期股利所得均维持在 DIV_1 的水平，即 $DIV_1=DIV_2=\cdots$ 式（3-7）可写成

$$P_0 = \frac{DIV_1}{1+r} + \frac{DIV_2}{(1+r)^2} + \cdots = \frac{DIV_1}{r} \tag{3-8}$$

（二）单一股利所得成长率模型

假设未来各期股利所得均以固定成长率（g）增加，式（3-7）可写成

$$P_0 = \frac{DIV_1}{1+r} + \frac{DIV_1(1+g)}{(1+r)^2} + \frac{DIV_1(1+g)^2}{(1+r)^3} + \cdots \tag{3-9}$$

式中 $DIV_1\times(1+g)=DIV_2$，$DIV_1\times(1+g)^2=DIV_3$。只要 $r>g$，利用永续型年金现值公式，式（3-9）可简化为

$$P_0 = \frac{DIV_1}{r-g} \tag{3-10}$$

（三）多重股利所得成长率模型

假设股利所得成长率分为高成长率（g_1）和低成长率（g_2），即 $g_1>g_2$。假设第 1 期到第 T 期期间，股利所得成长率较高（g_1），第 T 期后股利所得成长率降为 g_2。依此设定，各期股利所得的现值为

$$P_0 = \sum_{t=1}^{T}\frac{DIV_1(1+g_1)^t}{(1+r)^t} + \frac{1}{(1+r)^T}\left(\frac{DIV_{T+1}}{r-g_2}\right) = \frac{DIV_1}{r-g_1}\left[1-\left(\frac{1+g_1}{1+r}\right)^T\right] + \frac{1}{(1+r)^T}\left[\frac{DIV_1(1+g_1)^T}{r-g_2}\right] \tag{3-11}$$

【例 3-1】某法人投资机构正评估是否购入 ABC 公司股票。该法人投资机构预测 ABC 公司下一期每股股利（DIV_1）应有 3 元的水平，且未来股利所得将以 10% 的速度增长。依照 ABC 公司所处产业以及营运特质，该法人投资机构认为持有 ABC 公司股票的资本成本（r）应为 15%，属于单一股利所得成长率模型，此时本期 ABC 公司股票价格应为

$$\frac{3}{0.15-0.1}=60（元）$$

某次董事会中，某董事认为 10% 的股利所得成长率过分乐观，另提出较保守的成长率估计值 5%。此时，ABC 公司股票价值变为

$$\frac{3}{0.15-0.05}=30（元）$$

股利所得成长率由 10% 降为 5%，股价下降 50%。由于股价深受股利所得成长率的影响，在评估股票价值时不宜对股利所得成长率估计值过分乐观。

本章知识要点

股票是一种有价证券，它是股份有限公司发行的用于证明投资者的股东身份、所持股

份，投资者据以获得股息和红利并承担义务的凭证。股票具有有价证券、要式证券、证权证券、资本证券和综合权利证券等性质。股票具有不可偿还性与流通性、收益性与风险性、参与性等特征。常见的股票分类包括普通股股票和优先股股票、记名股票和无记名股票、面额股票和无面额股票等。

股息是股份有限公司定期按照股票份额的一定比例支付给股东的收益。红利是股份有限公司按规定分配优先股股息之后，将剩余的利润再分配给普通股股东的部分。股份有限公司支付给股东的股息、红利主要有现金股利、股票股利、其他股利等几种形式。

知识测评与实训操作

一、选择题

1. 下面哪一种不属于有价证券？（　　　）
    A. 股票 　　　　B. 债券 　　　　C. 保单 　　　　D. 证券投资基金
2. 有价证券按发行方式的不同，可以分为公募证券和（　　　）。
    A. 上市证券 　　B. 政府证券 　　C. 资本证券 　　D. 私募证券
3. （多选）某公司拟上市发行股票，已知股票每股面额为1元，按照《公司法》要求，该公司的股票发行价格可以是（　　　）元。
    A. 20 　　　　　B. 0.5 　　　　　C. 1 　　　　　D. 5.4
4. （多选）股东对公司的所有权是一种综合权利，表现为（　　　）。
    A. 参加股东大会 　　　　　　　　B. 投票表决
    C. 收取利息 　　　　　　　　　　D. 参与公司日常管理

二、判断题

1. 境内上市外资股是以外币标明面值，以人民币认购。（　　　）
2. 《公司法》规定向社会公众发行的股票应该为记名股票。（　　　）
3. 股票实质上代表了股东对股份有限公司的所有权，股东凭借股票可以参加股东大会并行使自己的权利。（　　　）
4. 某股份有限公司最初分配股息为1.92元/股，以后每年以3%的股息增长率匀速增长。假设投资者股票资本成本为2%，利用零增长模型为该股票定价是无法计算的。（　　　）
5. 通常将那些经营业绩较好，具有稳定、较高现金股利支付的公司的股票称为蓝筹股。（　　　）

三、计算题

1. 万科A（000002）2023年每10股派6.80元现金，假设其股利可以稳定增长，增长率为10%，其股票资本成本为12%，其股票的合理价值是多少？若其当前股价为9.40元/股，其是否具有投资价值？
2. 某公司在未来无限期间内每年支付的股利为3元/股，股票资本成本为15%，则该公司股票的理论价值是多少？

四、实训操作题

1. 通过股票行情软件分别找到5只蓝筹股、绩优股和成长股，并查看公司基本情况。
2. 通过股票行情软件查看蓝筹股和投机股股价波动幅度有什么不同。
3. 分析贵州茅台（600519）最近3个完整会计年度的股息红利发放情况。

第四章　证券投资基金

知识学习目标与思维导图

　　理解证券投资基金的概念，熟悉证券投资基金的特点和分类，熟练掌握证券投资基金的运作方法。

●证券投资基金的含义
●证券投资基金的特点
●基金与股票、债券的比较
●证券投资基金的当事人
●证券投资基金的分类

证券投资基金概述

基金运作实务

●基金的交易
●基金收入来源
●基金费用
●基金利润及利润分配

案例导入

110 万元买基金亏 48 万元，投资者起诉银行获赔 30 万元

　　北京的马女士出资 110 万元在光大银行购买证券投资基金，不料 3 年后赎回时仅剩 60 余万元，面对如此亏损，马女士将光大银行告上法庭。历经两次审理，马女士最终获 30 万元赔偿。

　　在案件的调查中了解到，马女士在光大银行开立了私人储蓄账户，经光大银行营业部工作人员主动推介，马女士同意购买"光大金控泰石 3 号股票型证券投资基金"110 万个份额。时隔 3 年，马女士在办理赎回手续后，收到赎回款 61.32 万元，资金损失 48.68 万元。面对如此亏损，马女士与光大银行对簿公堂。

　　判决书显示，法院认为，光大银行的理财业务存在违法违规行为。作为专业的金融机构，在明知案涉产品超出马女士风险承受能力的情况下，推介马女士购买风险较大的证券投资基金产品。且无法充分证明光大银行恰当地履行了适当性义务及充分告知说明义务。最终法院酌定光大银行的赔偿责任为 30 万元。

　　案例中所涉及的基金是什么？基金的投资风险有哪些？基金与其他投资工具有什么不同？

第一节　证券投资基金概述

一、证券投资基金的含义

　　证券投资基金是指通过发售基金份额，将众多投资者的资金集中起来，形成独立财产，由基金托管人托管，由基金管理人管理，以组合投资的方法进行证券投资的一种利益共享、风险共担的集合投资方式。

证券投资基金通过发行基金份额的方式募集资金，个人投资者或机构投资者通过购买一定数量的基金份额参与基金投资。基金所募集的资金在法律上具有独立性，由选定的基金托管人保管，并委托基金管理人进行股票、债券等组合投资。基金投资者是基金的所有者。基金投资收益在扣除由基金承担的费用后的盈余全部归基金投资者所有，并依据各个投资者所购买的基金份额的多少在投资者之间进行分配。

二、证券投资基金的特点

证券投资基金在许多国家受到投资者的广泛欢迎，与证券投资基金本身的特点有关。作为一种现代化投资工具，证券投资基金所具备的特点是十分明显的。

（一）集合理财、专业管理

证券投资基金是将零散的资金汇集起来，交给专业机构投资于各种金融工具，以谋取资产增值的投资方式。基金实行专业理财制度，由受过专门训练、具有比较丰富的证券投资经验的专业人员运用各种技术手段搜集、分析各种信息资料，预测金融市场上各个证券品种的价格变动趋势，制定投资策略和投资组合方案，从而最大限度地避免投资决策失误，提高投资收益。

（二）组合投资、分散风险

以科学的投资组合降低风险、提高收益是基金的另一大特点。在投资活动中，风险和收益总是并存的，要实现投资资产的多样化，需要一定的资金实力。小额投资者，由于资金有限，很难做到这一点，而基金则可以帮助中小投资者解决这个困难。多元化的投资组合一方面借助于资金庞大和投资者众多的优势，使每个投资者面临的投资风险变小；另一方面又利用不同投资对象之间收益率变化的相关性，达到分散投资风险的目的。

（三）利益共享、风险共担

基金投资的收益在扣除基金托管人和基金管理人按规定收取的托管费和管理费后，所有盈余按各投资者所持有的基金份额比例进行分配。

（四）严格监管、信息透明

各国监管机构都对基金业实行严格的监管，对各种有损投资者利益的行为进行严厉的打击，并强制基金进行较为充分的信息披露。

（五）独立托管、保障安全

基金管理人只负责基金资产的投资运作，不负责基金财产的保管，基金财产由独立于基金管理人的基金托管人保管。两者相互制约、相互监督的制衡机制保护了投资者的利益。

三、基金与股票、债券的比较

与直接投资股票或债券不同，证券投资基金是一种间接投资工具。一方面，基金投资者通过购买基金份额的方式间接进行证券投资；另一方面，证券投资基金以股票、债券等金融证券为投资对象。

（一）反映的经济关系不同

股票反映的是一种所有权关系，是一种所有权凭证，投资者购买股票后就成为公司的股东；债券反映的是债权债务关系，是一种债权凭证，投资者购买债券后就成为公司的债权人；基金反映的则是一种信托关系，是一种受益凭证，投资者购买基金份额后就成为基金的受益人。

（二）所筹资金的投向不同

股票和债券是直接投资工具，筹集的资金主要投向实业领域；基金是一种间接投资工具，所筹集的资金主要投向有价证券等金融工具或产品。

（三）投资收益与风险大小不同

通常情况下，股票的价格波动性较大，是一种高风险、高收益的投资品种；债券可以给投资者带来较为确定的利息收入，波动性较股票小，是一种低风险、低收益的投资品种；基金投资于众多金融工具或产品，能有效分散风险，是一种风险相对适中、收益相对稳健的投资品种。

四、证券投资基金的当事人

我国的基金依据基金合同设立，基金投资者、基金管理人与基金托管人是基金的当事人。

（一）基金投资者

基金投资者即基金份额持有人，是基金的出资人、基金财产的所有者和基金投资收益的受益人。按照《证券投资基金法》的规定，我国基金份额持有人享有以下权利：分享基金财产收益，参与分配清算后的剩余基金财产，依法转让或者申请赎回其持有的基金份额，依据规定要求召开基金份额持有人大会，对基金份额持有人大会审议事项行使表决权，查阅或者复制公开披露的基金信息资料，对基金管理人、基金托管人、基金服务机构损害其合法权益的行为依法提起诉讼。

（二）基金管理人

基金管理人是基金产品的募集者和管理者，其最主要的职责就是按照基金合同的约定，负责基金财产的投资运作，在有效控制风险的基础上为基金投资者争取最大的投资收益。基金管理人在基金运作中具有核心作用，基金产品的设计、基金份额的销售与注册登记、基金财产的管理等重要职能多半都由基金管理人或基金管理人选定的其他服务机构承担。在我国，基金管理人只能由依法设立和批准的机构担任。

（三）基金托管人

为了保证基金财产的安全，《证券投资基金法》规定，基金财产必须由独立于基金管理人的基金托管人保管，从而使基金托管人成为基金的当事人之一。基金托管人的职责主要体现在基金财产保管、基金资金清算、会计复核以及对基金投资运作的监督等方面。在我国，基金托管人只能由依法设立并取得基金托管资格的商业银行和由国务院证券监督管理机构核准的其他金融机构担任。

五、证券投资基金的分类

证券投资基金已经有 100 多年的历史，在这 100 多年中，证券投资基金显示出强大的生命力，不断创新，并涌现出许多新品种。按照不同的标准，基金有多种分类。

4-1 证券投资基金的分类

（一）按组织形式的不同分类

证券投资基金按组织形式的不同，可分为契约型基金和公司型基金。

1. 契约型基金

契约型基金是指将投资者、管理人、托管人三者作为基金的当事人，通过签订基金契约的形式发行受益凭证而设立的一种基金。契约型基金起源于英国，后来在新加坡、印度尼西亚等国家十分流行。契约型基金是基于信托原理而组织起来的代理投资方式，没有基金章程，也没有公司董事会，而是通过基金契约来规范三方当事人的行为。基金管理人负责基金的管理操作；基金托管人作为基金财产的名义持有人，负责基金财产的保管和处置，对基金管理人的运作实行监督。

2. 公司型基金

公司型基金是依据基金公司章程设立，在法律上具有独立法人地位的股份投资公司。公司型基金以发行股份的方式募集资金，投资者购买基金公司的股份后，以基金持有人的身份成为基金公司的股东，凭其持有的股份依法享有投资收益。公司型基金在组织形式上与股份有限公司类似，由股东选举董事会，由董事会选聘基金管理公司，基金管理公司负责管理基金的投资业务。

3. 契约型基金与公司型基金的区别

契约型基金与公司型基金虽然都是证券投资基金，但在所筹资金性质、基金投资者地位、基金的运营依据等方面存在区别。

（1）所筹资金的性质不同。

契约型基金的资金是通过发行基金份额筹集起来的信托财产；公司型基金的资金是通过发行普通股股票筹集起来的，是公司法人的资本。

（2）基金投资者的地位不同。

契约型基金的投资者购买基金份额后成为基金契约的当事人之一，投资者既是基金的委托人，又是基金的受益人，即享有基金的受益权。公司型基金的投资者购买基金公司的股票后成为该公司的股东，因此，公司型基金的投资者对基金运作的影响比契约型基金的投资者大。

（3）基金的运营依据不同。

契约型基金依据基金契约运营基金，公司型基金依据基金公司章程运营基金。契约型基金在设立上更为简单易行；公司型基金的法律关系明确清晰，监督机制较为完善。

（二）按是否可以自由赎回和基金规模是否固定分类

证券投资基金按是否可自由赎回和基金规模是否固定，可分为封闭式基金和开放式基金。

1. 封闭式基金

封闭式基金是指经核准的基金份额总额在基金合同期限内固定不变，基金份额可以在依法设立的证券交易场所交易，但基金份额持有人不得申请赎回的基金。由于封闭式基金在封闭期内不能追加认购或赎回，投资者只能通过证券经纪商在二级市场上进行基金的买卖。封闭式基金的期限是指基金的存续期，即基金从成立到终止的时间。

2. 开放式基金

开放式基金是指基金份额总额不固定，基金份额可以在基金合同约定的时间和场所申购或者赎回的基金。为了满足投资者赎回资金、实现变现的要求，开放式基金一般都从所筹资金中拨出一定比例，以现金形式保持这部分资产。

3. 封闭式基金与开放式基金的区别

（1）存续期限不同。

封闭式基金有固定的期限，通常在2年以上，经持有人大会通过并经主管机关同意可以适当延长期限。开放式基金没有固定期限，投资者可随时向基金管理人赎回基金份额，大量赎回可能会导致清盘。

（2）发行规模限制不同。

封闭式基金的基金规模是固定的，在封闭期限内未经法定程序认可不能增加发行。开放式基金没有发行规模限制，投资者可随时提出申购或赎回申请，基金规模随之增大或减小。

（3）基金份额交易方式不同。

封闭式基金的基金份额在封闭期限内不能赎回，但为方便投资者变现，往往在证券交易所挂牌买卖，持有人可以在证券交易所卖出，交易在基金投资者之间完成。开放式基金的投资者在首次发行结束一段时间后，在交易日中可以随时向基金管理人或中介机构提出申购或赎回申请。

（4）基金份额的交易价格计算标准不同。

封闭式基金与开放式基金的基金份额首次发行价都是按面值加一定百分比的认购费计算的，但成立以后的交易计价方式不同。封闭式基金的买卖价格受市场供求关系的影响，常出现溢价或折价现象，并不必然反映单位基金份额的净资产值。开放式基金的交易价格则取决于基金份额净资产值的大小，其申购价一般是基金份额净资产值加一定的申购费，赎回价是基金份额净资产值减去一定的赎回费，不直接受市场供求影响。

（5）交易费用不同。

投资者在买卖封闭式基金时，在基金价格之外要支付手续费；在买卖开放式基金时，则要支付申购费和赎回费。

（6）投资策略不同。

封闭式基金在封闭期内基金规模不会变小，没有赎回压力，因此可进行长期投资，基金资产的投资组合能有效地在预定计划内进行。开放式基金因基金份额可随时赎回，为应对投资者随时赎回兑现，所募集的资金不能全部用来投资，更不能把全部资金用于长期投资，必须保持基金资产的流动性，组合资产中需保留一部分现金和高流动性的金融工具。

（7）基金份额资产净值公布的时间不同。

封闭式基金一般每周或更长时间公布一次份额净值，开放式基金一般在每个交易日后公布份额净值。

（三）按投资对象分类

证券投资基金按投资对象的不同，可分为债券基金、股票基金、货币市场基金和混合基金4种形式。

1．债券基金

债券基金是一种以债券为主要投资对象的证券投资基金。由于债券的年利率固定，又有还款保证，因而这类基金的风险较低，适合于稳健型投资者。

2．股票基金

股票基金是指以上市公司发行的股票为主要投资对象的证券投资基金。股票基金的投资目标侧重于追求资本利得和长期资本增值。基金管理人拟定投资组合，将资金投放到一个或几个国家（地区）甚至全球的股票市场，以达到分散投资、降低风险的目的。

3．货币市场基金

货币市场基金是以货币市场工具为投资对象的一种基金，其投资对象的期限在1年以内，包括银行短期存款、国库券、公司债券、银行承兑票据及商业票据等货币市场工具。货币市场基金的优点是资本安全性高、购买限额低、流动性强、收益较高、管理费用低，有些还不收取赎回费用。因此，货币市场基金通常被认为是低风险的投资工具。

4．混合基金

混合基金是指投资于股票、债券以及货币市场工具，且不符合股票基金和债券基金的分类标准的基金。根据股票、债券投资比例以及投资策略的不同，混合基金又可以分为偏股型基金、偏债型基金、股债平衡型基金和灵活配置型基金等类型。

（四）按投资目标分类

证券投资基金按投资目标的不同，可分为成长型基金、收入型基金和平衡型基金。

1.成长型基金

成长型基金追求的是基金资产的长期增值。为了达到这一目标，基金管理人通常将基金资产投资于信誉度较高、有良好成长前景或长期盈余的所谓成长型公司的股票。成长型基金又可分为稳健成长型基金和积极成长型基金。

2.收入型基金

收入型基金主要投资于可带来现金收入的有价证券，以获取当期的最大收入为目的。收入型基金资产的成长潜力较小，损失本金的风险相对也较低，一般可分为固定收入型基金和股票收入型基金。固定收入型基金的主要投资对象是债券和优先股，因而尽管收益率较高，但成长的潜力很小，而且当市场利率波动时，基金净值容易受到影响。股票收入型基金的成长潜力比较大，但易受股市波动的影响。

3.平衡型基金

平衡型基金将资产分别投资于两种不同特性的证券上，并在以取得收入为目的的债券及优先股和以资本增值为目的的普通股之间进行平衡。这种基金一般将25%～50%的资产投资于债券及优先股，其余的投资于普通股。平衡型基金的主要目的是从其投资组合的债券中得到适当的利息收益，与此同时又可以获得普通股的升值收益。投资者既可获得当期收入，又可得到资金的长期增值。平衡型基金的特点是风险较低，缺点是成长的潜力不大。

（五）按交易方式的差异分类

证券投资基金按交易变现方式的差异可以划分为交易所交易基金和上市开放式基金。

1.交易所交易基金

ETF（Exchange Traded Fund）常被译为"交易所交易基金"，上海证券交易所则将其定名为"交易型开放式指数基金"。ETF是一种在交易所上市交易，并且可以申购和赎回，基金份额可变的基金。ETF结合了封闭式基金与开放式基金的运作特点，一方面可以像封闭式基金一样在交易所二级市场进行买卖，另一方面又可以像开放式基金一样申购、赎回。不同的是，它的申购是用一篮子股票换取ETF份额，赎回时也是换回一篮子股票而不是现金。这种交易制度使该类基金在一、二级市场之间存在套利机制，可有效防止类似封闭式基金的大幅折价。

ETF由基金管理公司发起设立。由于ETF采用指数化投资策略，除非指数样本股发生调整，一般基金经理不用时常调整股票组合。在我国，ETF的受托人一般为银行，投资者为购买ETF的机构或个人。

2.上市开放式基金

上市开放式基金（Listed Open-Ended Fund，LOF），是一种可以同时在场外市场进行基金份额申购、赎回，在交易所进行基金份额交易，并通过份额转托管机制将场外市场与场内市场有机地联系在一起的新的基金。深圳证券交易所推出的LOF在世界范围内具有首创性。上市开放式基金并没有增加基金的品种，而是增加了在交易所交易的机制。

（六）按投资理念的不同分类

证券投资基金按投资理念的不同，可分为主动型基金和被动（指数）型基金。

1.主动型基金

主动型基金是一类力图超越基准组合表现的基金。基金管理人通过甄选投资证券，建立投资组合，力图超越同类基金的平均收益水平。

2.被动型基金

被动型基金不主动寻求取得超越市场的表现，而是试图复制指数的表现，一般选取特定的指数作为跟踪的对象，因此通常又被称为指数型基金。指数型基金就是选择一个特定的市场指数进行跟踪，根据指数的成分股（计算指数时使用的股票）来构造投资组合，使得基金的收益与这个市场指数的收益大致相同，从而达到一个被动地投资于市场的效果。

相比较而言，主动型基金比被动型基金的风险更大，但取得的收益也可能更大。

（七）特殊类型基金

随着基金在全世界的发展和创新，出现了特殊类型基金，主要包括系列基金、保本基金和分级基金。

1．系列基金

系列基金又被称为伞型基金，实际上就是开放式基金的一种组织结构。在这一组织结构下，基金发起人根据一份总的基金招募书发起设立多只独立运作的基金，各基金依据不同投资目标和投资方针进行独立的投资决策，相互之间可以根据规定的程序进行转换。这些基金称为子基金或成分基金，而由这些子基金共同构成的这一基金体系就合称为伞型基金。

2．保本基金

保本基金是指在保本周期（一般是 3～5 年，最长可达 10 年）到期时，投资者可以获得投资本金的一定百分比（如本金的 100%）保证的基金，如果基金运作成功，投资者还会得到额外收益。由于保本基金有一定的封闭期，投资者如果在封闭期内赎回份额将得不到基金公司的保本承诺，所以保本基金也被称为"半封闭基金"。保本基金属于低风险、低回报的基金。

3．分级基金

分级基金（Structured Fund）又叫"结构型基金"，是指在一个投资组合下，通过对基金收益或净资产进行分解，形成风险收益表现有一定差异的两级（或多级）基金份额的基金品种。它的主要特点是将基金产品分为两级或多级份额，并分别给予不同的收益分配。分级基金各个子基金的净值与份额占比的乘积之和等于母基金的净值。例如，拆分成两类份额的母基金净值等于 A 类子基金净值乘以 A 份额占比加上 B 类子基金净值乘以 B 份额占比。如果母基金不进行拆分，其本身是一个普通的基金。

第二节 基金运作实务

一、基金的交易

基金交易方式因基金性质的不同而不同。为满足投资者的变现需要，封闭式基金成立后通常申请在证券交易所挂牌。开放式基金的交易方式为场外交易，在投资者与基金管理人或其代理人之间进行交易，投资者可在基金管理公司或其代理机构的营业网点进行基金的买卖，办理基金单位的申购与赎回。

（一）封闭式基金的交易

如前所述，封闭式基金的交易方式为在证券交易所挂牌上市，因此，封闭式基金在募集成立后，应及时向证券交易所申请上市。封闭式基金的交易遵循如下规则。

（1）基金单位的买卖应遵循"公开、公平、公正"的"三公"原则和"价格优先、时间优先"的原则。

（2）以标准手数为单位进行集中无纸化交易，计算机自动撮合，跟踪过户。

（3）基金的单位价格以基金单位资产净值为基础，受市场供求关系的影响而波动，行情即时揭示。

（二）开放式基金的交易及交易价格

1．开放式基金的申购与赎回

（1）开放式基金申购和赎回的原则。第一，未知价原则。所谓未知价，是指申购、赎回价格以申请当日的基金单位资产净值为基准进行计算，在交易时间申购和赎回时单位资产净值还没有计算出来。第二，金额申购、份额赎回原则。这是指投资者申购投资基金时以金额申请，赎回基金时以份额申请。

（2）开放式基金日常申购与赎回的程序。第一，投资者开户。投资者要想对开放式基金进行投资，必须具有证券账户或开放式基金账户，可以在证券公司处开立，也可以在银行等代销机构处开立。第二，投资者提出申请。投资者必须根据基金销售网点规定的程序，在工作日的交易时间段内向基金销售网点提出申购或赎回的申请。第三，登记机构确认。投资基金登记机构以收到申购和赎回申请的当天作为申购或赎回申请日（T日），并在T+2日前（包括该日），对该交易的有效性进行确认。投资者可在T+2日之后（不包括该日）的工作日向基金销售网点进行成交查询。

（3）巨额赎回。如果一个工作日内的基金单位净赎回申请（赎回申请总数扣除申购申请总数后的余额）超过前一日基金份额总份数的10%，即认为发生了巨额赎回。当出现巨额赎回时，基金管理人可以根据该基金当时的资产组合状况决定全额赎回、部分顺延赎回和暂停赎回。

2．开放式基金的申购、赎回价格

开放式基金的交易价格即为申购、赎回价格。开放式基金申购和赎回的价格是建立在基金单位资产净值基础上的。基金的申购价格，由申购申请日当天每份基金单位资产净值再加上一定比例的申购费所形成；基金的赎回价格，由赎回申请日当天每份基金单位资产净值再减去一定比例的赎回费所形成。

基金单位资产净值，即每一基金单位代表的基金资产的净值，是指在某一基金估值时点上，按照公允价格计算的基金资产的总市值扣除负债后的余额除以基金单位总数。该净值是基金单位持有人的权益。基金单位资产净值计算的公式为

$$基金单位资产净值=（总资产-总负债）/基金单位总数 \qquad （4-1）$$

其中，总资产是指基金拥有的所有资产（包括股票、债券、银行存款和其他有价证券等）按照公允价格计算的资产总额。基金往往被分散投资于证券市场的各种投资工具，如股票、债券等。这些资产的市场价格是不断变动的，需要按照公允价格估算基金资产的价值。基金估值是计算基金单位资产净值的关键。只有每日对基金单位资产净值进行系统的计算，才能及时反映基金的投资价值。总负债是指基金运作及融资时所形成的负债，包括应付给他人的各项费用、应付资金利息等；基金单位总数是指当时发行在外的基金单位的总量。

二、基金收入来源

基金收入是基金财产在运作过程中所产生的各种收入。基金收入来源主要是已实现收入和未实现收入两个部分。

（一）已实现收入

已实现收入包括利息收入、投资收益以及其他收入。

1．利息收入

利息收入指基金经营活动中因债券投资、资产支持证券投资、银行存款、结算备付金、存出保证金、按买入返售协议融出资金等实现的利息收入。具体包括债券利息收入、资产支持证券利息收入、存款利息收入、买入返售金融资产收入等。

2．投资收益

投资收益是指基金经营活动中因买卖证券实现的价差收益和股利收益。具体包括股票投资收益、债券投资收益、资产支持证券投资收益、基金投资收益、衍生工具收益、股利收益等。

3．其他收入

其他收入是指除上述收入以外的其他各项收入，包括赎回费扣除基本手续费后的余额、手续费返还、ETF 替代损益，以及基金管理人等机构为弥补基金财产损失而支付给基金的赔偿款项等。

（二）未实现收入

未实现收入是指基金买入的证券还没有卖出或融券卖出的证券还没有买回来所形成的浮动盈亏。

三、基金费用

基金运作过程中涉及的费用很多，包括申购费、赎回费、基金转换费、基金管理费、基金托管费等。这些费用可分为两大类。

4-2　基金费用

（一）投资者直接承担的费用

投资者直接承担的费用是指基金销售过程中发生的由基金投资者直接承担的费用，主要包括申购费、赎回费、基金转换费。这些费用直接从投资者申购、赎回或转换的金额中收取。

（二）由基金资产承担的费用

由基金资产承担的费用指基金管理过程中发生的费用，主要包括基金管理费、基金托管费、基金销售服务费、基金交易费和基金运作费等。这些费用由基金资产承担，从基金资产中扣除。

1．基金管理费

基金管理费是指基金管理人管理基金资产而向基金收取的费用。基金管理费率通常与基金规模成反比，与风险成正比。基金规模越大，基金管理费率越低；基金风险程度越高，基金管理费率越高。我国股票基金大部分按照 1.5%的比例计提基金管理费，债券基金的管理费率一般低于 1%，货币市场基金的管理费率为 0.33%。

2．基金托管费

基金托管费是指基金托管人为基金提供托管服务而向基金收取的费用。基金托管费收取的比例与基金规模、基金类型有一定关系。通常基金规模越大，基金托管费率越低。新兴市场国家和地区的基金托管费收取比例较高。我国封闭式基金按照 0.25%的比例计提基金托管费；开放式基金根据基金合同的规定比例计提，通常低于 0.25%；股票基金的托管费率要高于债券基金及货币市场基金的托管费率。

3．基金销售服务费

基金销售服务费是指从基金资产中扣除的用于支付销售机构佣金以及基金管理人的基金营销广告费、促销活动费、持有人服务费等的费用。基金销售服务费目前只有货币市场基金和一些债券基金收取，费率大约为 0.25%。收取销售服务费的基金通常不收申购费。

4．基金交易费

基金交易费指基金进行证券买卖交易时所发生的相关交易费用。目前，我国证券投资基金的交易费用主要包括交易佣金、印花税、过户费、经手费、证管费。交易佣金由证券公司按成交金额的一定比例向基金收取，印花税、过户费、经手费、证管费等则由登记公司或交易所按有关规定收取。参与银行间债券交易的基金，还需向中央结算公司支付银行间账户服务费，向全国银行间同业拆借中心支付交易手续费等服务费用。

5．基金运作费

基金运作费指为保证基金正常运作而发生的应由基金承担的费用，包括审计费、律师费、上市年费、信息披露费、分红手续费、持有人大会费、开户费、银行汇划手续费等。

四、基金利润及利润分配

基金利润是指基金在一定会计期间的经营成果，等于基金收入减去费用后的净额，包括已经实现的利润和未实现的利润两个部分。已经实现的利润等于已实现收入减去各项费用后的余额；未实现的利润是指浮动盈亏。

（一）封闭式基金利润分配

根据《公开募集证券投资基金运作管理办法》，封闭式基金的利润分配，每年不得少于一次，封闭式基金年度利润分配比例不得低于基金年度可供分配利润的90%。封闭式基金当年利润应先弥补上一年度亏损，然后才可进行当年分配。封闭式基金一般采用现金方式分红。

（二）开放式基金利润分配

我国开放式基金在基金合同中约定每年基金利润分配的最多次数和基金利润分配的最低比例。开放式基金的分红方式有两种。

1. 现金分红方式。根据基金利润情况，基金管理人以投资者持有基金单位数量的多少，将利润分配给投资者。这是基金分配最普遍的形式。

2. 分红再投资。分红再投资是指开放式基金分红转换为基金份额，即将应分配的净利润按除息后的份额净值折算为等值的新的基金份额进行基金分配。

开放式基金的基金份额持有人可以事先选择利润分配方式，基金份额持有人事先未做出选择的，基金管理人应当支付现金。

（三）货币市场基金的利润分配

1. 货币市场基金可以在基金合同中将收益分配的方式约定为红利再投资，并应当每日进行收益分配。

2. 当日申购的基金份额自下一个工作日起享有基金的分配权益；当日赎回的基金份额自下一个工作日起不享有基金的分配权益。

3. 货币市场基金每周一至周四进行分配时，仅对当日利润进行分配；每周五进行分配时，将同时分配周六和周日的利润。

4. 投资者于周五申购或转换转入的基金份额不享有周五、周六和周日的利润；投资者于周五赎回或转换转出的基金份额享有周五、周六和周日的利润。

本章知识要点

证券投资基金是指通过发售基金份额，以组合投资的方法进行证券投资的一种利益共享、风险共担的集合投资方式。证券投资基金具备集合理财、专业管理，组合投资、分散风险，利益共享、风险共担，严格监管、信息透明，独立托管、保障安全等特点。

证券投资基金按不同的分类标准有不同的分类，如：按组织形式的不同分为契约型基金、公司型基金；按是否可自由赎回和基金规模是否固定，可分为封闭式基金和开放式基金；等等。

封闭式基金的买卖应遵循"公开、公平、公正"的"三公"原则和"价格优先、时间优先"的原则。开放式基金申购与赎回应遵循未知价原则和金额申购、份额赎回原则。开放式基金申购和赎回的价格是建立在基金单位净值基础上的。

基金运作费用包括两大类：一类是基金销售过程中发生的由基金投资者自己承担的费用，主要包括申购费、赎回费、基金转换费；另一类是基金管理过程中发生的费用，主要包括基金管理费、基金托管费、基金销售服务费、基金交易费和基金运作费等。

基金收入来源主要包括利息收入、投资收益以及其他收入。封闭式基金的利润分配，每年不得少于一次；开放式基金按规定需在基金合同中约定每年基金利润分配的最多次数和基金利润分配的最低比例。开放式基金的分红方式有两种：一种是现金分红方式；另一种是分红再投资，即将应分配的利润转换为基金份额。

知识测评与实训操作

一、选择题

1. 基金通常选择一篮子证券进行投资，最主要的目的是帮助中小投资者（ ）。
    A. 充分把握市场不同投资机会
    B. 实现组合投资、分散风险
    C. 解决基金规模过大或证券规模过小的矛盾
    D. 解决收益率较低的问题

2. 证券投资基金的特点不包括（ ）。
    A. 风险共担　　B. 利益共享　　C. 集中投资　　D. 专业管理

3. 关于ETF，以下说法正确的是（ ）。
    A. 只有资金达到一定规模的投资者才能参与ETF一级市场的申购和赎回
    B. 在二级市场上按照基金份额净值进行竞价交易
    C. 申购时以股票换基金份额，赎回时以基金份额换股票
    D. 有助于确保投资者投资基金获利

4. （多选）下列说法中正确的有（ ）。
    A. 基金投资者是基金的所有者
    B. 基金托管人、基金管理人参与基金收益的分配
    C. 中小投资者由于资金量小，一般无法通过购买数量众多的股票分散投资风险
    D. 严格监管与信息透明是公募证券投资基金的显著特点

5. （多选）下列各项中（ ）属于开放式基金的特点。
    A. 开放式基金的买卖价格受到市场供求关系的影响
    B. 基金份额可以在基金合同约定的时间和场所进行申购或者赎回
    C. 交易在投资者与基金管理人之间完成
    D. 基金份额不固定

二、判断题

1. 开放式基金的买卖价格以基金单位净值为基础。（ ）
2. 封闭式基金交易价格主要受二级市场供求关系影响。（ ）
3. 契约型基金是依据基金管理人、基金托管人之间所签署的基金合同设立的。（ ）

三、简答题

1. 简述公司型基金和契约型基金的区别。
2. 简述封闭式基金与开放式基金的区别。

四、实训操作题

1. 模拟申购100万份上证50ETF。
2. 模拟赎回158 600份某开放式基金，计算赎回费用和赎回净金额。

第五章　金融衍生工具

知识学习目标与思维导图

　　掌握金融衍生工具的概念、基本特征和分类；掌握远期合约的含义和种类；熟练掌握金融期货、期货合约的定义，金融期货的主要交易制度；掌握金融期权的定义和特征，金融期权与金融期货的区别；了解互换合约的主要类别和交易特征；了解可转换债券的定义及要素。

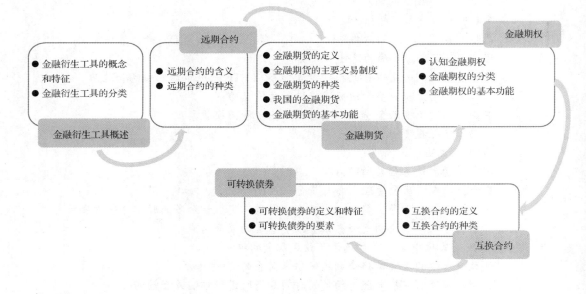

**案例导入**

期货市场为我国能源转型发展提供助力

　　当前全球正处于能源绿色转型发展的重要阶段，我国也在积极迈向"碳达峰碳中和"的目标。面对新形势、新要求，上海期货交易所持续推动国内油气期现货市场改革和发展，不断完善国内油气期货衍生品市场体系建设，积极推出更多能源及绿色低碳的金融衍生工具，服务能源产业健康发展，保障能源转型平稳推进。

　　具体来看，一是打造多元化期货衍生品市场体系，服务产业链高质量发展。二是提升大宗商品价格影响力，优化能源资源配置。三是期现结合全面推进长三角期现一体化油气市场建设。为提升中国期货市场高质量发展，助力能源转型打开新发展格局而持续努力。

　　前文所述的金融衍生工具是什么？都有哪些类型？期货市场除了上海期货交易所还有其他的期货交易所吗？我国期货市场目前发展状况如何？

第一节　金融衍生工具概述

一、金融衍生工具的概念和特征

（一）金融衍生工具的概念

金融衍生工具指建立在基础金融产品或基础变量之上，其价格取决于基础金融产品的价格（或数值）变动的派生金融产品。这里所说的基础金融产品是一个相对的概念，不仅包括现货金融产品（如债券、股票、银行定期存款单等），也包括金融衍生工具。作为金融衍生工具基础变量的种类繁多，主要是各类资产价格、价格指数、利率、汇率、费率、通货膨胀率以及信用等级等。近年来，某些自然现象（如气温、降雪量、霜冻、飓风），甚至人类行为（如选举、温室气体排放）也逐渐成为金融衍生工具的基础变量。

（二）金融衍生工具的基本特征

1. 跨期性

金融衍生工具是交易双方通过对利率、汇率、股价等因素变动趋势的预测，约定在未来某一时间按照一定条件进行交易或者选择是否交易的合约，跨期交易特点十分突出。

2. 杠杆性

金融衍生工具一般只需要支付少量的保证金或权利金就可签订远期大额合约或互换不同的金融工具。例如，若期货交易保证金为合约金额的 5%，金融期货合约价值 10 000 元，则保证金为 500元。如果合约价值涨到 10 500 元，其收益率为 100%，但如果是全价交易，收益率只有 5%，杠杆交易使收益扩大至 20 倍（杠杆倍数=1/保证金比率）。在收益可能成倍放大的同时，交易者所承担的风险也会成倍放大，基础工具价格的轻微变动可能导致交易者的大盈大亏。金融衍生工具的杠杆效应在一定程度上决定了它的高投机性和高风险性。

3. 联动性

金融衍生工具的价值与基础金融产品或基础变量的价值紧密联系、规则变动。

4. 不确定性和高风险性

金融衍生工具的交易后果取决于交易者对基础工具（变量）未来价格（数值）的预测和判断的准确程度，具有不确定性和高风险性。其中，高风险性主要体现在信用风险、市场风险、流动性风险、结算风险、操作风险、法律风险等方面。

二、金融衍生工具的分类

（一）按照产品形态分类

1. 独立衍生工具

独立衍生工具是独立的金融合约，包括远期合约、期权合约、期货合约、互换合约。

2. 嵌入式衍生工具

嵌入式衍生工具是嵌入非衍生工具（即主合同）中，使混合工具的全部或部分现金流量随特定利率、金融工具价格、商品价格、汇率、价格指数、费率指数、信用等级、信用指数或其他类似变量的变动而变动的衍生工具。嵌入式衍生工具与主合同构成混合工具，如可转换债券等。

（二）按照交易场所分类

1．交易所交易的衍生工具

交易所交易的衍生工具是在有组织的交易所上市交易的衍生工具。

2．OTC交易的衍生工具

场外交易市场（Over The Counter，OTC）交易的衍生工具是分散的、一对一交易的衍生工具。其交易量已经超过上一种。

（三）按照基础工具种类分类

1．股权类产品的衍生工具

股权类产品的衍生工具是以股票指数为基础工具的金融衍生工具，主要包括股票期货、股票期权、股票指数期货、股票指数期权以及上述合约的混合交易合约。

2．货币衍生工具

货币衍生工具是以各种货币作为基础工具的金融衍生工具，主要包括远期外汇合约、货币期货、货币期权、货币互换以及上述合约的混合交易合约。

3．利率衍生工具

利率衍生工具是以利率或利率的载体为基础工具的金融衍生工具，主要包括远期利率协议、利率期货、利率期权、利率互换以及上述合约的混合交易合约。

4．信用衍生工具

信用衍生工具是以基础产品所蕴含的信用风险或违约风险为基础变量的金融衍生工具，用于转移或防范信用风险，是20世纪90年代以来发展最为迅速的衍生产品之一，主要包括信用互换、信用联结票据等。

5．其他衍生工具

其他衍生工具包括用于管理气温变化风险的天气期货、用于管理政治风险的政治期货、用于管理巨灾风险的巨灾衍生工具等。

（四）按照金融衍生工具自身交易的方法及特点分类

金融衍生工具按自身交易方法可分为远期合约、金融期货、金融期权、互换合约、结构化金融衍生工具。下面会对此分类进行详细讲解。

第二节　远期合约

一、远期合约的含义

远期合约是20世纪80年代初兴起的一种保值工具。它是交易双方约定在未来的某一确定时间，以确定的价格买卖一定数量的某种金融资产的合约。合约主要包括交易的标的物、有效期和交割时的执行价格等内容。

（一）远期合约的优点

1．合约的非标准化。远期合约允许交易双方自由协商合约条款，包括交割日期、交割方式、商品品种等。这种合约能够满足个人或企业投资者的特定需求。

2. 场外交易，交易比较灵活。远期合约不在交易所中进行集中交易，交易双方可通过协商的方式确定交易时间和交易地点，交易的灵活度较高。

（二）远期合约的缺点

远期合约的非集中交易同时也带来了搜索困难、交易成本较高、存在对手违约风险等缺点。

二、远期合约的种类

（一）股权类资产的远期合约

股权类资产的远期合约包括单只股票的远期合约、一篮子股票的远期合约和股票价格指数的远期合约3个子类。

（二）债权类资产的远期合约

债权类资产的远期合约主要包括定期存款单、短期债券、长期债券、商业票据等固定收益证券的远期合约。

（三）远期利率协议

远期利率协议是按照约定的名义本金，交易双方在约定的未来日期交换支付浮动利率和固定利率的远期协议。协议的买方支付以合同利率计算的利息，卖方支付以参考利率计算的利息。

（四）远期汇率协议

远期汇率协议指按照约定的汇率，交易双方在约定的未来日期买卖约定数量的某种外币的远期协议。目前，国内主要外汇银行均开设远期结售汇业务。

第三节　金融期货

一、金融期货概述

（一）金融期货的定义

期货合约是由交易双方订立的，约定在未来某日按成交时约定的价格交割一定数量的某种商品的标准化协议。1848年，芝加哥期货交易所成立，1865年，其推出标准化期货合约。金融期货是以金融工具为标的物的期货。

（二）金融期货与金融现货、金融远期的区别

1. 金融期货与金融现货的区别（见表5-1）

表5-1　金融期货与金融现货的区别

区别	金融期货	金融现货
交易对象	期货合约，质量、规格、数量、交割时间、交割地点都事先规定	股票、债券或其他金融工具
交易目的	投机、套期保值、套利	筹资或投资

区别	金融期货	金融现货
价格含义	通过公开竞价方式形成的期货合约标的物的价格	当前时点形成的市场均衡价格
交易方式	保证金交易	全价交易
结算方式	交割、对冲平仓	交割

2. 金融期货与金融远期的区别（见表5-2）

表5-2　金融期货与金融远期的区别

区别	金融期货	金融远期
场所和组织形式	场内集中	场外双边
监管程度	监管严格，交易品种和交易者行为均受到控制	监管不严
合约标准化程度	标准化	非标准化，买卖双方商议
违约风险	实行保证金和每日无负债结算制度，以交易所为结算对手，风险不高	较高

二、金融期货的主要交易制度

（一）双向交易制度

在双向交易制度下，投资者既能做多，也能做空。预测价格上涨，做多买入；预测价格下跌，做空卖出。价格上涨或下跌都有获利机会。

（二）集中交易制度

期货合约在期货交易所组织下成交，具有法律效力。期货价格是在交易所的交易厅里通过公开竞价方式产生的。国外大多采用公开喊价方式，而我国均采用计算机交易。期货合约的履行由交易所担保，不允许私下交易。期货交易所是期货市场的核心。

（三）标准化期货合约和对冲机制

1. 标准化期货合约

期货合约的商品品种、数量、质量、等级、交货时间、交货地点等条款都是既定的，是标准化的，唯一的变量是价格。期货合约通常由期货交易所设计，经国家监管机构审批上市。

2. 对冲机制

对冲机制指分别做两笔品种、数量、期限相同但方向相反的交易，无须进行实物交割，直接清算买卖差价，了结头寸。期货交易的主要平仓方式不是交割而是对冲。

（四）保证金制度

设立保证金制度的主要目的是当交易者出现亏损时能及时制止，防止出现不能偿付的风险。

（五）无负债结算制度（逐日盯市制度）

无负债结算制度就是以每种期货合约在交易日收盘前最后一段交易时间的加权平均成交价作为当日结算价（股指期货每日结算价为股指期货合约当日最后1小时的成交价格按照成交量计算的加

权平均价），与每笔交易成交时的价格对照，计算每个交易所会员账户的浮动盈亏、平仓盈亏、保证金、手续费，进行随市清算。如果客户保证金不足，则须补充保证金或减仓；如果不按规定减仓，则强行平仓。

（六）限仓制度

限仓制度是交易所为了防止市场风险过度集中和防范操纵市场的行为，而对交易者持仓数量加以限制的制度。如沪深 300 股指期货限仓数量为 300 手。

（七）大户报告制度

交易所每日根据当日结算情况列出大户报告名单，会员通过服务系统查询名单，将开户、交易、资金来源通过交易系统上传，以便交易所审查大户是否有过度投机和操纵市场的行为。

（八）每日价格波动限制及 T+0 交易制度

每日价格波动限制即涨跌幅限制，主要是为了防范价格波动的风险，如沪深 300 股指期货的涨跌幅限制是 10%。

T+0 交易制度，指在交易当天办理好期货和价款清算交割手续的交易制度。即当天买入的期货当天就可以卖出。

三、金融期货的种类

金融期货按照基础工具不同可分为外汇期货、利率期货、股权类期货。

5-1　金融期货的种类

（一）外汇期货

外汇期货又称货币期货，是金融期货中最先出现的品种，主要用于规避外汇风险。1972 年，外汇期货由芝加哥商业交易所的国际货币市场率先推出。目前的外汇期货主要以美元计价。

（二）利率期货

利率期货主要指各类固定收益金融工具，是为了规避利率风险而产生的。芝加哥期货交易所于 1975 年 10 月推出首个以按揭贷款为基础资产的利率期货，又于 1977 年推出国债期货。利率期货的主要品种为债券期货与主要参考利率期货。

（三）股权类期货

股权类期货是以股票价格指数、单只股票、股票组合为基础资产的期货合约。

1．股票价格指数期货

股票价格指数期货（简称"股指期货"）是以股票价格指数为基础变量的期货。

1982 年，美国堪萨斯期货交易所正式开办世界上第一个股票指数期货交易——价值线综合指数期货，此后发展迅速，覆盖了所有指数：芝加哥商业交易所的标普、芝加哥期货交易所的道琼斯、伦敦的富时 100、东京证券交易所的日经 225 等。2006 年 9 月 8 日，中国金融期货交易所正式成立。2010 年 4 月 16 日，沪深 300 股指期货正式上市交易。

2．单只股票期货

单只股票期货是以单只股票为基础变量的期货。其一般选择流通性好的股票。

3．股票组合期货

股票组合期货是以标准化的股票组合为基础资产的金融期货。

四、我国的金融期货

（一）股指期货

目前我国共有沪深 300 股指期货、中证 500 股指期货、上证 50 股指期货 3 种股指期货品种。

1．沪深 300 股指期货

沪深 300 股指期货于 2010 年 4 月 16 日在中国金融期货交易所正式上市交易。其合约文本如表 5-3 所示。

表 5-3　沪深 300 股指期货

合约标的	沪深 300 指数
合约乘数	每点 300 元
报价单位	指数点
最小变动价位	0.2 点
合约月份	当月、下月及随后两个季月
交易时间	9:30—11:30，13:00—15:00
每日价格最大波动限制	上一个交易日结算价的 ±10%
最低交易保证金	合约价值的 8%
最后交易日	合约到期月份的第三个周五，遇国家法定假日顺延
交割日期	同最后交易日
交割方式	现金交割
交易代码	IF
上市交易所	中国金融期货交易所

2．中证 500 股指期货

中证 500 股指期货的合约文本如表 5-4 所示。

表 5-4　中证 500 股指期货

合约标的	中证 500 指数
合约乘数	每点 200 元
报价单位	指数点
最小变动价位	0.2 点
合约月份	当月、下月及随后两个季月
交易时间	9:30—11:30，13:00—15:00
每日价格最大波动限制	上一个交易日结算价的 ±10%
最低交易保证金	合约价值的 8%
最后交易日	合约到期月份的第三个周五，遇国家法定假日顺延
交割日期	同最后交易日
交割方式	现金交割
交易代码	IC
上市交易所	中国金融期货交易所

3．上证50股指期货

上证50指数是根据科学客观的方法，挑选上海证券市场规模大、流动性好的最具代表性的50只股票组成样本股，以综合反映上海证券市场最具市场影响力的一批龙头企业的整体状况。上证50指数自2004年1月2日起正式发布，其目标是建立一个成交活跃、规模较大、主要作为衍生金融工具基础的投资指数。上证50股指期货合约文本如表5-5所示。

表5-5　上证50股指期货

合约标的	上证50指数
合约乘数	每点300元
报价单位	指数点
最小变动价位	0.2点
合约月份	当月、下月及随后两个季月
交易时间	9:30—11:30，13:00—15:00
每日价格最大波动限制	上一个交易日结算价的±10%
最低交易保证金	合约价值的8%
最后交易日	合约到期月份的第三个周五，遇国家法定假日顺延
交割日期	同最后交易日
交割方式	现金交割
交易代码	IH
上市交易所	中国金融期货交易所

（二）国债期货

1．5年期国债期货

5年期国债期货合约自2013年9月6日起在中国金融期货交易所正式上市交易。5年期国债期货的合约文本如表5-6所示。

表5-6　5年期国债期货

合约标的	面值为100万元人民币、票面利率为3%的名义中期国债
可交割国债	发行期限不长于7年、合约到期月份首日剩余期限为4～5.25年的记账式附息国债
报价方式	百元净价报价
最小变动价位	0.005元
合约月份	最近的三个季月（3月、6月、9月、12月中的最近三个月循环）
交易时间	9:15—11:30，13:00—15:15
最后交易日交易时间	9:30—11:30
每日价格最大波动限制	上一交易日结算价的±1.2%
最低交易保证金	合约价值的1%
最后交易日	合约到期月份的第二个星期五
最后交割日	最后交易日后的第三个交易日
交割方式	实物交割
交易代码	TF
上市交易所	中国金融期货交易所

2．2年期国债期货

2年期国债期货的合约文本如表5-7所示。

表5-7　2年期国债期货

合约标的	面值为200万元人民币、票面利率为3%的名义中短期国债
可交割国债	发行期限不长于5年，合约到期月份首日剩余期限为1.5～2.25年的记账式附息国债
报价方式	百元净价报价
最小变动价位	0.002元
合约月份	最近的三个季月（3月、6月、9月、12月中的最近三个月循环）
交易时间	9:30—11:30，13:00—15:15
最后交易日交易时间	9:30—11:30
每日价格最大波动限制	上一交易日结算价的±0.5%
最低交易保证金	合约价值的0.5%
最后交易日	合约到期月份的第二个星期五
最后交割日	最后交易日后的第三个交易日
交割方式	实物交割
交易代码	TS
上市交易所	中国金融期货交易所

3．10年期国债期货

10年期国债期货的合约文本如表5-8所示。

表5-8　10年期国债期货

合约标的	面值为100万元人民币、票面利率为3%的名义长期国债
可交割国债	发行期限不长于10年、合约到期月份首日剩余期限不低于6.5年的记账式附息国债
报价方式	百元净价报价
最小变动价位	0.005元
合约月份	最近的三个季月（3月、6月、9月、12月中的最近三个月循环）
交易时间	9:30—11:30，13:00—15:15
最后交易日交易时间	9:30—11:30
每日价格最大波动限制	上一交易日结算价的±2%
最低交易保证金	合约价值的2%
最后交易日	合约到期月份的第二个星期五
最后交割日	最后交易日后的第三个交易日
交割方式	实物交割
交易代码	T
上市交易所	中国金融期货交易所

五、金融期货的基本功能

（一）套期保值功能

1．套期保值的含义

套期保值指同时在现货市场和期货市场建立月份相近、数量相同、方向相反的头寸，则到期时不论现货价格上涨或是下跌，两种头寸的盈亏恰好抵消，使套期保值者避免承担风险损失。

2．套期保值的原理

期货交易之所以能够套期保值，是因为：某一特定商品或金融工具的期货价格和现货价格受相同经济因素的制约和影响，从而它们的变动趋势大致相同；现货价格与期货价格在走势上具有收敛性，即当期货合约临近到期日时，现货价格与期货价格将逐渐趋同。

3．套期保值的基本做法

套期保值的基本做法有两种。一是多头套期保值，即现货做空，期货做多，适用于现货买者。二是空头套期保值，即现货做多，期货做空，适用于现货卖者。

由于期货交易的对象是标准化产品，因此，套期保值者很可能难以找到与现货头寸在品种、期限、数量上均恰好匹配的期货合约。如果选用替代合约进行套期保值操作，则不能完全锁定未来现金流，由此带来的风险称为"基差风险"（基差=现货价格-期货价格）。

【例 5-1】某投资者在 2019 年 3 月已经知道在 5 月有 300 万元资金到账可以投资股票。他看中了 A、B、C 三只股票，当时的价格分别为 10 元/股、20 元/股和 25 元/股，他准备每只股票投资 100 万元，可以分别买 10 万股 A、5 万股 B 和 4 万股 C。假设三只股票与沪深 300 指数的相关系数 β 分别为 1.3、1.2 和 0.8，则其组合 β 系数=1.3×1/3+1.2×1/3+0.8×1/3=1.1。由于行情看涨，他担心到 5 月底股票价格上涨，决定利用 1906 沪深 300 股指期货锁定成本。

已知 3 月 22 日沪深 300 指数的现指为 1 000 点，3 月 22 日 1906 沪深 300 指数期货合约为 1 200 点，所以该投资者需要买入的期货合约数量为 10[3 000 000/（1 200×300）×1.1]手。假设 5 月 30 日沪深 300 指数的现指为 1 300 点。股票市场上：A、B、C 三只股票价格上涨，分别为 12.6 元/股、24.8 元/股和 29 元/股，该投资者仍按计划数量购买，所需资金为 366 万元，多支付 66 万元。5 月 30 日，1906 沪深 300 指数期货合约为 1 418 点。套期保值效果如表 5-9 所示。

表 5-9　套期保值（期货合约为 1 418 点）

日期	现货市场	期货市场
3 月 22 日	300 万元	1 200 点
5 月 30 日	366 万元	1 418 点
盈亏	-66 万元	（1 418-1 200）×300×10=65.4（万元）
总盈亏	-0.6 万元，部分保值	

若 5 月 30 日 1906 沪深 300 指数期货合约为 1 420 点，套期保值效果如表 5-10 所示。

表 5-10　套期保值（期货合约为 1 420 点）

日期	现货市场	期货市场
3 月 22 日	300 万元	1 200 点
5 月 30 日	366 万元	1 420 点
盈亏	-66 万元	（1 420-1 200）×300×10=66（万元）
总盈亏	0 万元，完全保值	

若 5 月 30 日 1906 沪深 300 指数期货合约为 1 500 点，套期保值效果如表 5-11 所示。

表 5-11　套期保值（期货合约为 1 500 点）

日期	现货市场	期货市场
3 月 22 日	300 万元	1 200 点
5 月 30 日	366 万元	1 500 点
盈亏	-66 万元	（1 500-1 200）×300×10=90（万元）
总盈亏	24 万元，完全保值且有盈利	

（二）价格发现功能

价格发现功能是指在一个公开、公平、高效、竞争的期货市场中，通过集中竞价形成期货价格的功能。期货价格具有预期性、连续性和权威性的特点，能够比较准确地反映出未来商品价格的变动趋势。期货市场之所以具有价格发现功能，是因为期货市场将众多影响供求关系的因素集中于交易所内，通过买卖双方公开竞价。这些因素集中转化为一个统一的交易价格，具有公开性、连续性、预期性的特点。

（三）投机功能

与所有有价证券交易相同，期货市场上的投机者也会利用对未来期货价格走势的预期进行投机交易，预计价格上涨的投机者会建立期货多头，预计价格下跌的投机者则会建立空头。

【例 5-2】2019 年 4 月 21 日，某投资者做空 1 手 IF1906 合约，卖出价格为 2 056.4 点，保证金比率为 10%，当日买平，买平价格为 2 026.4 点。该投资者的盈利和盈利率是多少？

盈利=（2 056.4-2 026.4）×300=9 000（元）

保证金=2 056.4×300×10%=61 692（元）

盈利率=9 000÷61 692×100%≈14.59%

（四）套利功能

套利的理论基础在于经济学中的一价定律，即忽略交易费用的差异，同一商品只能有一个价格。套利大致分为跨期套利、跨品种套利、跨市场套利 3 种。

1. 跨期套利。即利用同一品种不同月份合约差价进行套利。

【例 5-3】IF1906 和 IF1909 合约合理价差是 200 点，4 月 24 日，投资者发现 IF1906 合约为 2 200 点，IF1909 合约为 2 600 点，价差 400 点。投资者认为，价差不正常的原因是 6 月合约被低估，而 9 月合约被高估，因此决定进行买 6 卖 9 套利。

① 价差缩小的情形下，跨期套利的盈亏如表 5-12 所示。

表 5-12　跨期套利价差缩小

日期	IF1906	IF1909	价差
4 月 24 日	2 200 点	2 600 点	400 点
5 月 24 日	2 400 点	2 700 点	300 点
盈亏	200 点	-100 点	100 点
总盈亏	100 点		

② 价差拉大的情形下，跨期套利的盈亏如表 5-13 所示。

表 5-13　跨期套利价差拉大

日期	IF1906	IF1909	价差
4 月 24 日	2 200 点	2 600 点	400 点
5 月 24 日	2 400 点	2 900 点	500 点
盈亏	200 点	-300 点	-100 点
总盈亏	-100 点		

因此，套利也有风险，只有价差向合理水平回归时，投资者才能获利。

2. 跨品种套利。即利用不同品种价差进行套利。

3. 跨市场套利。即利用同一品种不同市场价差进行套利。

第四节　金融期权

一、认知金融期权

5-2　金融期权

（一）金融期权的定义、基本要素和买方结算方式

1. 定义

期权又称选择权，是指其持有者在支付了一定的期权费用（权利金）之后能在规定的期限内按交易双方商定的价格购买或出售一定数量的基础工具的权利。金融期权就是以金融产品为标的物的期权。1973 年，全球第一家期权交易所——芝加哥期权交易所成立，推出看涨期权交易，1977 年推出看跌期权，1983 年推出股指期权（标普 100）。1983 年，芝加哥商业交易所推出长期国债期权，这是首个以金融衍生品为基础资产的衍生品。

2. 基本要素

（1）买方。期权的买方以支付一定的期权费为代价而拥有了这种权利，但不承担必须买进或卖出的义务。期权交易实际上是一种权利的单方面有偿让渡。

（2）卖方。期权的卖方在收取了一定的期权费后，在一定期限内必须无条件服从买方的选择并履行成交时的允诺。

（3）权利。买入权和卖出权。

（4）权利金（OP）。期权的费用，即期权的价格，随着期权价值的变化而波动。

（5）敲定价格（EP）。事先约定的买入价格或卖出价格，即行权价格。

对于看涨期权，当市场价格高于敲定价格时为实值期权，差额越大权利金越高，买方行权有利可图；当市场价格等于敲定价格时为平值期权，买方行权和放弃行权效果一样，均损失权利金；当市场价格低于敲定价格时为虚值期权，买方放弃行权。因此，看涨期权的盈亏平衡点为敲定价格加上权利金，如图 5-1 和图 5-2 所示。

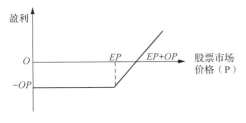

图 5-1　看涨期权买方盈亏

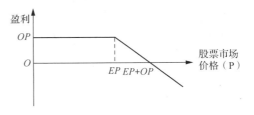

图 5-2　看涨期权卖方盈亏

对于看跌期权，当市场价格低于敲定价格时为实值期权，差额越大权利金越高，买方行权有利可图；当市场价格等于敲定价格时为平值期权，买方行权和放弃行权效果一样，均损失权利金；当市场价格高于敲定价格时为虚值期权，买方放弃行权。由此可见，看跌期权的盈亏平衡点等于敲定价格减去权利金，如图 5-3 和图 5-4 所示。

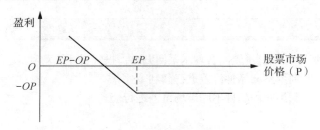

图 5-3　看跌期权买方盈亏

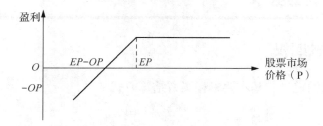

图 5-4　看跌期权卖方盈亏

3．买方结算方式

期权的买方结算方式较为多样。当期权为虚值期权和平值期权时，买方可选择放弃行权；当期权为实值期权时，买方既可以对冲赚取权利金差价，也可以进行交割赚取市场价格与敲定价格的差价。

【例 5-4】2023 年 3 月 1 日，甲买入 WS2305 看涨期权，执行价格为 1 600 元/吨，权利金为 30 元/吨。2023 年 3 月 26 日，WS2305 上涨到 1 650 元/吨，权利金相应上涨到 50 元/吨。此时甲可以做出以下选择。

（1）交割。

甲盈利：1 650-1 600-30=20（元/吨）。

（2）对冲平仓。

甲盈利：50-30=20（元/吨）。

（3）若小麦价格下跌到 1 590 元/吨，甲可以放弃行权。

甲亏损权利金 30 元/吨。

（二）金融期权的特征

金融期权的主要特征在于它仅是买卖权利的交换。

买方支付期权费，获得权利，没有义务。买方盈利无限，亏损有限，只损失权利金。

卖方取得期权费，只有义务，没有权利。卖方盈利有限，亏损无限，只获得权利金。

（三）金融期权与金融期货的区别

金融期权与金融期货的区别见表 5-14。

表 5-14　金融期权与金融期货的区别

区别	金融期权	金融期货
基础资产不同	较广泛，可以以金融期货为标的物	不能以金融期权为标的物
交易者权利与义务的对称性不同	买卖双方的权利义务不对等，买方只有权利，没有义务；卖方只有义务，没有权利	买卖双方的权利义务对等
履约保证不同	只有卖方缴纳权利金，买方无须缴纳权利金，杠杆作用更大	买卖双方均需缴纳保证金
现金流转不同	除到期履约，期间不发生任何现金流转	每日无负债结算
风险收益	买方盈利无限，亏损有限；卖方盈利有限，亏损无限	承担同样风险，获利机会均等
套保效果	价格不利可以放弃行权	价格有利也要放弃收益

二、金融期权的分类

（一）根据选择权的性质分类

根据选择权的性质的不同，金融期权可以分为看涨期权、看跌期权、双向期权。

看涨期权也称认购权，指期权的买方具有在约定期限内（或合约到期日）按协定价格买入一定数量金融工具的权利。

看跌期权也称认沽权，指期权的买方具有在约定期限内按协定价格卖出一定数量金融工具的权利。

双向期权指期权的买方同时买入看涨期权和看跌期权，哪个有利哪个行权，另一个放弃行权。其权利金较高。

（二）按照合约所规定的履约时间分类

按照合约所规定的履约时间的不同，金融期权可以分为欧式期权、美式期权和修正的美式期权。

欧式期权只能在期权到期日执行。

美式期权则可在期权到期日或之前的任何一个营业日执行。

修正的美式期权又称百慕大期权、大西洋期权，可在期权到期日之前的一系列规定日期执行。

（三）按照金融期权基础资产的性质分类

按照金融期权基础资产性质的不同，金融期权可以分为股权类期权、利率期权、货币期权、金融期货合约期权、互换期权等。

1．股权类期权

股权类期权包括单只股票期权、股票组合期权、股票指数期权。

2．利率期权

利率期权合约通常以政府短期、中期、长期债券，欧洲美元债券，大面额可转让存单等利率工具为基础资产。

3．货币期权（外币期权、外汇期权）

货币期权基础资产包括美元、欧元、日元、英镑、瑞士法郎、加元及澳元。

4．金融期货合约期权

金融期货合约期权是指以金融期货合约为交易对象的选择权，它赋予其持有者在规定时间内以协议价格买卖特定金融期货合约的权利。

5．互换期权

互换期权是在公司股价下跌条件下，为了保证股票期权预期目标的实现，避免员工的利益受损而采取的一种调整行权价格的方式。

除此之外，还有创新类期权，即非标准化的期权，如任选期权、障碍期权和平均期权。

三、金融期权的基本功能

从一定的意义上说，金融期权是金融期货功能的延续和发展，具有与金融期货相同的套期保值和价格发现功能，是一种行之有效的控制风险的工具。

（一）套期保值

套期保值是指企业为规避外汇风险、利率风险、商品价格风险、股票价格风险、信用风险等，指定一项或一项以上套期工具，使套期工具的公允价值或现金流量变动，预期抵消被套期项目全部或部分公允价值或现金流量变动。

（二）价格发现

价格发现功能是指在一个公开、公平、高效、竞争的市场中，通过集中竞价形成期权价格的功能。

（三）盈利

期权的盈利主要是期权的协定价和市价的不一致带来的收益。这种独特的盈利功能是期权吸引众多投资者的一大原因。

第五节　互换合约

一、互换合约的定义

互换合约是指两个或两个以上的当事人按共同商定的条件，在约定的时间内定期交换现金流的金融交易，可分为货币互换、利率互换、股权互换、信用违约互换等。从交易结构上看，互换交易可视为一系列远期交易的组合。1981 年，美国所罗门兄弟公司（1910 年成立，现属花旗集团）为 IBM 和世界银行办理首笔美元、德国马克和瑞士法郎之间的货币互换业务。

二、互换合约的种类

（一）利率互换

2006 年 1 月 24 日，中国人民银行发布了《关于开展人民币利率互换交易试点有关事宜的通知》，批准在全国银行间同业拆借中心开展人民币利率互换交易试点。利率互换可以帮助企业降低筹资成本，因为它只涉及利率，不涉及本金，风险较小；利率互换还可以增加商业银行收入，因为它属于商业银行表外业务，商业银行无须进行信息披露，有助于保密。

利率互换参考利率包括 SHIBOR（上海银行间同业拆放利率，含隔夜、1 周、3 个月），国债回购利率（7天），1年期定期存款利率。

【例5-5】A公司和B公司的固定利率水平和浮动利率水平见表5-15。

表5-15　A公司和B公司的固定利率水平和浮动利率水平

公司	固定利率	浮动利率
A公司	12%	LIBOR（伦敦同业拆借利率）+0.1%
B公司	13.4%	LIBOR+0.6%

由已知条件可知，A公司在固定利率上有比较优势，B公司在浮动利率上有比较优势，因此A公司可用固定利率换取B公司的浮动利率，互换过程如下。

$$12\% \rightarrow A \xrightarrow[\text{LIBOR-0.3\%}]{12\%} 银行 \xrightarrow[13\%]{\text{LIBOR+0.6\%}} B \leftarrow \text{LIBOR+0.6\%}$$

通过互换，A公司、B公司、银行都获取了相应的利益。

A公司：获得浮动利率借款LIBOR-0.3%，比原来直接借款节约0.4%（0.1%+0.3%）。

B公司：获得固定利率借款13%，比原来直接借款节约0.4%（13.4%-13%）。

银行：借入固定利率12%，贷出固定利率13%，利率差1%。

　　　借入浮动利率LIBOR+0.6%，贷出浮动利率LIBOR-0.3%，利率差-0.9%。

　　　净利差1%-0.9%=0.1%。

（二）信用违约互换

信用违约互换（Credit Default Swap，CDS）又称为信贷违约掉期，也叫贷款违约保险，是目前全球交易最为广泛的场外信用衍生品。国际互换和衍生品协会（International Swaps and Derivatives Association，ISDA）于1998年创立了标准化的信用违约互换合约。在此之后，信用违约互换交易得到了快速的发展。信用违约互换的出现解决了信用风险的流动性问题，使得信用风险可以像市场风险一样进行交易，从而转移了担保方的风险，同时也降低了企业发行债券的难度和成本。

1. 信用违约的概念

信用违约互换包括以下3个主体。

（1）申请贷款者：信用违约互换的标的债券或对应的打包后的贷款的申请者。

（2）放贷者（银行或其他金融机构）：信用违约互换购买方（金融机构，只能是具有监管部门批准资格的商业银行）。

（3）保险提供者：信用违约互换交易对手方，信用违约互换卖出方（金融机构，只能是具有监管部门批准资格的商业银行）。

信用违约互换的运作过程为，申请贷款者向放贷者申请贷款，放贷者为了利息而放贷给申请贷款者，贷出去的钱总有风险（如申请贷款者破产，无法偿还利息和本金），那么这时候保险提供者出场，由保险提供者对放贷者的这个风险予以保险承诺，条件是放贷者每年向保险提供者支付一定的保险费用（违约风险越高，保费越高，保费相对于放贷总金额的价格低很多，如西班牙国债信用违约互换的保费只有47个基点，意味着价值1 000万美元的西班牙10年期国债的保费只有4.7万美元，杠杆倍数为212倍）。如果申请贷款者破产，那么由保险提供者补偿放贷者所遭受的损失。

2. 信用违约互换交易的风险

第一，具有较高的杠杆性。如上所述，西班牙国债信用违约互换的杠杆可以达到212倍。

第二，由于信用保护的买方并不需要真正持有作为参考的信用工具，因此，特定信用工具可能同时在多起交易中被当作信用违约互换的参考，有可能极大地放大风险敞口总额，在发生危机时，市场往往恐慌性地高估涉险金额。雷曼兄弟破产时信用保护金额高达4 000亿美元。

第三，由于场外市场缺乏充分的信息披露和监管，危机期间，每起信用事件的发生都会引起市场参与者的相互猜疑，担心自己的交易对手因此倒下从而使自己的敞口头寸失去着落。

第六节　可转换债券

一、可转换债券的定义和特征

5-3　可转换债券

（一）可转换债券的定义

可转换债券指持有者可以在一定时期内按一定比例或价格将其转换成一定数量的另一种证券的债券。可转换债券通常是转换成普通股股票，当股票价格上涨时，可转换债券的持有人行使转换权比较有利。因此，可转换债券实质上是嵌入了普通股股票的看涨期权。

（二）可转换债券的特征

可转换债券的特征是附有认股权的债券，兼有公司债券和股票的双重特征，具有双重选择权。持有人具有是否转换的选择权利，发行人具有是否赎回的选择权利。一方面，投资者可自行选择是否转股，并为此承担转债利率较低的机会成本；另一方面，转债发行人拥有是否实施赎回条款的选择权，并为此要支付比没有赎回条款的转债更高的利率。双重选择权是可转换债券最主要的金融特征。

二、可转换债券的要素

（一）有效期限、转换期限

可转换债券的有效期限与一般债券相同，指债券从发行之日起至偿清本息之日止的存续时间。

可转换债券的转换期限是指可转换债券转换为普通股股票的起止时间。

可转换债券的期限最短为1年，最长为6年，自发行之日起6个月后可转换为公司股票。

（二）票面利率或股息率

可转换债券的票面利率一般低于相同条件下的不可转换债券。

（三）转换比例、转换价格

可转换债券的转换比例是指一定面额可转换债券可转换成普通股的股数。

转换比例=可转换债券面值/转换价格

可转换债券的转换价格是指可转换债券转换为每股普通股所支付的价格。

转换价格=可转换债券面值/转换比例

如果某可转换债券面额为1 000元，规定其转换价格为25元，则转换比例为40，即1张1 000元可转换债券可按25元1股的价格转换为40股普通股股票。

（四）赎回条款或回售条款

赎回是指发行人在债券发行一段时间后，可以提前赎回未到期的发行在外的可转换债券。赎回条件一般是当公司股票价格在一段时间内连续高于转换价格并达到一定幅度时，公司可按照事先约定的赎回价格买回发行在外且尚未转股的可转换债券。

回售是指公司股票价格在一段时间内连续低于转换价格并达到某一幅度时，可转换债券持有人按事先约定的价格将所持可转换债券卖给发行人的行为。

赎回条款或回售条款是可转换债券在发行时规定的赎回行为和回售行为可发生的具体市场条件。

（五）转换价格修正条款

转换价格修正是指发行公司在发行可转换债券后，由于公司的送股、配股、增发股票、分立、合并、拆细及其他原因导致发行人股份发生变动，在引起公司股票名义价格下降时对转换价格进行调整。

本章知识要点

金融衍生工具指建立在基础金融产品或基础变量之上，其价格取决于基础金融产品价格（或数值）变动的派生金融产品。金融衍生工具具有跨期性、杠杆性、联动性、不确定性和高风险性。金融衍生工具可以按不同的划分依据分为不同的种类。

远期合约是 20 世纪 80 年代初兴起的一种保值工具。它是一种交易双方约定在未来的某一确定时间，以确定的价格买卖一定数量的某种金融资产的合约，具有合约的非标准化和场外交易的特点。

期货合约是由交易双方订立的，约定在未来某日按成交时约定的价格交割一定数量的某种金融商品的标准化协议。金融期货与金融现货在交易对象、交易目的、价格含义、交易方式、结算方式等方面有所区别。

金融期权又称选择权，是指其持有者在支付了一定的期权费用（权利金）之后能在规定的期限内按交易双方商定的价格购买或出售一定数量的金融基础工具的权利。金融期权基本要素包括买方、卖方、权利、权利金和敲定价格。

互换合约是指两个或两个以上的当事人按共同商定的条件，在约定的时间内定期交换现金流的金融交易，可分为货币互换、利率互换、股权互换、信用违约互换等。

可转换债券指持有者可以在一定时期内按一定比例或价格将其转换成一定数量的另一种证券的债券。可转换债券通常是转换成普通股股票，当股票价格上涨时，可转换债券的持有人行使转换权比较有利。

知识测评与实训操作

一、选择题

1. 期货交易参与套期保值者所利用的是期货市场的（　　　）功能。

    A. 价格发现　　　B. 风险转移　　　C. 稳定市场　　　D. 投机

2. 期权多头方支付一定费用给期权空头方，作为拥有这份权利的报酬，则这笔费用称为（　　　）。

    A. 交易佣金　　　B. 协定价格　　　C. 期权费　　　D. 保证金

3. 下列属于金融衍生工具的是（　　　）。

   A. 股票　　　　B. 外汇　　　　C. 债券　　　　D. 期货

4.（多选）互换合约主要包括（　　　）。

   A. 股权互换　　B. 货币互换　　C. 利率互换　　D. 信用互换

5.（多选）金融期货的主要功能有（　　　）。

   A. 保值手段　　B. 价格发现　　C. 套利手段　　D. 投机手段

二、判断题

1. 金融衍生工具是现在对基础工具未来可能产生的结果进行交易。（　　　）

2. 在期权交易中，买卖双方的权利和义务是对等的。（　　　）

3. 期货交易是远期交易的雏形，远期交易是在期货交易的基础上发展起来的。（　　　）

4. 期权的买方以支付一定的期权费为代价而拥有了这项权利，由此而承担必须买进或卖出的义务。（　　　）

三、简答题

1. 画出看涨期权、看跌期权买卖双方的盈亏图。

2. 某可转换债券面额为1 000元，规定其转换价格为25元，则1张1 000元可转换债券可转换为多少股普通股股票？

四、实训操作题

模拟利用沪深300股指期货设计套期保值方案。

第六章 证券市场运行

知识学习目标与思维导图

　　掌握证券市场、证券发行的概念；掌握股票发行的方式，注册制下股票发行的条件、程序；熟悉债券发行的基本内容；熟练掌握股票交易规则、股票交易程序；能够计算出证券的交易成本。

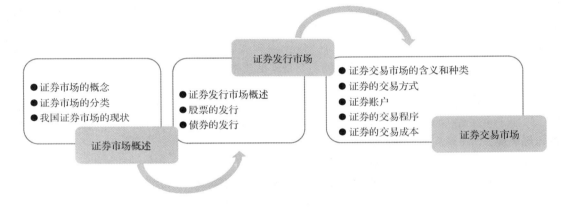

**案例导入**

学习党的二十大报告　投资新时代资本市场迈向高质量发展

　　党的二十大报告明确提出："健全资本市场功能，提高直接融资比重。"注册制是全面深化资本市场改革的"牛鼻子"工程，是发展直接融资特别是股权融资的关键举措，也是完善要素市场化配置体制机制的重大改革。据 Wind 统计，2022 年 A 股股权融资规模达到 5 868.86 亿元，在全球主要资本市场震荡的背景下表现出了较强韧性。全面注册制的初衷是扩大中小企业的直接融资，降低企业上市门槛，同时加大上市公司退市力度，进一步强化市场优胜劣汰功能，促进金融市场更好地服务实体经济。

　　当下，中国资本市场服务高质量发展正在发生深刻的结构性变化，上市公司质量明显提升，证券基金期货行业发展取得重要成果，一批管长远、管根本的制度机制相继落地，证券执法司法体制机制不断健全，投资者结构有效改善，市场生态全面优化，市场活力和韧性显著增强，支持科技创新和国家重大战略实施成效明显。

　　什么是证券市场？注册制下证券发行与交易有什么具体要求？遵循的具体操作流程是什么样的？下面我们一起来学习一下吧。

第一节　证券市场概述

一、证券市场的概念

党的二十大报告指出："加强反垄断和反不正当竞争，破除地方保护和行政性垄断，依法规范和引导资本健康发展。"由此可见证券市场健康发展的重要性。

证券市场是证券发行和交易的场所。一般来讲，证券市场是指一切以证券为交易对象的交易关系的总和。从经济学的角度来看，证券市场可被定义为：通过自由竞争的方式，根据供需关系来决定有价证券价格的一种交易机制。有价证券是价值的直接代表，证券市场是价值直接交换的场所。有价证券本身是一定量财产权利的代表，所以证券市场实际上是财产权利的直接交换场所。俗话说投资有风险，所以从风险的角度分析，证券市场也是风险的直接交换场所。

证券市场与一般商品市场的区别如下。

（一）交易对象不同。一般商品市场的交易对象是各种具有不同使用价值、能满足人们某种特定需求的商品。而证券市场的交易对象是作为经济权益凭证的股票、债券、证券投资基金等有价证券。

（二）交易目的不同。购买商品的目的主要是满足某种消费的需要。而证券交易的目的是实现投资收益，或筹集资金。

（三）交易对象的价格决定元素不同。一般商品市场的商品价格，其实质是商品价值的货币表现，取决于生产商品的社会必要劳动时间。而证券市场的证券价格实质是利润的分割，是预期收益的市场表现，与市场利率的关系密切。

（四）市场风险不同。一般商品市场由于实行的是等价交换原则，价格波动较小，市场前景的可预测性较强，因而风险较小。而证券市场的影响因素复杂多变，价格波动性大，且有不可预测性，投资者的投资能否取得预期收益具有较大的不确定性，所以风险较大。

二、证券市场的分类

证券市场的分类方式很多，最常见的有以下3种。

（一）按纵向结构分类

证券市场按纵向结构分类是一种按证券进入市场的顺序而形成的分类关系。按这种顺序关系的不同，证券市场可分为证券发行市场和证券交易市场。

1．证券发行市场

证券发行市场又称"一级市场"或"初级市场"，是发行人以筹集资金为目的，按照一定的法律规定和发行程序，向投资者出售证券所形成的市场。证券发行市场体现了证券由发行主体流向投资者的市场关系。发行者之间的竞争和投资者之间的竞争，是证券发行市场的存在基础。证券发行市场不仅是发行主体筹措资金的市场，也是给投资者提供投资机会的市场。

2．证券交易市场

证券交易市场是已发行的证券通过买卖交易实现流通转让的场所。相对于证券发行市场而言，证券交易市场又称"二级市场"或"次级市场"。证券经过发行市场的承销后，即进入流通市场，它体现了新老投资者之间投资退出和投资进入的市场关系。

3．证券发行市场与证券交易市场的关系

证券发行市场与证券交易市场紧密联系，互相依存，互相作用。发行市场是交易市场的存在基础，发行市场的发行条件及发行方式影响着交易市场的价格及流动性。而交易市场又能促进发行市

场的发展，为发行市场所发行的证券提供变现的场所，同时交易市场的证券价格及流动性又直接影响发行市场新证券的发行规模和发行条件。

（二）按横向结构分类

证券市场按横向结构分类是依据有价证券的品种而形成的关系分类。这种结构关系的构成主要有股票市场、债券市场、基金市场以及衍生证券市场等子市场，并且各子市场之间是相互联系的。

1．股票市场

股票市场是股票发行和买卖交易的场所。股票市场的发行人为股份有限公司。股份有限公司在股票市场上筹集的资金是长期稳定的、属于公司自有的资本。股票市场交易的对象是股票，股票的市场价格除了与股份有限公司的经营状况和盈利水平有关外，还受到其他诸如政治、经济等多方面因素的综合影响。因此，股票价格经常处于波动之中。

2．债券市场

债券市场是债券发行和买卖交易的场所。债券的发行人有中央政府、地方政府、政府机构、金融机构、公司和企业。债券市场交易的对象是债券。债券因有固定的票面利率和期限，其价格相对股票价格而言比较稳定。

3．基金市场

基金市场是基金份额发行和流通的市场。封闭式基金在证券交易所挂牌交易，开放式基金是通过投资者向基金管理公司申购和赎回实现流通的。

4．衍生证券市场

衍生证券市场是以基础证券的存在和发展为前提的，其交易品种主要有金融期货与期权、可转换债券、存托凭证等。

（三）按组织形式分类

目前，我国证券市场按照组织形式的不同可以分为以交易所为代表的场内交易市场、以全国中小企业股份转让系统为代表的三板市场和以银行间债券市场为代表的场外市场。

1．证券交易所

中国境内目前存在上海、深圳和北京三个证券交易所，上海证券交易所包括主板和科创板两个部分，深圳证券交易所包括主板（中小板属于主板）和创业板两个部分。投资者平时所说的投资主要就是指在证券交易所买卖证券。

6-1 世界主要证券交易所

2．全国中小企业股份转让系统

全国中小企业股份转让系统（National Equities Exchange and Quotations，NEEQ），简称"股转系统"，也称"新三板"，是经国务院批准设立的全国性证券交易场所，采取公司化运作，坚持公开、公平、公正的原则，完善市场功能，加强市场服务，维护市场秩序，推动市场创新，保护投资者及其他市场参与主体的合法权益，推动场外交易市场健康发展，促进民间投资和中小企业发展，有效服务实体经济。

NEEQ 的主要功能是组织安排非上市股份有限公司股份的公开转让，为非上市股份有限公司融资、并购等相关业务提供服务，为市场参与人提供信息、技术和培训服务。设立 NEEQ 是加快我国多层次资本市场建设发展的重要举措。

3．银行间债券市场

银行间债券市场成立于 1997 年 6 月 6 日，是依托于全国银行间同业拆借中心（简称"同业中心"）和中央结算公司的，包括商业银行、农村信用合作联社、保险公司、证券公司、资产管理公司、大型工商企业等机构债券买卖和回购的市场。经过迅速发展，银行间债券市场已成为我国债券市场的主体部分。政策性金融债券、大部分记账式国债都在该市场发行并上市交易。我国的债券市场是世界上交易量第二大的债券市场。

我国债券交易市场由两部分构成：其一是银行间债券市场，主要由中国人民银行监管；其二是交易所债券市场，主要由中国证券监督管理委员会监管。银行间债券市场债券交易量占据我国债券总交易量的96%以上，所以我国债券市场是以银行间债券市场为主体的。

三、我国证券市场的现状

（一）我国证券市场的发展历程

我国最早的证券交易市场是1891年由上海外商经纪人组织的"上海股份公所"，其在1905年改为"上海众业公所"，在这个交易所买卖的主要是外国企业股票、公司债券、当时中国政府的金币公债以及外国在华机构发行的债券等。中国人自己创办的第一家证券交易所是1918年夏天成立的北平证券交易所。1920年，上海证券物品交易所成立。

中华人民共和国成立后的70多年间，我国的证券市场经历了由利用尝试到否定摒弃，最终到恢复和发展的曲折过程。1981年，财政部首次发行国库券，揭开了新时期我国证券市场发展的序幕。从此，我国证券市场从无到有，由小到大，取得了长足的发展。

1990年11月26日，上海证券交易所成立。1990年12月1日，深圳证券交易所开始营业。1991年8月28日，中国证券业协会在北京成立，开始实行全国范围的证券发行规模控制与实质审查制度。2009年10月，创业板正式开板。首批上市的28家创业板公司，平均市盈率为56.7倍，而市盈率最高的宝德股份达到81.67倍，远高于全部A股平均市盈率。截至2020年2月底，共有801家上市公司在创业板进行交易，总市值72 006亿元，流通市值48 412亿元。

2010年股指期货的推出和融资融券的试点，表明了管理层完善市场功能、提升市场质量的勇气和决心。2015年4月15日，股指期货增添家族新成员——上证50股指期货、中证500股指期货。

2019年6月13日，科创板正式开板；2019年7月22日，科创板首批公司上市；2019年8月8日，第二批科创板公司挂牌上市。截至2023年6月底，共有542家公司在科创板上市交易。

2020年3月1日，《证券法（2019修订）》正式实施。《证券法（2019修订）》体现了注册制改革的方向与决心，显著提高了证券违法违规成本，完善了投资者保护与证券交易制度，强化了信息披露要求，取消相关行政许可，压实中介机构市场"看门人"的法律职责，为我国证券市场带来了新气象和新机遇。

2022年4月20日，第十三届全国人民代表大会常务委员会第三十四次会议通过《期货和衍生品法》，该法自2022年8月1日起施行。该法颁布是为了规范期货交易和衍生品交易行为，保障各方合法权益，维护市场秩序和社会公共利益，促进期货市场和衍生品市场服务国民经济，防范化解金融风险，维护国家经济安全。

2023年2月，证监会公布实施全面实行股票发行注册制相关制度规则，标志着注册制的制度安排基本定型，注册制将推广到全市场和各类公开发行股票行为，在我国资本市场改革发展进程中具有里程碑意义。

（二）我国证券市场的概况

我国证券市场经过30年的发展，达到了许多国家上百年才能实现的规模。目前，我国证券市场不但有场内交易市场，还有场外交易市场；不但有现货市场，还有股指期货和期权市场。

我国证券市场不仅有《公司法》《证券法》《证券投资基金法》《企业破产法》等法律，《证券公司监督管理条例》《证券公司风险处置条例》等多项行政法规，《证券发行上市保荐业务管理办法》

《证券交易所管理办法》等部门规章及规范性文件，还有由证券交易所、中国结算公司和中国证券业协会制定的自律性规则，法律法规体系较为完善，强有力地促进了我国资本市场的健康发展。

第二节　证券发行市场

一、证券发行市场概述

证券发行（Securities Issuance）是指政府、金融机构、工商企业等以募集资金为目的向投资者出售代表一定权利的有价证券的活动。证券发行的目的包括筹集资金、改善公司治理、改善资本结构、增强企业动力、实现资源优化配置。

证券发行市场是证券发行者为扩充经营，按照一定的法律规定和发行程序，向投资者出售新证券所形成的市场，又称一级市场、初级市场。在证券发行过程中，证券发行市场作为一个抽象的市场，其买卖成交活动并不局限于一个固定的场所；它是一个无形的市场，可为资金使用者提供获得资金的渠道和手段。

（一）证券发行市场的特点

证券发行市场是整个证券市场的基础，它的内容和发展方向决定着证券交易市场的内容和发展方向。证券发行市场具有以下特点。

1．证券发行是直接融资的实现形式

证券发行市场的功能就是联结资金需求者和资金供给者。证券发行人通过销售证券向社会招募资金，而认购人通过购买其发行的证券提供资金。证券发行市场将社会闲散资金转化为生产建设资金。

2．证券发行市场是无形市场

证券发行市场通常不存在具体的市场形式和固定场所。新发行证券的认购和销售都不在有组织的固定场所内进行，而是由众多证券承销商分散地进行，因而证券发行市场是抽象的、观念上的市场。

3．证券发行市场的证券具有不可逆转性

在证券发行市场上，证券只能由发行人流向认购人，资金只能由认购人流向发行人。这是证券发行市场与证券交易市场的一个重要区别。

（二）证券的发行方式

证券的发行方式多种多样，不同的发行方式会对证券的销售产生不同的影响。所以，选择适当的发行方式有利于及时筹措到资金。

1．按发行对象分类

证券发行按发行对象的不同，可分为公募发行和私募发行。公募发行是指公开向非特定投资者募集资金的证券发行方式。私募发行是指向特定投资者募集资金的证券发行方式，如在公司内部向职工个人发行证券，或向市场、技术关联的单位发行证券。

2．按发行主体分类

证券发行按发行主体的不同，可分为直接发行和间接发行。直接发行是指发行公司不委托其他机构，由发行人直接向投资者推销、出售证券。间接发行是指发行公司委托证券公司等证券中介机构代理出售证券，又称委托代理发行，也称证券承销。

3．按证券发行价格确定方式分类

证券发行根据证券发行价格确定方式的不同，可分为议价发行和投标发行。议价发行是指证券的发行者和推销者就证券的发行价格、手续费等权责事项充分商讨后再发行或推销的一种发行方式。投标发行，又称为竞价销售或投标销售。具体方法是证券发行单位在发行证券前，向证券公司、银行、财务公司等金融机构发出通知或说明书及投标申请书，说明该单位将发行某种证券，欢迎投标。愿意参加证券承销的证券公司等机构在投标的申请书上填注证券的投标价格，由证券发行单位在规定日期当众开标，并经公证，出价最高者获得总经销的权利。最后中标者与发行者签订购买合同。

4．按发行保证方式分类

证券发行按发行保证方式的不同，可分为信用担保、实物担保、证券担保和产品担保发行。担保发行是指证券发行单位为了提高证券信誉，增加投资者的安全感，采用某种方式承诺，保证到期支付证券收益的一种发行方式。担保发行主要适用于债券的发行。

5．按推销方式分类

证券发行按推销方式的不同，可分为行政发行与市场发行。行政发行是指国家采用行政手段来推销证券。市场发行是指采用非行政手段，将证券推向市场，由投资者自由认购。

二、股票的发行

（一）股票的发行方式

股票的发行方式因各国政治、经济、社会条件的不同，特别是金融体制和金融市场管理的差异而多种多样。根据不同的分类方法，股票的发行方式可以概括如下。

1．公开发行与不公开发行

（1）公开发行。公开发行又称公募，是指事先没有特定的发行对象，向社会广大投资者公开推销股票的方式。采用这种方式可以扩大股东的范围，分散持股，防止囤积股票或被少数人操纵，有利于提高公司的社会性和知名度，为以后筹集更多的资金打下基础，也可增加股票的适销性和流通性。

（2）不公开发行。不公开发行又称私募或非公开发行，是指发行者只对特定的发行对象推销股票的方式。

2．直接发行与间接发行

直接发行与间接发行是根据发行者推销股票方式的不同来划分的。

（1）直接发行。直接发行又叫直接招股，是指股份有限公司自己承担股票发行的一切事务和发行风险，直接向认购者推销股票的方式。当认购额达不到计划招股额时，新建股份有限公司的发起人或现有股份有限公司的董事会必须自己认购用来出售的股票。因此，直接发行只适用于有既定发行对象或发行风险低、手续简单的股票。一般情况下，不公开发行的股票或公开发行有困难（如信誉低所致的市场竞争力弱，承担不了大额的发行费用，等等）的股票，或是实力雄厚，有把握实现巨额私募以节省发行费用的大股份有限公司的股票，才采用直接发行的方式。

（2）间接发行。间接发行又称间接招股，是指发行人委托证券发行中介机构代为出售股票的方式。

3．有偿增资、无偿增资和搭配增资

有偿增资、无偿增资和搭配增资是按照投资者认购股票时是否交纳股金来划分的。

（1）有偿增资。有偿增资是指认购者必须按股票的某种发行价格支付现款，方能获得股票的一种发行方式。一般公开发行的股票和私募中的股东配股、私人配股都采用有偿增资的方式。这种方式下，股份有限公司可以直接从外界募集股本，增加股份有限公司的资本金。

（2）无偿增资。无偿增资是指认购者不必向股份有限公司交纳股金就可获得股票的发行方式，发行对象只限于原股东。采用这种方式发行的股票，不能直接从外部募集股本，而是依靠减少股份有限公司的公积金或盈余结存来增加资本金。一般只在股票派息分红、股票分割和法定公积金或盈余公积转作资本配股时采用无偿增资的发行方式，按比例将新股票无偿交付给原股东，主要是为了使股东获取收益，以增强股东信心和公司信誉或调整资本结构。由于无偿发行要受资金来源的限制，因此，不能经常采用这种方式发行股票。

（3）搭配增资。搭配增资是指股份有限公司向原股东分摊新股时，股东仅支付发行价格的一部分就可获得一定数额股票的发行方式。例如，股东认购面额为 100 元的股票，只需支付 50 元，其余部分无偿发行，由公司的公积金充抵。这种发行方式也是对原股东的一种优惠，能从他们那里再征集部分股金，很快实现公司的增资计划。

4. 定向募集发行与社会募集发行

（1）定向募集发行。定向募集发行是指公司发行的股票，除由发起人认购外，其余部分不向社会公众发行，而是向与公司有关的法人发行以及向公司内部职工发行。定向募集发行，实际上类似于私募发行或内部发行。

（2）社会募集发行。社会募集发行是指公司发行的股票除由发起人认购之外，其余部分向社会公众发行。社会募集发行就是公募发行。

5. 平价发行、折价发行与溢价发行

（1）平价发行。平价发行也叫等价发行或面值发行，是按股票票面价值所确定的价格发行股票。

（2）折价发行。折价发行是以低于股票票面价值的价格发行股票。《公司法》明确规定，股票发行时，不能采取折价发行的方式。

（3）溢价发行。溢价发行指以高于股票票面价值的价格发行股票。《公司法》规定，以超过票面价值的价格发行股票的，其超过票面价值发行股票所得溢价款列入公司资本公积金。

（二）股票发行制度演变

股票发行是证券市场的重要内容，但各国的具体做法有所不同，同一国家在不同阶段的发行制度也有所不同。股票发行制度，是指发行人在申请发行股票时必须遵循的一系列程序化的规范。目前国际上的股票发行制度有两种类型。

1. 核准制。这是一种政府主导型股票发行制度。核准制要求发行人在发行证券的过程中，不仅要公开披露有关信息，而且必须符合一系列实质性的条件。这种制度赋予监管当局决定权。

2. 注册制。这是一种市场主导型股票发行制度。注册制指在股票发行之前，发行人必须按法定程序向监管部门提交有关信息，申请注册，并对信息的完整性、真实性负责。这种制度强调市场对股票发行的决定权。

6-2　A 股为何实行注册制

核准制与注册制的比较，见表 6-1。

表 6-1　核准制与注册制的比较

项目	核准制	注册制
发行指标、额度	无	无
发行上市标准	有	无
主要推荐人	中介机构	中介机构
对发行做实质判断的主体	中介机构、证监会	中介机构
发行监管性质	中介机构和证监会分担实质性审核职责	中介机构实施实质性审核，证监会实施形式审核

（三）注册制下股票发行的条件

为规范首次公开发行股票并上市相关活动，保护投资者合法权益和社会公共利益，2023年2月17日，中国证券监督管理委员会第2次委务会议审议通过了《首次公开发行股票注册管理办法》。该办法共6章、71条。

1．首次公开发行股票的条件

首次公开发行股票并上市，应当符合发行条件、上市条件以及相关信息披露要求，依法经交易所发行上市审核，并报中国证监会注册。

（1）发行人是依法设立且持续经营三年以上的股份有限公司，具备健全且运行良好的组织机构，相关机构和人员能够依法履行职责。有限责任公司按原账面净资产值折股整体变更为股份有限公司的，持续经营时间可以从有限责任公司成立之日起计算。

（2）发行人会计基础工作规范，财务报表的编制和披露符合企业会计准则和相关信息披露规则的规定，在所有重大方面公允地反映了发行人的财务状况、经营成果和现金流量，最近三年财务会计报告由注册会计师出具无保留意见的审计报告。发行人内部控制制度健全且被有效执行，能够合理保证公司运行效率、合法合规和财务报告的可靠性，并由注册会计师出具无保留结论的内部控制鉴证报告。

（3）发行人业务完整，具有直接面向市场独立持续经营的能力。

① 资产完整，业务及人员、财务、机构独立，与控股股东、实际控制人及其控制的其他企业间不存在对发行人构成重大不利影响的同业竞争，不存在严重影响独立性或者显失公平的关联交易。

② 主营业务、控制权和管理团队稳定。首次公开发行股票并在主板上市的，最近三年内主营业务和董事、高级管理人员均没有发生重大不利变化；首次公开发行股票并在科创板、创业板上市的，最近二年内主营业务和董事、高级管理人员均没有发生重大不利变化；首次公开发行股票并在科创板上市的，核心技术人员应当稳定且最近二年内没有发生重大不利变化；发行人的股份权属清晰，不存在导致控制权可能变更的重大权属纠纷；首次公开发行股票并在主板上市的，最近三年实际控制人没有发生变更；首次公开发行股票并在科创板、创业板上市的，最近二年实际控制人没有发生变更。

③ 不存在涉及主要资产、核心技术、商标等的重大权属纠纷，重大偿债风险，重大担保、诉讼、仲裁等或有事项，经营环境已经或者将要发生重大变化等对持续经营有重大不利影响的事项。

（4）发行人生产经营符合法律、行政法规的规定，符合国家产业政策。最近三年内，发行人及其控股股东、实际控制人不存在贪污、贿赂、侵占财产、挪用财产或者破坏社会主义市场经济秩序的刑事犯罪，不存在欺诈发行、重大信息披露违法或者其他涉及国家安全、公共安全、生态安全、生产安全、公众健康安全等领域的重大违法行为。

董事、监事和高级管理人员不存在最近三年内受到中国证监会行政处罚，或者因涉嫌犯罪正在被司法机关立案侦查或者涉嫌违法违规正在被中国证监会立案调查且尚未有明确结论意见等情形。

2．注册程序

（1）发行人董事会应当依法就本次发行股票的具体方案、本次募集资金使用的可行性及其他必须明确的事项作出决议，并提请股东大会批准。

（2）发行人股东大会应当就本次发行股票作出决议，决议至少应当包括下列事项：

① 本次公开发行股票的种类和数量；

② 发行对象；

③ 定价方式；

④ 募集资金用途；

⑤ 发行前滚存利润的分配方案；

⑥ 决议的有效期；

⑦ 对董事会办理本次发行具体事宜的授权；

⑧ 其他必须明确的事项。

（3）发行人申请首次公开发行股票并上市，应当按照中国证监会有关规定制作注册申请文件，依法由保荐人保荐并向交易所申报。交易所收到注册申请文件，五个工作日内作出是否受理的决定。

（4）自注册申请文件申报之日起，发行人及其控股股东、实际控制人、董事、监事、高级管理人员，以及与本次股票公开发行并上市相关的保荐人、证券服务机构及相关责任人员，即承担相应法律责任，并承诺不得影响或干扰发行上市审核注册工作。

（5）注册申请文件受理后，未经中国证监会或者交易所同意，不得改动。发生重大事项的，发行人、保荐人、证券服务机构应当及时向交易所报告，并按要求更新注册申请文件和信息披露资料。

（6）交易所设立独立的审核部门，负责审核发行人公开发行并上市申请；设立科技创新咨询委员会或行业咨询专家库，负责为板块建设和发行上市审核提供专业咨询和政策建议；设立上市委员会，负责对审核部门出具的审核报告和发行人的申请文件提出审议意见。交易所主要通过向发行人提出审核问询、发行人回答问题方式开展审核工作，判断发行人是否符合发行条件、上市条件和信息披露要求，督促发行人完善信息披露内容。

（7）交易所按照规定的条件和程序，形成发行人是否符合发行条件和信息披露要求的审核意见。认为发行人符合发行条件和信息披露要求的，将审核意见、发行人注册申请文件及相关审核资料报中国证监会注册；认为发行人不符合发行条件或者信息披露要求的，作出终止发行上市审核决定。交易所审核过程中，发现重大敏感事项、重大无先例情况、重大舆情、重大违法线索的，应当及时向中国证监会请示报告，中国证监会及时明确意见。

（8）交易所应当自受理注册申请文件之日起在规定的时限内形成审核意见。发行人根据要求补充、修改注册申请文件，或者交易所按照规定对发行人实施现场检查，要求保荐人、证券服务机构对有关事项进行专项核查，并要求发行人补充、修改申请文件的时间不计算在内。

（9）交易所应当提高审核工作透明度，接受社会监督，公开下列事项：

① 发行上市审核标准和程序等发行上市审核业务规则和相关业务细则；

② 在审企业名单、企业基本情况及审核工作进度；

③ 发行上市审核问询及回复情况，但涉及国家秘密或者发行人商业秘密的除外；

④ 上市委员会会议的时间、参会委员名单、审议的发行人名单、审议结果及现场问询问题；

⑤ 对股票公开发行并上市相关主体采取的自律监管措施或者纪律处分；

⑥ 交易所规定的其他事项。

（10）中国证监会在交易所收到注册申请文件之日起，同步关注发行人是否符合国家产业政策和板块定位。

（11）中国证监会收到交易所审核意见及相关资料后，基于交易所审核意见，依法履行发行注册程序。在二十个工作日内对发行人的注册申请作出予以注册或者不予注册的决定。前款规定的注册期限内，中国证监会发现存在影响发行条件的新增事项的，可以要求交易所进一步问询并就新增事项形成审核意见。发行人根据要求补充、修改注册申请文件，或者中国证监会要求交易所进一步问询，要求保荐人、证券服务机构等对有关事项进行核查，对发行人现场检查，并要求发行人补充、修改申请文件的时间不计算在内。中国证监会认为交易所对新增事项的审核意见依据明显不充分，可以退回交易所补充审核。交易所补充审核后，认为发行人符合发行条件和信息披露要求的，重新向中国证监会报送审核意见及相关资料，前款规定的注册期限重新计算。

（12）中国证监会的予以注册决定，自作出之日起一年内有效，发行人应当在注册决定有效期内发行股票，发行时点由发行人自主选择。

（13）中国证监会作出予以注册决定后、发行人股票上市交易前，发行人应当及时更新信息披露文件内容，财务报表已过有效期的，发行人应当补充财务会计报告等文件；保荐人以及证券服务机构应当持续履行尽职调查职责；发生重大事项的，发行人、保荐人应当及时向交易所报告。交易所应当对上述事项及时处理，发现发行人存在重大事项影响发行条件、上市条件的，应当出具明确意见并及时向中国证监会报告。

（14）中国证监会作出予以注册决定后、发行人股票上市交易前，发行人应当持续符合发行条件，发现可能影响本次发行的重大事项的，中国证监会可以要求发行人暂缓发行、上市；相关重大事项导致发行人不符合发行条件的，应当撤销注册。中国证监会撤销注册后，股票尚未发行的，发行人应当停止发行；股票已经发行尚未上市的，发行人应当按照发行价并加算银行同期存款利息返还股票持有人。

（15）交易所认为发行人不符合发行条件或者信息披露要求，作出终止发行上市审核决定，或者中国证监会作出不予注册决定的，自决定作出之日起六个月后，发行人可以再次提出公开发行股票并上市申请。

（16）中国证监会应当按规定公开股票发行注册行政许可事项相关的监管信息。

（17）存在下列情形之一的，发行人、保荐人应当及时书面报告交易所或者中国证监会，交易所或者中国证监会应当中止相应发行上市审核程序或者发行注册程序：

① 相关主体涉嫌违反《首次公开发行股票注册管理办法》第十三条第二款规定，被立案调查或者被司法机关侦查，尚未结案；

② 发行人的保荐人以及律师事务所、会计师事务所等证券服务机构被中国证监会依法采取限制业务活动、责令停业整顿、指定其他机构托管、接管等措施，或者被证券交易所、国务院批准的其他全国性证券交易场所实施一定期限内不接受其出具的相关文件的纪律处分，尚未解除；

③ 发行人的签字保荐代表人、签字律师、签字会计师等中介机构签字人员被中国证监会依法采取认定为不适当人选等监管措施或者证券市场禁入的措施，被证券交易所、国务院批准的其他全国性证券交易场所实施一定期限内不接受其出具的相关文件的纪律处分，或者被证券业协会采取认定不适合从事相关业务的纪律处分，尚未解除；

④ 发行人及保荐人主动要求中止发行上市审核程序或者发行注册程序，理由正当且经交易所或者中国证监会同意；

⑤ 发行人注册申请文件中记载的财务资料已过有效期，需要补充提交；

⑥ 中国证监会规定的其他情形。

前款所列情形消失后，发行人可以提交恢复申请。交易所或者中国证监会按照规定恢复发行上市审核程序或者发行注册程序。

（18）存在下列情形之一的，交易所或者中国证监会应当终止相应发行上市审核程序或者发行注册程序，并向发行人说明理由：

① 发行人撤回注册申请或者保荐人撤销保荐；

② 发行人未在要求的期限内对注册申请文件作出解释说明或者补充、修改；

③ 注册申请文件存在虚假记载、误导性陈述或者重大遗漏；

④ 发行人阻碍或者拒绝中国证监会、交易所依法对发行人实施检查、核查；

⑤ 发行人及其关联方以不正当手段严重干扰发行上市审核或者发行注册工作；

⑥ 发行人法人资格终止；

⑦ 注册申请文件内容存在重大缺陷，严重影响投资者理解和发行上市审核或者发行注册工作；

⑧ 发行人注册申请文件中记载的财务资料已过有效期且逾期三个月未更新；

⑨ 发行人发行上市审核程序中止超过交易所规定的时限或者发行注册程序中止超过三个月仍未恢复；

⑩ 交易所认为发行人不符合发行条件或者信息披露要求；

⑪ 中国证监会规定的其他情形。

（19）中国证监会和交易所可以对发行人进行现场检查，可以要求保荐人、证券服务机构对有关事项进行专项核查并出具意见。中国证监会和交易所应当建立健全信息披露质量现场检查以及对保荐业务、发行承销业务的常态化检查制度。

（20）中国证监会与交易所建立全流程电子化审核注册系统，实现电子化受理、审核，发行注册各环节实时信息共享，并依法向社会公开相关信息。

3．上市公司证券注册发行

（1）上市公司向不特定对象发行股票，应当符合下列规定。

① 具备健全且运行良好的组织机构。

② 现任董事、监事和高级管理人员符合法律、行政法规规定的任职要求。

③ 具有完整的业务体系和直接面向市场独立经营的能力，不存在对持续经营有重大不利影响的情形。

④ 会计基础工作规范，内部控制制度健全且有效执行，财务报表的编制和披露符合企业会计准则和相关信息披露规则的规定，在所有重大方面公允反映了上市公司的财务状况、经营成果和现金流量，最近三年财务会计报告被出具无保留意见审计报告。

⑤ 除金融类企业外，最近一期末不存在金额较大的财务性投资。

⑥ 交易所主板上市公司配股、增发的，应当最近三个会计年度盈利；增发还应当满足最近三个会计年度加权平均净资产收益率平均不低于百分之六；净利润以扣除非经常性损益前后孰低者为计算依据。

（2）上市公司存在下列情形之一的，不得向不特定对象发行股票。

① 擅自改变前次募集资金用途未作纠正，或者未经股东大会认可。

② 上市公司或者其现任董事、监事和高级管理人员最近三年受到中国证监会行政处罚，或者最近一年受到证券交易所公开谴责，或者因涉嫌犯罪正在被司法机关立案侦查或者涉嫌违法违规正在被中国证监会立案调查。

③ 上市公司或者其控股股东、实际控制人最近一年存在未履行向投资者作出的公开承诺的情形。

④ 上市公司或者其控股股东、实际控制人最近三年存在贪污、贿赂、侵占财产、挪用财产或者破坏社会主义市场经济秩序的刑事犯罪，或者存在严重损害上市公司利益、投资者合法权益、社会公共利益的重大违法行为。

（3）上市公司存在下列情形之一的，不得向特定对象发行股票。

① 擅自改变前次募集资金用途未作纠正，或者未经股东大会认可。

② 最近一年财务报表的编制和披露在重大方面不符合企业会计准则或者相关信息披露规则的规定；最近一年财务会计报告被出具否定意见或者无法表示意见的审计报告；最近一年财务会计报告被出具保留意见的审计报告，且保留意见所涉及事项对上市公司的重大不利影响尚未消除。本次发行涉及重大资产重组的除外。

③ 现任董事、监事和高级管理人员最近三年受到中国证监会行政处罚，或者最近一年受到证券交易所公开谴责。

④ 上市公司或者其现任董事、监事和高级管理人员因涉嫌犯罪正在被司法机关立案侦查或者涉嫌违法违规正在被中国证监会立案调查。

⑤ 控股股东、实际控制人最近三年存在严重损害上市公司利益或者投资者合法权益的重大违法行为。

⑥ 最近三年存在严重损害投资者合法权益或者社会公共利益的重大违法行为。

（4）上市公司发行股票，募集资金使用应当符合下列规定。

① 符合国家产业政策和有关环境保护、土地管理等法律、行政法规规定。

② 除金融类企业外，本次募集资金使用不得为持有财务性投资，不得直接或者间接投资于以买卖有价证券为主要业务的公司。

③ 募集资金项目实施后，不会与控股股东、实际控制人及其控制的其他企业新增构成重大不利影响的同业竞争、显失公平的关联交易，或者严重影响公司生产经营的独立性。

④ 科创板上市公司发行股票募集的资金应当投资于科技创新领域的业务。

（四）我国股票发行方式的演变

我国在股票发行方式方面的变动很多，按时间和方式大约可以分为以下12种。

1．自办发行

从1984年股份制试点到20世纪90年代初期，股票发行的特点是：第一，面值不统一，有100元的，有50元的，一般按照面值发行；第二，发行对象多为内部职工和地方公众；第三，发行方式多为自主发行，没有承销商，很少有中介机构参加。

2．有限量发售认购证

1991—1992年，股票发行采取有限量发售认购证方式。该方式存在明显的弊端，极易发生抢购风潮，出现私自截留申请表等徇私舞弊现象，如"8·10事件"。这种方式不再采用。

3．无限量发售认购证

1992年，上海率先采用无限量发售认购证摇号中签方式。这种方式基本避免了有限量发售方式的主要弊端，体现了"三公"原则。但是，认购量的不确定性会造成社会资源的浪费，认购成本过高。

4．无限量发售申请表方式以及与银行储蓄存款挂钩方式

1993年8月18日，国务院证券委员会颁布《关于1993年股票发售与认购办法的意见》规定，发行方式可以采用无限量发售申请表和与银行储蓄存款挂钩方式。

5．上网竞价

该方式是投资者通过证券交易所计算机交易网络系统进行竞价，确定股票实际发行价格并完成发行的发行方式。该方式只在1994年哈岁宝、厦门厦华、青海三普等股票上进行过试点，因发行价格极易被机构操纵，之后没有被采用。

6．全额预缴款、比例配售

该方式于1994年开始实行，是与银行储蓄存款挂钩方式的延伸，方便，且节省时间。它包括两种方式："全额预缴、比例配售、余款即退"和"全额预缴、比例配售、余款转存"。

7．上网定价抽签发行

1995—1997年开始实行上网定价抽签发行方式。这种发行方式类似于网下的"全额预缴、比例配售、余款即退"发行方式，只是一切工作均利用证券交易所网络自动进行。与其他曾使用过的发行方式比较，上网定价抽签发行是较为完善的一种发行方式。这种发行方式效率高，成本低，安

全快捷，避免了资金的体外流动，完全消除了一级半市场，1996 年以来被普遍采用。

8. 基金及法人配售

此种发行方式于 1999—2000 年施行。基金及法人配售即在新股发行过程中，一边采用上网定价抽签发行的方式，一边又给基金和法人机构优惠，允许他们按发行价格配售一定数量的新股。

9. 向二级市场投资者市值配售

2000 年 2 月《关于向二级市场投资者配售新股有关问题的通知》的出台将一级市场的定价行为和二级市场的投资行为挂钩。在新股发行时，将一定比例的新股由上网公开发行改为向二级市场投资者配售，二级市场的投资者可以根据其持有上市流通证券的市值和折算的申购限量进行自愿申购。这一方式由于不需事先动用资金，所以中签者只需缴款认购即可。因此，在 2001—2005 年的大熊市中，此发行方式对新股的发行起到了异乎寻常的促进作用。

10. 二次发售机制

2001 年中国新股发行机制陆续引进了一些二次发售机制，如"绿鞋"机制和"回拨"机制。"绿鞋"机制又称"超额配售选择权"，它是指发行人授予主承销商的一项选择权，获此授权的主承销商按同一发行价格超额发售不超过包销数额 15% 的股份，在增发包销部分的股票上市之日起 30 日内，主承销商有权根据市场情况选择从集中竞价交易市场购买发行人股票，或者要求发行人增发股票，分配给对此超额发售部分提出认购申请的投资者。首次公开发行股票的数量在 4 亿股以上的，发行人和主承销商才可以在发行方案中采用超额配售选择权。"回拨"机制指同一次发行中采取网下配售和上网发行时，先初始设定不同发行方式下的发行数量，然后根据认购结果，按照预先公布的规则在两者之间适当调整发行数量。

11. 股票询价制度

2004 年 12 月 7 日，证监会发布了《关于首次公开发行股票试行询价制度若干问题的通知》，规定首次公开发行股票的公司及其保荐机构应通过向询价对象询价的方式确定股票发行价格，从而确定了股票发行询价制度。2006 年 9 月 17 日，证监会发布了《证券发行与承销管理办法》，对询价制度在实践的基础上进行了完善。

根据询价制度的规定，询价分为初步询价和累计投标询价两个阶段。初步询价是指发行人及其保荐机构向询价对象进行询价，并根据询价对象的报价结果确定发行价格区间及相应的市盈率区间。在深交所主板市场上市的公司必须经过初步询价和累计投标询价两个阶段才能定价。

询价对象是指符合证监会规定条件的证券投资基金管理公司、证券公司、信托投资公司、财务公司、保险机构投资者和合格境外机构投资者，以及其他经证监会认可的机构投资者。询价对象的名称及联系方式等信息在中国证券业协会网站公布。

询价对象可以自主决定是否参与初步询价，询价对象申请参与初步询价的，主承销商无正当理由不得拒绝。未参与初步询价或者参与初步询价但未有效报价的询价对象，不得参与累计投标询价和网下配售。初步询价结束后，公开发行股票数量在 4 亿股以下，提供有效报价的询价对象不足 20 家的，或者公开发行股票数量在 4 亿股以上，提供有效报价的询价对象不足 50 家的，发行人及其主承销商不得确定发行价格，并应当中止发行。

在初步询价阶段，保荐机构应向询价对象提供投资价值研究报告。投资价值研究报告应对影响发行价格的因素进行全面、客观地分析，至少应包括发行人所处的行业、盈利模式、经营状况、募集资金投资项目、同行业上市公司股票二级市场表现及市场整体走势等因素对发行人股票定价的影响。

在网下配售股份阶段，如果发行价格以上的申购总量大于拟向询价对象配售的股份数量，应对发行价格以上的全部有效申购进行同比例配售，询价对象应承诺将参与网下配售获配的股票锁定 3 个月以上，锁定期自发行人公开发行股票的上市之日起计算。

12．上网发行资金申购

2006年5月，沪深证券交易所分别同中国结算公司颁布了《沪市股票上网发行资金申购实施办法》和《资金申购上网定价公开发行股票实施办法》，发行人通过证券交易所交易系统采用上网资金申购方式公开发行股票。2008年3月，在首发上市中首次尝试采用网下发行电子化方式，标志着我国证券发行中网下发行电子化的启动。

三、债券的发行

（一）债券发行的含义

公司债券发行是指公司债券从发行者手中转换到债券投资者手中的过程。公司债券发行的实质是以负债方式向社会公众筹措资金。

按照债券的实际发行价格和票面价值的异同，债券的发行可分为平价发行、溢价发行和折价发行。

1．平价发行

平价发行是指债券的发行价格和票面价值相等，因而发行收入的数额和将来还本数额也相等。前提是债券发行利率和市场利率相同，这在西方国家中比较少见。

2．溢价发行

溢价发行是指债券的发行价格高于票面价值，以后偿还本金时仍按票面价值偿还。只有在债券票面利率高于市场利率的条件下，公司才能采用这种方式发行债券。

3．折价发行

折价发行是指债券发行价格低于票面价值，而偿还时却要按票面价值偿还本金。折价发行是因为规定的票面利率低于市场利率。

（二）债券发行的条件

2023年4月18日，中国证监会、国家发展改革委联合发布《中国证监会 国家发展改革委关于企业债券发行审核职责划转过渡期工作安排的公告》，自公布之日起施行。为确保企业债券发行审核职责划转工作的有序衔接和平稳过渡，设置自该公告发布之日起6个月时间为过渡期。过渡期结束前，中国证监会将及时向市场公告企业债券管理的整体工作安排。过渡期内企业债券受理审核、发行承销、登记托管等安排保持不变。根据原有办法，同时根据《证券法》《公司法》《公司债券发行与交易管理办法》的有关规定，发行公司债券仍应当符合下列条件。

1．股份有限公司的净资产不低于人民币3 000万元，有限责任公司的净资产不低于人民币6 000万元。

2．本次发行后累计公司债券余额不超过最近一期期末净资产额的40%；金融类公司的累计公司债券余额按金融企业的有关规定计算。

3．公司的生产经营符合法律、行政法规和公司章程的规定，募集的资金投向符合国家产业政策。

4．最近3个会计年度实现的年均可分配利润不少于公司债券1年的利息。

5．债券的利率不超过国务院规定的利率水平。

6．公司内部控制制度健全，内部控制制度的完整性、合理性、有效性不存在重大缺陷。

7．经资信评估机构评级，债券信用级别良好。

（三）债券发行的方式

在债券发行市场上发行的债券，债券发行方式按承担发行风险的主体的不同分为直接发行和间接发行两种。直接发行由发行者自己办理必要的手续、直接向投资者发行债券，而不经过中介人。间接发行由发行者通过中介人（银行或证券公司）向投资者发行债券。目前大多数债券是以间接发行方式发行的。间接发行根据承销方式不同分为代销和包销两种。

1. 代销

代销是由发行者委托承销者代为向社会销售债券的发行方式。承销者按照预先规定的发行条件，在约定的期限内尽力推销，到了销售截止日期，债券如果没有能够按照原定发行额售出，未售出部分退还给发行者，承销者不承担任何发行风险。

2. 包销

包销又可以分为余额包销和全额包销两种。余额包销指承销者按照已定的发行额和发行条件，在约定期限内面向社会推销债券，到了销售截止日期，未售出的余额由承销者负责认购，承销者要按照约定时间向发行者支付全部债券款项。全额包销指承销者先将债券全部认购，并立即向发行者支付全部债券款项，然后再按照市场条件转售给投资者。

由于承销者承担的发行风险不同，所获得的承销手续费也就不同。全额包销费用要高于余额包销费用。

（四）债券信用评级

1. 含义

债券信用评级是指对评级对象的特定债券或相关债务在其有效期内及时偿付的能力和意愿的评估。

2. 信用评级机构

信用评级机构是金融市场上一个重要的服务性中介机构。它是由专门的经济、法律、财务专家组成的对证券发行人和证券信用进行等级评定的组织。

目前国际上公认的最具权威性的信用评级机构，主要有标准普尔公司、穆迪投资服务公司和惠誉国际信用评级有限公司3家。我国的信用评级机构主要有中诚信国际、联合资信、大公国际等。上述几家公司负责评级的债券很广泛，包括地方政府债券、公司债券、外国债券等。由于它们拥有详尽的资料，采用先进、科学的分析技术，又有丰富的实践经验和大量专门人才，因此它们所做出的信用评级具有很高的权威性。

3. 信用评级级别

标准普尔公司信用等级标准从高到低可划分为 AAA 级、AA 级、A 级、BBB 级、BB 级、B 级、CCC 级、CC 级、C 级和 D 级。前 4 个级别债券信誉高、风险小，是投资级债券；从第 5 级（BB 级）开始，债券的信誉依次降低，属于投机级债券，也称高风险债券或高收益债券。

（1）A 级债券是最高级别的债券，其特点是：本金和收益的安全性最高；受经济形势影响的程度较低；收益水平较低，筹资成本也较低。对于 A 级债券来说，利率的变化比经济状况的变化更为重要。因此，一般人们把 A 级债券称为信誉良好的"金边债券"。A 级债券对特别注重利息收入的投资者或保值者是较好的选择。

（2）B 级债券的特点是债券的安全性、稳定性以及利息收益会受到经济中不稳定因素的影响；经济形势的变化对这类债券的价值影响很大；投资者承担一定风险，但收益水平较高，筹资成本与费用也较高。因此，在投资 B 级债券时，投资者必须具有选择与管理证券的良好能力。

（3）C 级和 D 级是投机性或赌博性的债券。从正常投资角度来看，其没有多大的经济意义，但对敢于承担风险，试图从差价变动中取得巨大收益的投资者来说，C 级和 D 级债券也是可供选择的投资对象。

第三节　证券交易市场

一、证券交易市场的含义和种类

（一）证券交易市场的含义及交易原则

证券交易市场，也称"二级市场""次级市场""证券流通市场"，是指已发行的有价证券买卖流通的场所，是有价证券所有权转让的市场。

为了维护证券市场的稳定，各国的金融管理机构都对证券交易设立了一些具有共性的规定，要求交易各方必须共同遵守这些准则，这就是我们常说的证券交易的原则。证券交易原则是反映证券交易宗旨的一般法则，它贯穿于证券交易全过程。虽然各个国家和地区都有自己的表述方式，但是其基本内涵都是一致的。我国证券交易遵循的是公开、公平、公正的原则，即"三公"原则。

1. 公开原则

公开原则是指证券交易是一种面向社会的、公开的交易活动，其核心要求是实现市场信息的公开化。因为只有这样，才能解决整个市场的信息不对称，投资者对其购买的证券才有可能具有充分、真实、准确、完整的了解，才能在证券交易中做出正确的选择，实现对资产的最大保护。因此，这一原则要求参与证券交易的各方依法及时、真实、准确、完整地向社会发布自己的有关信息。公开原则是证券市场的核心，只有在公开的基础上才能有公平和公正。

2. 公平原则

公平原则是指参与证券交易的各方应当获得平等的机会。它要求证券交易活动中的所有参与者都有平等的法律地位，各自的合法权益都能得到公平保护。对于各交易主体不能因为其不同条件而给予不公平的待遇，要做到机会均等、平等竞争，使投资者拥有一个公平交易的市场环境。

3. 公正原则

公正原则是指应公正地对待证券交易的各个参与者以及公正地处理证券交易的事务。对证券交易中的违法行为、证券交易纠纷和争议的处理都应该在公平、公开的基础上，公正地进行。这样有利于证券交易正常、有序地进行。这个原则在我国一系列与证券相关的法律法规中都有所体现。

此外，在证券交易中还应当遵守法律、行政法规和部门规章及相关业务规则，遵循自愿、有偿、诚实信用原则。

（二）证券交易市场的种类

证券交易市场是已发行证券买卖流通的市场，为已经从一级市场获得证券的投资者和想要购买已发行证券的投资者提供交易平台。在这个市场中证券在各个投资者之间流通转让时所获得的收益和损失，都由证券现在的持有者享有和承担，不再属于最初的发行公司。

1. 场内交易市场

场内交易市场又称证券交易所市场，是依据国家有关法律，经政府证券主管机关批准设立的集中进行证券交易的有形场所，是一个有组织、有固定地点，在集中的时间内进行证券交易的市场，是整个证券市场的核心。在我国，根据《证券法》的规定，证券交易所是为证券集中交易提供场所和设施，组织和监督证券交易，实行自律管理的法人。证券交易所的设立由国务院决定。

证券交易所作为证券交易的场所，其本身并不持有证券，不进行证券买卖，也不能决定证券交易的价格。证券交易所应该秉持公开、公平、公正的原则，创造良好的市场环境，保证证券交易的正常进行。为此，在我国的《证券交易所管理办法》中，具体规定了证券交易所的职能和不得从事的事项。

场外交易市场（OTC），又称柜台交易市场或店头交易市场，指在交易所外由证券买卖双方当面议价成交的市场。它没有固定的场所，交易的对象以不在交易所上市的证券为主，在某些情况下也对在证券交易所上市的证券进行场外交易。场外交易市场是证券交易市场不可或缺的一部分，其历史早于证券交易所。在证券市场发达的国家，其证券成交量远远超过证券交易所的成交量，在证券交易市场中占有极其重要的位置。

二、证券的交易方式

证券的交易方式，主要包括现货交易、期货交易、期权交易、信用交易和回购交易等。

（一）现货交易

1. 现货交易的含义

现货交易亦称现金现货交易，是证券的买卖双方在成交后，按照成交价格即时办理实物交割手续和资金清算的交易方式，即在证券交易成交后，买方付出现金取得证券，卖方付出证券取得现金，买卖双方当场结清。它是证券交易中最古老的交易方式，也是证券交易所采用的最基本、最常用的交易方式。但是，随着证券业的发展，由于交易数量增加等多方面的原因，当场交割有一定困难，因此，一般规定在成交后的较短时间内交割清算。我国证券交易所规定，证券交易实行"T+1"的结算制度。

2. 现货交易的特点

现货交易的特点包括：成交和交割基本上同时进行；实物交易、钱券两清，即在交割时，卖方必须向买方转移证券，买方必须向卖方支付现款；交易技术简单，易于操作，便于管理；由于成交与交割时间间隔短，价格波动空间有限，投机性和风险性较小。

（二）期货交易

1. 期货交易的含义

期货交易是指证券买卖双方成交后，按契约规定的价格延期交割。期货交易是相对现货交易而言的。现货交易是成交后即时履行合约的交易，期货交易则将订约与履行的时间分离。在期货交易中，买卖双方签订合同，并就买卖股票的数量、成交的价格及交割期达成协议，买卖双方在规定的交割日期履行交割。在实际生活中，由于种种原因，期货合约标的物的价格在契约签订时和交割时常常是不一致的。当期货合约标的物价格上涨时，买者会以较少的本钱获得比较大的利益；当期货合约标的物价格下跌时，卖者将会取得较多的好处。

2. 期货交易的特点

（1）杠杆投资。这是期货交易所使用的杠杆原理。在进行期货交易时，投资者只需要交纳一定数量的保证金，就可以控制期货合约总值，在证券市场走势与其预测相似时，可以获得较大利润。

（2）高风险。期货交易的高风险主要是由于其杠杆作用。例如，某合约总值为 1 000 元，保证金为 10%，即 100 元，如果交割时期货的市场价格朝投资者预测方向变动 20%，即 200 元，那么说明投资者在该合约中获利 200 元，相对于所交纳的保证金来讲，盈利率高达 200%，所以说期货投资会带来高报酬。但是如果价格变化方向与预期相反，则产生高风险。

（3）标准化合约。期货交易具有组织化和规范化的特征，期货交易必须在固定的期货交易所内进行，而期货合约是标准化的合约。这种标准化是指进行期货交易的商品的品级、数量、质量等都是预先规定好的，只有价格是变动的。这样，可大大简化交易手续，降低交易成本，最大限度地减少交易双方因对合约条款理解不同而产生的争议与纠纷。

（4）保证金制度。期货交易需要交纳一定的保证金。交易者在进入期货市场开始交易前，必须按照交易所的有关规定交纳一定的履约保证金，并在交易过程中维持一个最低保证金水平，以便为所买卖的期货合约提供保证，同时也有利于证券市场的稳定。

（5）交割期限相对固定。期货的交割期限一般是3个月、6个月、9个月和12个月，最长的可以达到2年。

（三）期权交易

期权又称选择权，是指在确定的日期或在这个日期之前，按照事先确定的价格买卖特定商品或金融工具的权利。期权实际上是一种与专门交易商签订的契约，规定持有者有权在一定期限内按交易双方所商订的"协定价格"，购买或出售一定数量的证券。

期权交易是指买卖双方通过交易平台或证券公司等机构进行买卖期权合约的行为。期权交易的对象是买卖一定数量证券或合约的权利，这种权利通过买卖双方签订的合同而确定。期权合同赋予买方的是在确定的时间内按照一定的执行价格购买或售出证券（或合约）的权利，但买方并不承担必须购买或出售的义务。因此，期权购买者可以在该项期权合同到期时或到期之前行使、转卖或放弃这项权利。但出售期权的专门交易商则有义务按契约规定出售或购进证券（或合约）。买方拥有权利而卖方承担义务的代价是期权买方要向期权卖方支付一笔费用即期权费（也称保险费）。

（四）信用交易

1．证券信用交易的含义及特征

证券信用交易，又称垫头交易，是指证券公司或金融机构供给信用，使投资人可以从事买空、卖空的一种交易制度。在这种方式下，股票的买卖者不使用自己的资金，而通过交付保证金得到证券公司或金融机构的信用，即由证券公司或金融机构垫付资金或证券，进行交易。各国保证金比例不同，一般为30%。

2．证券信用交易的种类

证券信用交易在我国就是融资融券交易，分为融资买入交易和融券卖出交易两种。

（1）融资买入交易，也叫保证金买进交易，即"融资"交易，一般出现在证券市场呈现多头市场即"牛市"特征时。投资者预计证券市场将上涨并准备在现在价格较低时买进一定数量的某种证券，但手中的资金不足，这时其可以通过向证券经纪人交付一定比例的保证金而取得证券经营机构的垫付资金，再委托证券经营机构代理买入这种证券。待证券价格上涨时，投资者卖出该证券，证券经营机构扣除买卖手续费和之前给投资者垫付资金及垫付资金在让渡期产生的贷款利息后，余下的即为投资者的收益。

（2）融券卖出交易，又称保证金卖出交易，即"融券"交易，适用于证券市场呈现下跌趋势即"熊市"特征明显时。投资者如果预测证券市场下跌，准备做某一证券的卖出投资，但手中并没有该种证券，其可通过向证券经纪人交付一定比例的保证金，从经纪人手中借入一定数量该证券并委托其卖出。如果该证券走势与投资者预期方向一致，则投资者在证券价格处于某一位置时，再委托证券经营机构按市场价格买入同种类、相同数量的证券归还给经纪人，并支付相应的利息和手续费，买卖差额扣除一切费用后的余额即为投资者收益。

（五）回购交易

回购交易是质押贷款的一种方式，通常用在政府债券方面。在我国，回购交易主要指债券回购。债券经纪人向投资者临时出售一定的债券，同时签约在一定的时间内以较高的价格买回来。债券经纪人从中取得资金再用来投资，投资者从价格差中得利。回购交易长的有几个月，但通常情况下只有 24 小时，是一种超短期的金融工具。回购交易一般分为国债回购交易、债券回购交易、证券回购交易、质押式回购交易等。从运作方式看，它结合了现货交易和远期交易的特点，通常在债券交易中运用。

三、证券账户

（一）证券账户的含义

证券账户是记录证券及证券衍生品种持有及其变动情况的载体。从某些角度看，证券账户相当于投资者的证券存折，是证券登记机构为投资者设立的，用于记载投资者所持证券的种类、名称、数量及相应权益和变动情况的一种存折。

中国结算公司对证券账户实施统一管理，具体账户业务可以委托开户代理机构办理。开户代理机构，是指取得中国结算公司开户代理资格，与中国结算公司签订开户代理协议，代理中国结算公司办理证券账户业务的证券公司等机构，开户代理机构的分支机构（证券公司的证券营业部）可作为开户代理网点。

（二）证券账户的种类

1．上海证券账户和深圳证券账户

按照交易所的不同，证券账户可以分为上海证券账户和深圳证券账户。上海证券账户是指可以买卖上海证券交易所上市交易证券的账户；深圳证券账户是指可以买卖深圳证券交易所上市交易证券的账户。原沪、深两市的个人投资者满足如下两个条件后，无须开立北京证券账户，也可参加北京证券交易所的证券交易。这两个条件分别为：申请权限开通前 20 个交易日证券账户和资金账户内的资产日均不低于人民币 50 万元；参与证券交易 24 个月以上。机构投资者准入则不设置资金门槛。

2．自然人账户和法人账户

按照投资者属性的不同，证券账户可以分为自然人账户和法人账户。自然人账户是指个人投资者进行证券交易的证券账户，法人账户是指具备法人资格的机构投资者和证券投资基金等理财产品开立的证券账户。

3．证券总账户和子账户

中国结算公司根据市场需要为投资者设置一码通账户（也称为证券总账户）和子账户。投资者的证券账户由一码通账户及关联的子账户共同组成。一码通账户用于汇总记载投资者各个子账户下证券持有及变动的情况，子账户用于记载投资者参与特定交易或投资特定证券品种的证券持有及变动的具体情况。

子账户按照用途不同可以分为人民币普通股票账户（以下称为"A 股账户"）、人民币特种股票账户（以下称为"B 股账户"）、全国中小企业股份转让系统账户（以下简称"股转系统账户"）、衍生品合约账户、封闭式基金账户、信用证券账户、开放式基金账户，以及中国结算公司根据业务需要设立的其他证券账户。

（1）A 股账户可以买卖沪深证券交易所上市的除 B 股以外的所有证券，包括 A 股、债券、基金等。根据国家有关规定，下列人员不得开设 A 股证券账户：证券主管机关中管理证券事务的有关人员；证券交易所管理人员；证券经营机构中与股票发行或交易有直接关系的人员；与发行人有直接行政隶属或管理关系的机关工作人员；其他与股票发行或交易有关的知情人；未成年人或无行为能力的人以及没有公安机关颁发的身份证的人员；由于违反证券法规，主管机关决定停止其证券交易，期限未满者；其他法规规定不得拥有或参加证券交易的自然人，包括武警、现役军人等。

（2）B股账户只能买卖沪深证券交易所上市的B股。

（3）股转系统账户只能买卖在全国中小企业股份转让系统挂牌交易的证券，也称三板账户。

（4）衍生品合约账户是用于进行期权交易、行权申报以及期权合约的记增记减的账户。申请开立衍生品合约账户时，首先应当具有上交所市场证券账户，合约账户注册信息应当与证券账户注册信息一致。

（5）封闭式基金账户只能买卖沪深证券交易所上市的证券投资基金（包括上市的封闭式基金、ETF、LOF和分级基金）和债券。

（6）信用证券账户是投资者为参与融资融券交易，向证券公司申请开立的证券账户。该账户是证券公司在证券登记结算机构开立的"客户信用交易担保证券账户"的二级账户，用于记录投资者委托证券公司持有的担保证券的明细数据。

（7）开放式基金账户是投资者通过场外渠道认购、申购和赎回开放式基金的账户，不能买卖交易所挂牌的基金份额。

四、证券的交易程序

6-3　证券的交易程序

证券的交易程序，是指在证券交易市场买进或者卖出证券的具体步骤。就证券交易市场而言，其包括场内交易市场和场外交易市场，不同的证券交易市场的交易程序不尽相同。这里主要介绍我国场内交易市场的交易程序，即证券交易所的证券交易程序。我国证券交易所的交易程序可分为开户、委托、竞价成交、结算4个步骤。

（一）开户

开立证券交易账户，是证券投资者在进行证券买卖前到证券公司开设证券账户和资金账户的行为。开户是投资者进行证券交易的前提。交易所规定，一般客户不能直接进入证券交易所进行场内交易，要委托证券经营机构代为进行。而证券公司为了确定投资者的信用能力，同时也为了便于日后的证券资金清算交割过户，要求投资者按规定开立有关账户。

1. A股账户的开设程序

投资者要在证券交易所进行证券投资，首先必须选定一家可靠的证券经营机构，并在该证券经营机构处办理开户手续，开设证券交易账户。证券交易账户根据规定包括证券账户和资金账户两部分。

（1）开设证券账户。除了国家法规禁止的一些自然人和法人之外，其他任何自然人或法人持有效证件，均可到证券登记机构填写证券账户申请表，经审核后即可领取证券账户卡。按照我国现行的有关规定，禁止开户做股票投资的人员包括证券管理机关人员（不得开立股票账户）、证券交易所管理人员（不得开立股票账户）、证券业从业人员（不得开立股票账户）、未成年人未经法定监护人的代理或允许者、未经授权代理法人开户者及其他法规规定不得拥有证券或参加证券交易的自然人。股票开户分为现场开户和非现场开户。下面以现场开户为例进行介绍。

① 个人账户。个人开户时，必须由本人前往开户代办点填写自然人证券账户注册申请表（见表6-2），同时提供公安机关颁发的本人有效居民身份证及复印件。委托他人办理的，代办人还须出示其本人有效身份证件和开户人出具的授权委托书。

表 6-2 自然人证券账户注册申请表

身份信息			
投资者姓名		国籍或地区	
身份证明文件类别	□居民身份证　　　　　□澳门居民身份证　　　　□香港居民身份证 □港澳居民来往内地通行证　　　　　　　　　　□台湾居民来往大陆通行证 □外国人永久居留证　　　□护照　　　　　　　□其他		
证件有效期截止日期	□　　年　　月　　日　　　　　□　　长期有效		
身份证明文件号码			
基本信息			
身份证明文件注册地址			
出生日期	年　　月　　日	民族	性别　□男 □女
受教育程度	□博士　　□硕士　　□本科　　　□大专　　□高中　　　□中专　　　□初中及以下		
职业	□文教科卫专业人员　　　　　□党政（在职，离退休）机关干部 □企事业单位干部　　　　　　□行政企事业单位工人 □农民　　□个体　　　　　□无业　　　　　　□军人 □学生　　□证券从业人员　　□离退休　　　　□其他		
联系信息			
联系地址（含收件人）		邮编	
电子邮箱		移动电话　　　　　　　　　　固定电话	
服务信息			
是否直接开通网络服务	□是 □否	网络服务初始密码	
证券账户开立			
□一码通账户号码：已有一码通的填写一码通号码 　　□A股账户　　　　　　　　□沪市B股账户　　　　　　　□深市B股账户 　　□沪市封闭式基金账户　　　□深市封闭式基金账户　　　□沪市衍生品合约账户 　　□深市衍生品合约账户　　　□沪市信用账户　　　　　　□深市信用账户 　　□其他（　　　）			
开户方式：　　　　　□临柜开户　　　　　□见证开户　　　　　□网上开户			
机构经办人或自然人代办人信息			
姓名		身份证明文件类型　□居民身份证　　□护照　　□其他	
联系电话		身份证明文件号码	
备注：			
开户代理机构填写			
□已审核投资者身份证明文件的真实性、有效性、完整性。 □已审核业务申请表中的填写信息与业务申请材料相关内容一致。 □申请人、经办人或代办人已签名			
经办人：　　　　　　　　　复核人：　　　　　　　　　　　代理机构用章： 业务联系电话：　　　　　　　　　　　　　　　　　　　填表日期：			

②法人账户。法人开户时，必须填写机构证券账户注册申请表（见表 6-3），还需提供其他证件，主要有市场监督管理机关颁发的法人营业执照副本及复印件（加盖公章）、法定代表人证明书及其居民身份证、法定代表人授权委托书和依法指定合法的代理人的身份证及其复印件等。

表 6-3 机构证券账户注册申请表

	机构证券账户注册申请表			
账户持有人全称		国籍或地区		
注册地址		法定代表人		
联系地址				
联系人		联系电话		
邮政编码		网址		
有效身份证明文件号码		发证机关		
有效身份证明文件类别	□工商营业执照　□社团法人注册登记证书　　□机关法人成立批文　□事业单位法人证书　□境外有效商业登记证明文件□其他证书			
法人性质（可选多项）打"√"	□企业法人 　□内资企业 　　□国有企业□非国有企业 　　□上市公司□非上市公司 　□外资及港、澳、台资企业 　□金融机构 　　□综合类证券公司 □经纪类证券公司　　□银行　　□信托投资公司 　　□封闭式证券投资基金　□开放式证券投资基金□其他证券投资基金 　　□基金管理公司 □社保基金　　　□保险公司　　□其他 □事业法人 □社团法人 □机关法人 □境外法人 　□境外基金　　□境外证券公司　□境外代理人　□境外一般机构			
账户类别	□A 股账户 □B 股账户 □基金账户 □其他账户			
是否直接开通网络服务功能	□是　　　　　　□否	网络服务初始密码（六位数字或字母）		
经办人姓名		国籍或地区		
经办人联系地址				
经办人有效身份证明文件号码				
郑重声明	本人已经了解并愿意遵守国家有关证券市场管理的法律、法规、规章及相关业务规则，认真阅读了《证券账户注册说明书》并接受说明书内容，承诺以上填写的内容真实准确。 经办人签名：　　　　　　　　　　日期：　　　　年　　月　　日			

（申请人填写列于"有效身份证明文件类别"至"经办人有效身份证明文件号码"各行左侧）

目前，按照规定同一个投资者只能申请开立一个一码通账户。一个投资者在同一市场（交易所）最多可以申请开立 3 个 A 股账户和 3 个封闭式基金账户，只能申请开立 1 个信用账户、1 个衍生品合约账户和 1 个 B 股账户。

（2）开设资金账户。投资者拥有证券账户后，必须先选择一家证券营业部和托管银行开设资金账户，然后才能进行证券交易。资金账户是投资者在银行处开设的资金结算账户，用于存放投资者买入股票所需的资金和卖出股票取得的价款，开立资金账户必须由投资者本人办理。

个人开设资金账户须持本人证券账户、有效身份证明文件，开立法人资金账户需提供法人证券账户、企业营业执照副本复印件、法人授权委托书和经办人身份证明文件。

2．B股账户的开设程序

境内个人投资者办理B股开户必须是本人亲自办理，境内法人不允许办理B股开户。

（1）凭本人有效身份证明文件到其原外汇存款银行将其现汇存款和外币现钞存款划入证券经营机构 B 股保证金账户，外汇存款银行应当向境内居民个人出具进账凭证单，并向证券经营机构出具对账单。

（2）凭本人有效身份证明文件和本人进账凭证单到证券经营机构开立 B 股资金账户，开立 B 股资金账户的最低金额为等值 1 000 美元。

（3）凭 B 股资金账户，到境内具有经营 B 股资格的证券交易所申请开立 B 股股票账户。提交本人有效身份证明文件、1 000 美元以上的银行进账凭证、上海 B 股境内居民个人开户登记申请表，以及上海证券交易所及登记公司认为需要提供的其他材料，并按规定缴纳开户费 19 美元/户；深市 B 股开户费为 120 港元/户。

（二）委托

委托是指投资者决定买卖证券时，通过向证券经营机构的委托系统发出买入和卖出指令的过程。在自助委托模式下，投资者使用证券账户号和密码登录交易系统，完成委托过程。具体委托内容后面讲述。

投资者进行证券交易委托前，必须与证券公司签订委托协议。委托协议是一种格式合同，由中国证券业协会规定，主要有《证券交易委托风险揭示书》《证券交易委托代理协议》《授权委托书》《网上委托协议书》等。

委托指令是投资者在买卖证券时要求证券经营机构代理投资者到证券交易所买卖证券的指示，是一种代理买卖证券的合同。证券经营机构将投资者的委托指令发送到证券交易所竞价交易系统的过程称为申报。证券经营机构没有收到明确的委托指令，不得动用投资者的资金和账户进行证券交易。

1．委托方式

我国证券交易市场曾经使用过的委托方式包括柜台委托和自助委托两种方式。柜台委托是一种已经淘汰的委托方式，自助委托又可以分为电话自助委托（简称"电话委托"）、现场自助委托和网上自助委托（简称"网上委托"）。目前我国投资者主要使用的委托方式为网上委托。电话委托和现场自助委托只是备选委托方式。

（1）柜台委托。柜台委托是指投资者到证券营业部柜台填写书面买卖委托单，委托证券经营机构代理买卖证券的方式。投资者填写的委托单内容中，必须写明证券账户号码，资金账户号码，委托人，买入或卖出方式，买卖证券的品种、数量、价格、日期等。投资者办理柜台委托时，须出示本人身份证（或代理人证件）和证券账户卡，法人委托还须出示法人证件（营业执照或其他证明文件）和法人证券账户卡。2000 年以前，我国散户投资者普遍采用柜台委托。

（2）电话委托。电话委托是指投资者通过拨打证券经营机构开设的专项委托电话而进行买卖申报的一种委托方式，投资者无须到证券营业部柜台填写买卖委托单。投资者通过电话向证券经营机构计算机系统输入委托指令，完成证券买卖委托和有关信息查询。智能手机没有普及且投资者不方便使用计算机网络时经常采用电话委托。

（3）现场自助委托。现场自助委托是指投资者通过证券经营机构在其营业厅或专户室内设置的与证券经营机构自动委托交易系统联结的计算机终端，按照系统发出的指示输入买入或卖出证券的委托指令，以完成证券买卖委托和有关信息查询的一种委托方式。现场自助委托是网上委托普及以前证券公司现场客户普遍采用的一种委托方式。

（4）网上委托。网上委托是指证券经营机构通过数据专线将证券交易所的证券市场行情和信息资料通过网络实时发送，投资者通过自己的网络终端观看证券市场实时行情，查阅上市公司资料和其他信息，委托下单买卖证券的委托方式。在智能手机和网络普及的今天，网上委托方式极大地满足了投资者了解市场状况的需求，同时可以便捷迅速地下达委托指令。

投资者进行网上委托时，可以选择使用计算机，也可以选择使用智能手机。从现在的情况来看，使用智能手机进行委托安全性更高也更方便。

2. 委托内容

在自助委托情况下，投资者通过账户号码和密码进入证券经营机构的委托系统。进行委托时，投资者必须明确买卖方向、证券代码（证券简称）、委托数量等要素。

（1）买卖方向。投资者在委托指令中必须明确表明委托买卖的方向。这一要素非常重要，投资者在委托时应重点查看。在买卖方向弄反的情况下，如果委托指令成交，可能给投资者造成重大损失。

（2）证券代码（证券简称）。证券交易所现有的交易品种包括A股、B股、债券、回购和基金等。证券简称通常为4个汉字，证券代码为6位数，每一只上市证券均拥有各自的证券代码。

（3）委托数量。证券交易是以"手"为交易单位的。手是指由证券交易所统一规定的最小交易数量单位。如上海、深圳证券交易所规定：

① A股以100股为1手，基金以100份为1手，上海证券交易所债券1 000元面值为1手；

② 委托买卖的数量通常为手的整数倍；

③ 数量不足1手的证券称为零股，零股只能在证券交易中一次性卖出；

④ 在买入证券的委托指令中成交数量必须是手的整数倍。

（4）出价方式。委托指令分为市价委托和限价委托两种。目前，我国投资者可以使用这两种出价方式进行证券交易。

① 市价委托。市价委托即投资者向证券经营机构发出买卖某种证券的指令时，只确定交易数量而不给出具体的交易价格，要求证券经营机构按该委托指令进入交易系统时以市场上最有利的价格进行交易。

市价委托的优点是成交迅速，能保证即时成交，但对投资者来说风险较大。

② 限价委托。限价委托是指投资者向证券经营机构发出买卖某种证券的指令时，对买卖的价格做出限定。即在买入股票时，限定一个最高价，只允许证券经营机构按其规定的最高价或低于最高价的价格成交；在卖出股票时，则限定一个最低价。

如果当时证券的价格不符合限价要求，证券经营机构就应等待，直至符合限价要求时才成交。限价委托的特点是股票的买卖可按照投资者希望的价格或者更好的价格成交，有利于投资者实现预期投资计划。

（5）委托有效期。委托有效期是指客户委托买卖证券的有效期限，一般分为当日有效、约定日有效等。在有效期内证券经营机构按照投资者委托的数量、价格买卖股票。如果在有效期内不能成交，委托便告失效。在有效期内委托人改变主意，可以撤销原委托。我国的委托有效期一般是当日有效。

（三）竞价成交

在交易时间段里，投资者的委托指令在证券交易所的竞价交易系统按照相关规则参与竞价，符合成交条件的委托指令成交的过程就是竞价成交。在高度组织化的证券交易所内，证券经营机构代表众多投资者参与竞价。

证券交易所竞价交易系统接受证券经营机构的申报后，根据成交规则进行配对，符合成交条件的予以成交，不符合成交条件的继续等待成交，超过了委托时效的订单失效，这一过程称为竞价成交。

证券经营机构将投资者的委托指令申报至证券交易所的竞价交易系统并按照相应的原则参与竞

价。这一过程非常重要，决定着投资者的委托指令能不能以理想的价格成交。

1．竞价原则

证券交易所对投资者的委托指令实行竞价成交，竞价成交是证券交易中最基本、最主要的程序，也是证券交易程序中的关键阶段。竞价成交须遵循以下原则。

（1）价格优先。

较高价格买进申报优先于较低价格买进申报，较低价格卖出申报优先于较高价格卖出申报。例如，甲买入某种股票的申报价为 10 元，乙买入同种股票的申报价为 10.5 元，则乙优先成交；甲卖出某种股票的申报价为 20 元，乙卖出同种股票的申报价为 20.5 元，则甲优先成交。

（2）时间优先。

在竞价过程中，如果买卖方向、价格相同，先申报者优先于后申报者，先后顺序按交易主机接收申报的时间确定。

2．竞价方式与时间

在参与竞价的过程中，有集合竞价和连续竞价两种方式。根据《上海证券交易所交易规则（2023年修订）》和《深圳证券交易所交易规则（2023 年修订）》，我国证券交易所在每交易日 9:15—9:25 和 14:57—15:00 采用集合竞价方式，在 9:30—11:30 和 13:00—14:57 采用连续竞价方式。基金交易 9:30—11:30 和 13:00—15:00 为连续竞价时间。9:15—9:25 的集合竞价被称为开盘集合竞价，产生开盘价；14:57—15:00 的集合竞价被称为收盘集合竞价，产生收盘价。

（1）集合竞价。

集合竞价是指对每个交易日规定时间内接收的全部有效委托进行一次集中撮合处理的过程。集合竞价时，依以下规则选取成交价位。

① 可实现最大成交量的价格。

② 高于该价格的买入申报与低于该价格的卖出申报全部成交的价格。

③ 与该价格相同的买方或卖方至少有一方全部成交的价格。

两个以上申报价格符合上述条件的，上海证券交易所取使未成交量最小的申报价格为成交价格，仍有两个以上使未成交量最小的申报价格符合上述条件的，取其中间价为成交价格；深圳证券交易所取在该价格以上的买入申报累计数量与在该价格以下的卖出申报累计数量之差最小的价格为成交价，买卖申报累计数量之差仍存在相等情况的，开盘集合竞价时取最接近即时行情显示的前收盘价为成交价，盘中、收盘集合竞价时取最接近最近成交价的价格为成交价。

集合竞价期间的所有交易以同一价格成交。集合竞价中未能成交的委托，自动进入连续竞价。

（2）连续竞价。

连续竞价是指对申报的每一笔买卖委托，由计算机交易系统按照以下两种情况产生成交价：最高买进申报价格与最低卖出申报价格相同，则该价格为成交价格；买入申报价格高于即时揭示的最低卖出申报价格时，以即时揭示的最低卖出申报价格为成交价格；或卖出申报价格低于即时揭示的最高买入申报价格时，以即时揭示的最高买入申报价格为成交价格。

连续竞价期间每一笔买卖委托进入计算机自动撮合系统后，当即判断并进行不同的处理，能成交者予以成交，不能成交者等待机会成交，部分成交者则让剩余部分继续等待。

投资者的某一笔委托指令经过证券交易所的竞价交易系统竞价后，结果有全部成交、部分成交和不成交 3 种。

（四）结算

在证券交易完成，买卖双方应收应付的证券和价款经过核定计算后，买卖双方结清价款和交割证券的过程称为证券结算。

五、证券的交易成本

证券投资者在进行证券交易时，需支付佣金、过户费和印花税等费用。不同的费用收取标准和收取方法是不一样的。

（一）佣金

1．佣金的定义

佣金是投资者在委托证券经营机构买卖证券成交后按成交金额一定比例支付的费用，是证券经营机构为客户提供证券代理买卖服务收取的费用。证券经营机构收取的佣金中包括证券交易所收取的证券交易经手费和证监会收取的证券交易监管费。

2．佣金的费率

A 股、B 股、证券投资基金的交易佣金实行最高上限向下浮动制度，证券经营机构向客户收取的佣金不得高于证券交易金额的 3‰，最低不得低于证券交易经手费（沪深交易所为成交金额的 0.034 1%；北交所为成交金额的 0.012 5%）与监管费（0.02‰）。A 股、证券投资基金每笔交易佣金不足 5 元的，按 5 元收取；B 股每笔交易佣金不足 1 美元或 5 港元的，按 1 美元或 5 港元收取。债券类交易的佣金标准按照交易所各自的规定收取。

3．佣金的计算

假设投资者张某以 4.50 元/股的价格买入 200 股工商银行的股票，需要交纳的佣金是多少？买入 2 000 股工商银行的股票需要交纳的佣金是多少？佣金比率按 2‰计算。

买入 200 股工商银行佣金=4.50×200×2‰=1.80（元），1.80 元≤5 元，佣金按 5 元/笔收取。买入 2 000 股工商银行佣金=4.50×2 000×2‰=18（元），佣金按 18 元/笔收取。

（二）过户费

1．过户费的定义

过户费是委托买卖的证券成交后，买卖双方为变更证券登记所支付的费用。证券交易的过户费由中国结算公司收取。目前，A 股收取过户费；B 股这项费用被称为交易结算费；证券投资基金、债券和权证免收过户费。

2．过户费的费率

根据中国结算公司规定，A 股交易过户费为按照成交金额的 0.02‰向买卖双方分别收取，沪股通和深股通执行同样的标准，优先股交易过户费按照 A 股交易过户费收费标准收取，但在优先股试点期间的按照 A 股交易过户费收费标准的 80%收取。

沪深 B 股交易结算费费率为成交金额的 0.5‰，中国结算公司深圳分公司收取的交易结算费最高不超过 500 港元。

（三）印花税

1．印花税的定义

印花税是根据国家税法规定，在 A 股和 B 股成交后，投资者需按照规定的税率缴纳的税金。按我国目前税收制度规定，证券成交后，国家税务机关应向卖出方收取印花税。

2．印花税的税率

我国证券交易的印花税税率标准曾多次调整，现在执行印花税税率标准为 0.5‰，且为单边收取，即只对卖出方征收印花税，对买入方不征收印花税。

3．印花税的计算

假设投资者张某以 5.00 元/股的价格卖出 200 股工商银行的股票，需要缴纳的印花税是多少？

张某需缴纳的印花税=5.00×200×0.5‰=0.5（元）。

（四）盈亏计算

假设某投资者以 15.50 元/股价格买入 2 000 股招商银行股票（佣金比率为成交金额的 2‰，其他费率按规定收取）。

（1）投资者以多少元卖出能保证不亏损？

（2）如果投资者以 18.00 元价格卖出 2 000 股，共获利多少元？

解：

（1）设投资者卖出价格为 P 元/股

（P-15.50）×2 000≥15.50×2 000×（2‰+0.02‰）+P×2 000×（2‰+0.02‰+0.5‰）

2 000P-31 000≥62.62+5.04P

1 994.96P≥31 062.62

P≥15.57（元/股）

投资者卖出价格高于 15.57 元/股即可保证不亏损。

（2）盈利=（18-15.50）×2 000-[15.50×2 000×（2‰+0.02‰）+18×2 000×（2‰+0.02‰+0.5‰）]

　　　　=5 000-153.34=4 846.66（元）

投资者共获取盈利 4 846.66 元。

本章知识要点

证券市场是证券发行和交易的场所。证券市场可以分为：发行市场和交易市场；股票市场、债券市场、基金市场以及衍生证券市场等子市场。

证券发行市场是指按照一定的法律规定和发行程序，向投资者出售新证券所形成的市场，又称一级市场、初级市场。我国证券交易遵循的是公开、公平、公正原则，即"三公"原则。证券交易市场是已发行证券买卖流通的市场，为已经从一级市场获得证券的投资者和想要购买已发行证券的投资者提供交易平台。证券交易方式主要包括现货交易、期货交易、期权交易、信用交易和回购交易等。我国证券交易所的交易程序可分为开户、委托、竞价成交、结算等步骤。目前，我国全面实行股票发行注册制改革已正式启动，关于股票、债券发行、交易的具体条件和操作程序与之前的核准制对比发生了一定变化。

证券投资者在进行证券交易时，需支付佣金、过户费和印花税等费用。

知识测评与实训操作

一、选择题

1. 股票承销的方式不包括（　　）。

　　A. 包销　　　　　B. 代销　　　　　C. 备用包销　　　　D. 直接销售

2. 以下关于证券发行市场的表述正确的是（　　）。

　　A. 有固定场所

　　B. 有统一时间

　　C. 证券发行价格与证券票面价格较为接近

　　D. 证券发行价格与证券票面价格差异很大

证券投资理论与实务（微课版 第2版）

3. 关于证券发行注册制，下列说法不正确的是（　　　）。

A. 实行证券发行注册制可以向投资者提供证券发行的有关资料，并保证发行的证券资质优良、价格适当

B. 要求发行人提供关于证券发行本身以及同证券发行有关的一切信息

C. 发行人不仅要完全公开有关信息，不得有重大遗漏，并且要对所提供信息的真实性、完整性和可靠性承担法律责任

D. 发行人只要充分披露了有关信息，在注册申报后的规定时间内未被证券监管机构拒绝注册，即可进行证券发行，无须再经过批准

4. 注册制是一种不同于审批制、核准制的证券发行监管制度，其基本特点是以（　　　）为中心，证券监管机构对证券的价值好坏、价格高低不做实质性判断。

A. 诚实守信　　　B. 信息披露　　　C. 守法合规　　　D. 公开公平公正

二、判断题

1. 公正原则要求证券市场不存在歧视，参与市场的主体具有完全平等的权利。（　　　）

2. 公平原则要求证券市场具有充分的透明度，要实现市场信息的公开化。（　　　）

3. 证券公司不得以任何方式对客户证券买卖的收益或赔偿证券买卖的损失做出承诺。（　　　）

4. 证券发行人是指为筹措资金而发行债券、股票等证券的政府及其机构、金融机构、公司和企业。（　　　）

三、简答题

1. 简述证券发行市场的特点。

2. 注册制下，股票发行的条件有哪些？

3. 某投资者在A股市场上以4.00元/股的价格买入500股A股票，需要交纳的佣金是多少？如果买入5 000股A股票，需要交纳的佣金是多少？佣金比率按2‰计算。

四、实训操作题

1. 给定100万元资金，设计股票投资方案，跟踪股票投资价值变化，每周填写表6-4。

表6-4　投资交易报告

股票名称	投资金额	投资比例	买入价	盈亏率
总盈亏			总盈亏率	

2. 计算买卖股票的交易费用。

104

第七章　证券投资基本分析

知识学习目标与思维导图

　　熟悉宏观经济分析的途径和基本方法；熟悉影响证券价格的宏观因素；了解公司在行业生命周期不同阶段的特征及在证券市场的表现；掌握行业的市场结构特征；掌握行业的竞争结构特征；熟悉会计报表和财务分析的基本内容；掌握财务分析的代表性方法；能够独立完成简要的典型案例分析。

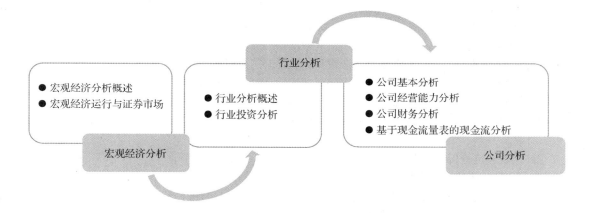

案例导入

证券投资基本分析法案例分析

　　"股神"巴菲特投资可口可乐所关注的点是什么？可口可乐卖的不是饮料而是品牌。它具有高成长性创造高价值的特点。所以，它得到了"股神"巴菲特的青睐，并为巴菲特创造了70亿美元的盈利。

　　巴菲特投资主要看两点：一看公司未来发展；二看投资的公司能否对竞争者形成巨大"屏障"。巴菲特经常有意识地看公司是否有好的发展前景，能否在很长时间里一直保持成功。他有一句经典的名言："透过窗户向前看，不要看后视镜。"

　　从巴菲特投资可口可乐公司的案例来看，基本分析是非常重要的。

　　什么是证券投资的基本分析？它包括哪些分析工具和分析方法？掌握证券投资基本分析法对投资者的投资决策有什么影响？

第一节　宏观经济分析

一、宏观经济分析概述

（一）宏观经济分析的途径和基本方法

1. 宏观经济分析的途径

（1）分析经济指标。经济指标主要分为以下3种指标。

① 先行指标。先行指标主要包括货币供应量、股票价格指数等。这些指标总是比整体经济更早地发生转折，会更快到达高峰或低谷。这类指标可以为将来的经济状况提供预警信息。例如，当先行指标连续几个月下降时，整体经济也可能出现下滑。

② 同步指标。同步指标主要包括失业率、国内生产总值等。通过这类指标计算出的国民经济转折点与总的经济活动的转变大致是同时的。

③ 滞后指标。滞后指标主要包括银行短期商业贷款利率、工商业未还贷款等。这些指标反映出的国民经济转折点一般要比实际经济活动滞后3个月到半年。

（2）运用计量经济模型。计量经济模型是指反映经济现象及其主要影响因素之间数量关系的方程式。计量经济模型主要有经济变量、参数和随机误差三大要素。

（3）运用概率预测。运用概率预测比较多也比较成功的是对宏观经济的短期预测，包括对国内生产总值及其增长率、通货膨胀率、失业率、利息率、个人收入、个人消费、企业投资、公司利润及对外贸易差额等指标的下一时期水平或变动率的预测。其中，最重要的是对前3项指标的预测。

2. 宏观经济分析的基本方法

（1）总量分析法。总量分析法是对影响宏观经济运行的总量指标及其变动规律进行分析，进而说明整个经济状态和全貌的方法。总量分析法主要是动态分析，目的是研究总量指标的变动规律，与此同时还应对同一时期内各总量指标的相互关系进行静态分析。

（2）结构分析法。结构分析法是对经济系统中各组成部分及其对比关系变动规律进行分析。结构分析法主要是静态分析，即对一定时间内经济系统中各组成部分的对比关系进行分析。

（二）评价宏观经济形势的基本变量——国民经济统计量

1. 国内生产总值

国内生产总值（Gross Domestic Product，GDP）是一国经济生产的产品和服务的总和。GDP快速增长表明经济正在扩张，公司有大量机会增加销售额。

7-1　评价宏观经济形势的基本变量

2. 失业率

失业率是正在积极寻找工作的劳动力占总劳动力（正在工作的劳动力和积极寻找工作的劳动力之和）的百分比。失业率度量了经济运行中生产能力的极限运用程度。失业率只与劳动力有关，但是从失业率中可以得到其他生产要素的信息，从而进一步了解经济运行状况。

3. 通货膨胀

物价普遍上升的比率称为通货膨胀率。高通货膨胀率通常与"经济过热"联系在一起，大多数政府的经济政策都希望刺激经济以保证就业，但又不会引发通货膨胀。通货膨胀和就业之间的权衡问题一直是很多宏观经济学家争论的焦点。

4．利率

高利率会降低未来现金流现值，因此会降低投资机会的吸引力。所以，实际利率是企业投资成本的决定因素。人们对住房和汽车等高价耐用消费品的需求通常是通过融资得到满足的，由于利率会影响利息支付，因而人们对利率的敏感度较高。

5．预算赤字

预算赤字是指政府支出和收入的差额。任何预算差额都将通过政府借贷来弥补。大量的政府借贷会增加经济中的信贷需求从而提高利率。经济学家普遍认为过度的政府借贷会提高利率，阻碍企业投资从而对私人借贷和投资产生"挤出"作用。

6．心理因素

经济发展水平的另一个重要决定因素是消费者和生产者的心理，即他们对经济所采取的态度是积极的还是消极的。比方说，如果消费者对未来收入水平有信心，他们就愿意消费。如果商家预期其产品需求会升高，就会增加生产和库存。公众信心会影响消费和投资数量，影响对产品和服务的总需求。

二、宏观经济运行与证券市场

（一）宏观经济变动与证券市场行情

1．GDP 的变动对证券市场行情的影响

（1）持续、稳定、高速的 GDP 增长对证券市场行情的影响。伴随总体经济的增长，上市公司的经营环境不断改善，产销两旺，利润与股息不断增加，投资风险不断降低，促使公司的股票和债券等证券全面升值，上市公司的业绩不断攀升。如果证券市场上大多数上市公司都是上面所描述的状态，那么整个证券市场行情也会出现牛市。而证券市场是一个国家经济的晴雨表，证券市场欣欣向荣，整个国家的总供给和总需求也就可以协调增长，促使经济进一步发展，形成一个良性循环。

由于对经济形势的良好预期，投资者的投资积极性异常高涨，加之国民收入和个人收入水平不断提高，导致投资者对证券投资的需求增加，证券市场行情进一步看涨。

（2）高通货膨胀下的 GDP 增长对证券市场行情的影响。高通货膨胀表现为总需求大大超过总供给，是经济形势恶化的征兆。此时，经济领域存在的各种矛盾会逐渐显现，居民的实际收入水平降低，上市公司面临经济困境，利润持续减少，最终导致证券市场一蹶不振。

（3）宏观调控下的 GDP 增长减缓对证券市场行情的影响。当 GDP 呈失衡状态下的高速增长时，为减缓其增长速度，政府必然采取相应的宏观调控措施，使 GDP 以适当的速度增长。当调控目标得以实现，GDP 的高增长得到有效的控制，亦未出现 GDP 的低增长或负增长时，经济领域的各种矛盾逐步解决并为 GDP 进一步增长创造了有利条件，证券市场将呈现平稳渐升态势。

（4）转折性的 GDP 变动对证券市场行情的影响。当 GDP 由负增长逐渐变为正增长时，表明经济形势逐渐向好，证券市场行情也将由下跌逐渐转为上升。当 GDP 由正增长逐渐变为负增长时，表明经济开始衰退，证券市场行情也将随之快速下降。

实践证明，证券市场走势通常会超前于 GDP 的变动。也就是说，证券市场走势反映 GDP 的预期变动，对宏观经济具有预警作用。

2．经济周期变动对证券市场行情的影响

经济总是处在周期性运动中，经济周期则表现为扩张与收缩的交替出现。证券市场行情也总是伴随经济周期进行相应的波动，但这种波动又总是超前于经济周期的运动。正确判断当前经济发展处于经济周期的何种阶段，认清经济形势，是把握证券市场投资机会的关键。

3．通货变动对证券市场行情的影响

（1）通货膨胀对证券市场行情的影响。

① 含义。通货膨胀是因货币发行量超过商品流通中实际需要的货币量而引起货币贬值，导致物价持续、普遍、明显上涨的现象。其实质是社会总需求大于社会总供给。

衡量通货膨胀的指标有零售物价指数、批发物价指数和国内生产总值物价平减指数。

② 种类。按通货膨胀的严重程度划分，通货膨胀可分为以下三类。一是通胀率低（不超过10%）而且比较稳定的、温和的通货膨胀；二是通胀率较高［一般在10%（不含）～50%］而且还在加剧的、严重的通货膨胀；三是通胀率非常高（标准是每月通胀率在50%以上）而且完全失去了控制的恶性通货膨胀。

按其产生原因划分，通货膨胀可分为以下三类。一是因投资规模过大和消费需求增长过快引起的需求拉动型通货膨胀；二是因成本上升、一般价格水平持续上涨引起的成本推进型通货膨胀；三是结构型通货膨胀，又称惯性通货膨胀，指物价上涨是在总需求并不过多，而对某些部门的产品需求过多的情况下，造成部分产品的价格上涨的现象。

③ 按严重程度划分的通货膨胀对证券市场行情的影响。在不考虑产品成本价格上升的情况下，温和的、中性的通货膨胀使得上市公司生产的产品的销售价格上升，上市公司的经营业绩增加，利润也随之增加。上市公司的股票、债券等证券价格上升。如果在证券市场上的大多数上市公司都按上面所描述的情况发展，那么整个证券市场将欣欣向荣。

但通货膨胀若发展到恶性通货膨胀，货币不断地大幅贬值，民众心理产生恐慌，会以购买实物（如房地产、奢侈品等）来抵制恶性通货膨胀。人们对证券等虚拟资本的投资需求萎缩，会出现抛股购金的现象。货币供给量的大幅减少也会使股票、债券等证券的价格大幅下跌。

（2）通货紧缩对证券市场行情的影响。

通货紧缩是导致经济衰退的"杀手"。在通货紧缩初期，上市公司生产的产品的销售成本在不断降低，销售价格也随之降低，人们发觉自己手里的钱比以前更值钱了（又称货币幻觉），投资与消费的欲望和积极性普遍增高，可能会增加证券市场的货币供应量，使得证券市场欣欣向荣。

而在通货紧缩后期，通货紧缩将使利率的下调成为稳定的预期，导致有效需求和投资支出减少、上市公司效益下滑、失业者增多、居民收入减少，并导致物价更大幅度地下降，而证券市场行情也会相应大幅下跌。通货紧缩带来的经济负增长将使投资者降低投资预期，以致推迟原来的投资计划，证券市场行情则会因缺少资金而难有起色。

（二）宏观经济政策与证券市场行情

1．货币政策与证券市场行情

（1）货币政策工具。

① 法定存款准备金率。法定存款准备金率是金融机构为保证客户提取存款和资金清算需要而准备的在央行的存款占其存款总额的比例。

② 再贴现率。央行着眼于短期政策效应，通过影响商业银行借入资金的成本和商业银行信用量的传导机制，使商业银行调整对客户的贴现率或放款利率，进而调整货币供给总量。

③ 公开市场业务。公开市场业务是央行在金融市场上公开买卖有价证券，调节市场货币供应量的政策行为。

④ 选择性货币政策工具。选择性货币政策工具侧重于对银行业务活动质量的控制，主要有证券市场信用控制、不动产信用控制、消费者信用控制等。

⑤ 补充性货币政策工具。补充性货币政策工具是对信用进行直接控制和间接控制的货币政策

7-2 货币政策工具

工具。补充性货币政策工具有两种：一是信用直接控制工具；二是信用间接控制工具，如央行通过窗口指导、道义劝告等方式指导金融机构的信用活动。

（2）货币政策工具对证券市场的影响。

① 利率的调整。利率调整与股票的内在投资价值成反比，降低利率会使股票价格上涨。一方面，利率水平与公司的融资成本成正比，降低利率会减少公司的利息负担，增加公司盈利，股票价格也将随之上涨；另一方面，降低利率会使部分投资者将储蓄转化为投资，增加对股票的需求，有助于股票价格上涨。

② 公开市场业务的运用。当经济衰退，政府倾向采取宽松的货币政策时，央行会在公开市场买卖有价证券（以国债为操作对象），增加市场的货币供给量，推动利率下调，降低资金成本，使企业和个人的投资、消费热情高涨，对证券的有效需求增加，从而推动证券市场价格上涨。

③ 法定存款准备金率和再贴现率的调整。这两者的调整改变了市场中流通的货币供应量。央行可以通过调整存款准备金率和再贴现政策调节货币供应量，影响货币市场和资本市场的资金需求，进而影响证券市场行情。

2．财政政策与证券市场行情

（1）财政政策的各种手段。

① 国家预算。国家预算收支的规模和收支平衡状态可以调节社会供求总量，国家预算的支出方向对某些行业及企业的发展有很大影响，进而直接影响该行业及企业的股票在证券市场上的表现。

② 税收。税收既是筹集财政收入的主要工具，又是调节宏观经济的重要手段。不同的税收政策可以通过控制需求数量、调节供求结构传递政策信号，影响投资者交易成本，进而影响证券市场行情。

③ 国债。国债的发行可以调节资金供求和货币流通量，对证券市场资金流向有较大影响。

④ 财政补贴。作为一种再分配形式，财政补贴直接影响经济主体的收入，进而影响投资和需求，直至影响证券市场。

⑤ 财政管理体制。中央和地方、地方各级政府之间以及国家与企事业单位之间的资金管理权限、财力划分和财力分配将对不同地区和行业的上市公司产生不同影响，进而影响其股票在证券市场上的表现。

⑥ 转移支付制度。转移支付制度主要是从结构上改变社会购买力状况，从而影响总需求。转移支付制度对发展地方经济、扶持上市公司起到直接或间接的促进作用，不仅从整体上而且从结构上影响证券市场。

（2）积极的财政政策对证券市场的影响。

① 调整税率。降低税率可以增加微观经济主体的收入，刺激其投资需求和消费支出，直接引起证券市场价格上涨；上市公司利润增加，再生产规模不断扩大，从而促进其在证券市场上的股票价格上涨；市场需求高涨，上市公司经营环境良好、盈利能力提高，有效地降低了债券的还本付息风险，债券价格也将上涨。

② 增加财政支出、提高政府购买水平。增加财政支出可增加总需求，使上市公司经营风险下降、业绩提高，居民收入水平提高，从而使证券市场行情看涨。

提高政府购买水平，政府增加在道路、桥梁、港口等非竞争性领域的投资，可直接增加其对相关产业（如水泥、钢铁、建材、机械等产业）的产品需求。这些产业的发展又促成对其他产业的需求，以乘数的方式促进经济发展，使上市公司的利润增加，居民收入水平提高，从而使证券市场行情看涨。

③ 减少国债发行（或回购部分短期国债）。国债发行规模的缩减，使市场可供交易的债券种类

和数量减少，从而打破了证券市场原有的供求平衡，导致更多的资金投向股票，推动证券市场行情上涨。

④ 增加财政补贴。增加政府支出、刺激供给，能扩大消费需求和投资需求，从而使证券市场行情看涨。

3. 外汇政策与证券市场行情

（1）概述。汇率是外汇市场上一国货币与他国货币相互交换的比率。汇率的标价法分为直接标价法和间接标价法。世界上大多数国家或地区都采用直接标价法，如1美元可以兑换多少本国货币。英镑和美元之间采用的是间接标价法，即1英镑可以兑换多少美元。

（2）汇率的变动对证券市场的影响。在直接标价法下，若汇率上升，本币贬值，国外对本币需求减少，本币持有人会抛出货币或加快从国内市场购买商品的速度。与此同时，流回国内的本币增多，从国内流出的商品增多，出口量扩大，使出口导向型企业经营业绩变好，利润上升，其股票、债券等证券价格上升。反之，若汇率下降，本币升值，国外对本币需求增大、本币流出的增加促进了国内进口量的增加，因而使国内需求减少、供给增加，促使进口导向型企业经营业绩变好，利润上升，其股票、债券等证券价格随之上升。

第二节 行业分析

一、行业分析概述

（一）行业的定义及行业分析的意义

1. 行业的定义

行业是国民经济中生产同质产品或提供相同（相似）服务的经营单位和个体等构成的组织结构体系，如汽车业、房地产业、林业、银行业等。

2. 行业分析的意义

行业分析是连接宏观经济分析与公司分析的"桥梁"，是中观经济分析的主要内容，是基本分析的重要环节。

行业分析是决定上市公司投资价值的重要因素之一：在国民经济中具有不同地位的行业，其投资价值是不一样的；处在生命周期不同发展阶段的行业，其投资价值也是不一样的；上市公司投资价值会因所处行业种类的不同而有明显差异。

（二）传统行业分类方法

1. 道琼斯分类法

道琼斯分类法是证券指数统计中最常用的分类法之一。它将大多数股票分为3类，即工业类股票、运输业类股票和公用事业类股票。

在道琼斯指数中，工业类股票选取的30家公司来自采掘业、制造业和商业；运输业类股票选取的20家公司来自航空、铁路、汽车运输和航运业；公用事业类股票选取的15家公司中包括电话公司、煤气公司和电力公司。尽管入选道琼斯指数的股票不包括行业中的全部股票，但所选择的这些股票足以代表某个行业的发展状况。

2. 标准普尔行业分类法

标准普尔指数将样本股票分为工商业、金融业、交通运输业和公用事业类股票。

3．中国上市公司的行业分类

上海证券交易所将样本股票分为工业、商业、地产业、公用事业和综合类股票。

深圳证券交易所将样本股票分为工业、商业、地产业、公用事业、金融业和综合类股票。

（三）证券投资角度的行业分类

1．按行业发展与经济周期变化的关系划分

（1）增长型行业。增长型行业的运动状态与经济活动总水平的周期及振幅并非紧密相关。这些行业的销售收入和利润的增长速度不受宏观经济周期变动的影响。这些行业之所以呈现出可持续增长态势，主要是依靠技术进步、推出新产品、提供更优质的服务及改善经营管理。

（2）周期型行业。周期型行业的运动状态与经济周期紧密相关。当经济处于上升时期，市场对这些行业相关产品的需求相应增加，这些行业会呈现出扩张和发展态势；但当经济衰退时，市场对这些行业相关产品的需求被延迟到经济改善后，这些行业也会相应衰退。典型的周期型行业是消费品业、耐用品制造业及其他需求收入弹性较高的行业。

（3）防御型行业。防御型行业与周期型行业刚好相反，其运动状态与经济周期无关。原因是该行业的产品需求相对稳定，需求弹性小，无论宏观经济处于经济周期的哪个阶段，产品的销售收入和利润均呈增长态势或变化不大。即使经济处于衰退阶段，对这种行业的影响也有限，有些防御型行业在经济衰退阶段甚至还会有一定的增长。正是由于这个原因，投资于防御型行业属于收入投资，而非资本利得投资。防御型行业的产品往往是必要的公共服务或是生活必需品，社会对该类产品有相对稳定的需求。典型的防御型行业是食品业和公用事业。

2．按行业未来可预测的发展前景划分

按行业未来可预测的发展前景，行业可分为朝阳行业与夕阳行业。朝阳行业是指未来发展前景乐观的行业。夕阳行业是指未来发展前景不乐观的行业。

朝阳行业与夕阳行业具有相对性。一个国家或地区的朝阳行业在另一个国家或地区则可能是夕阳行业，如化工行业在发展中国家是朝阳行业，而在发达国家却已是夕阳行业。朝阳行业与夕阳行业会相互转化。朝阳行业在其发展的基础渐渐丧失时就会成为夕阳行业；而夕阳行业也常有再度辉煌的机会。

3．按行业的要素集中度划分

按行业的要素集中度的不同可以将行业分为资本密集型行业、技术密集型行业和劳动密集型行业3种。

4．按行业采用技术的先进程度划分

（1）新兴产业，是指采用先进技术从事生产、产品技术含量高的行业。新兴行业多为朝阳行业，如以微电子技术、基因工程技术、海洋工程技术、太空技术等为技术基础的行业。

（2）传统行业，是指采用传统技术从事生产、产品技术含量低的行业。传统行业多为夕阳行业，如以机械、电力为技术基础的行业或资源型行业。

二、行业投资分析

（一）行业的市场特点分析

行业的市场特点分析如表7-1所示。

表7-1　行业的市场特点分析

项目	完全竞争市场	垄断竞争市场	寡头垄断市场	完全垄断市场
生产者特点	众多	众多	相对少量	独家企业

项目	完全竞争市场	垄断竞争市场	寡头垄断市场	完全垄断市场
生产资料特点	完全流动	可以流动	很难流动	不流动
产品特点	同质、无差别	存在差别	—	—
价格特点	企业接受价格	企业对价格有一定控制力	企业对价格具有垄断能力	垄断定价受法律管制
典型行业	初级产品行业，如棉花等农产品行业	制成品行业，如糖果、啤酒等行业	资本、技术密集型行业，如钢铁、汽车等行业	公用事业；资本、技术密集型行业

1. 完全竞争型市场

（1）特点。

① 行业内企业众多，各种生产资料可以完全流动。

② 产品均为同质的、无差别的。

③ 生产者和消费者对市场都非常了解，并可自由进入或退出这个市场。

④ 没有谁能够影响产品价格，企业永远是价格的被动接受者，而不是制定者。

⑤ 企业的盈利基本上由市场对产品的需求决定。

（2）结论。

现实经济生活中完全竞争型的市场很少见，类似的有初级产品市场，如农产品市场，产品销售价格就等于其边际生产成本，无超额利润。

2. 垄断竞争型市场

（1）特点。

① 生产者众多，各种生产资料可以自由流动。

② 产品同种但不同质，即产品之间存在差异。这是其与完全竞争型市场的主要区别。

③ 企业对其产品价格有一定的控制能力。

（2）结论。

国民经济各行业中的制成品市场均属于这类市场，如纺织业、服装业等轻工行业。由于打造了品牌效应，在市场中有一定的竞争力和定价权。在所处行业具有一定垄断优势的龙头企业，在股市上最容易受到青睐，最有可能出牛股。如果投资者能够发掘一些目前垄断价值尚未得到充分体现的垄断性龙头企业，成为股市赢家的概率会高很多。

3. 寡头垄断型市场

（1）特点。

① 生产者数量比较少，但产品的产量非常大。

② 少量生产者对市场的价格和交易量有一定的垄断能力。

③ 少量生产者生产同种同质的产品，每个生产者的价格政策和经营方式均会对他人产生重要影响。

④ 存在一个行业的领头羊，行业内的其他企业则跟随该企业定价并对经营方式进行相应的调整。

（2）结论。

寡头垄断型市场是指相对少量的生产者在某种产品的生产中占有很大市场份额。资本密集型和技术密集型行业属于这类市场，如钢铁业、汽车业等重工业，以及少数储量集中的矿产行业等。在这个市场上，通常存在着一个起领导作用的企业，其他企业跟随该企业定价与经营方式的变化而相应地进行某些调整。

因为生产这些产品所必需的巨额投资、复杂的技术或资源储量的分布限制了新企业对这个市场的侵入，所以与这类企业相关的证券价格较稳定，投资收益较高，是投资人眼中的绩优股。

4．完全垄断型市场

（1）特点。

① 市场由一家企业所控制，使得其他企业不可以或不可能进入该行业。

② 产品没有或缺少相近的替代品。

③ 垄断者能根据市场的需求状况制定理想的产量和价格，并可在低价多销和高价少销之间进行选择，以获取最大的利润。

④ 垄断者有决定生产数量和产品价格的自由，但要受到政府管制和反垄断法的约束。

（2）结论。

完全垄断型市场可以分为政府完全垄断和私人完全垄断两种。政府完全垄断通常在公用事业中居多，如铁路、邮电等部门。私人完全垄断则是凭借政府授予的特许专营或专利权而建立的独家经营，以及由于资本雄厚、技术先进而建立的排他性的垄断经营。

（二）行业的竞争结构分析

一个行业的成熟过程还包括企业竞争环境的变化。我们可以用迈克尔·波特的波特五力模型（见图 7-1）来考察行业结构竞争策略和盈利能力之间的关系。波特五力模型是迈克尔·波特于 20 世纪 80 年代初提出的，他认为行业中存在着决定竞争规模和程度的 5 个因素：新进入者威胁、现有竞争者威胁、替代品压力、买方议价能力和供给方议价能力。这 5 个因素综合起来影响着行业的吸引力。

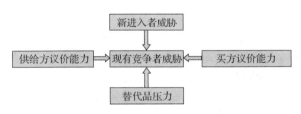

图 7-1　波特五力模型

1．新进入者威胁

行业的新进入者会对价格和利润产生巨大压力，甚至其他企业还未真正进入该行业时就会对价格产生压力。因为较高的价格和利润会促使新的竞争者进入行业，因此，进入壁垒成为行业获利能力的重要决定因素。进入壁垒有多种形式，如通过长期的商业往来，现有企业和消费者已经建立了牢固的分销渠道，这对于一个新进入者来说成本很高；商标、版权使市场新进入者很难在新市场立足，因为这使得新企业面临严重的价格歧视。在为市场服务时，知识和专利保护让某些新进入企业具有了一定优势；市场中现有企业的奋斗经历也可能为新进入者提供了优势，因为这些经验是通过长期经营获得的。

2．现有竞争者威胁

当某一行业存在一些竞争者时，由于他们试图不断扩大各自的市场份额，从而导致价格竞争，降低了边际利润。如果行业本身增长缓慢，这些竞争就会更加激烈，因为此时的扩张意味着掠夺竞争对手的市场份额。固定成本较高会对降价产生压力，因为固定成本将使企业尽量达到完全的生产能力。如果每个企业生产的产品相同，它们的价格竞争压力就会增加，企业很难在同质产品的基础上进行竞争。

3．替代品压力

如果一个行业的产品存在替代品，意味着该产品面临相关行业的竞争压力。例如，糖业将面临玉米糖浆制造业的竞争，毛纺厂将面临合成纤维厂的竞争。替代品的存在对厂商向消费者索取高价形成了无形限制。

4．买方议价能力

如果某采购者购买了某一行业的大部分产品，那么其就能掌握很大的谈判主动权，进而可以压低价格。例如，汽车厂商可以对汽车零部件的生产者施加压力，有可能削弱汽车零部件行业的盈利能力。

5．供给方议价能力

如果重要投入品的供给方厂商处于垄断地位，就可以索取较高价格，从需求方行业赚取较高利润。需求方能否得到相关的替代品是决定供给方议价能力的关键因素。如果存在替代品，而且需求方可以获得该产品，供给方就失去了议价资本，因此也就难以向需求方索取高价。

（三）行业生命周期阶段分析

行业所处生命周期阶段的特征如表7-2所示。

表7-2 行业所处生命周期阶段的特征

项目	创业阶段	成长阶段	成熟阶段	衰退阶段
厂商数量	很少	增加	减少	很少
利润	亏损	增加	较高	减少或亏损
风险	较高	较高	减小	较低
风险状态	技术风险、市场风险	市场风险、管理风险	管理风险	生存风险

1．创业阶段

任意一个行业都起源于一项新技术或一种新产品，如20世纪80年代的录像机或计算机、20世纪90年代的生物工程技术。在这个阶段，我们往往很难预料哪家企业最终能够成为行业的领导者。一些企业非常成功，另一些却退出市场。因此，此时选择特定行业的企业进行投资存在风险。但是，在这个阶段，因为此时市场中的新产品远远未达到市场饱和状态，它们的销售额和净利润会急剧扩张。

2．成长阶段

当某个产品拥有了较稳定的市场，就会出现行业领导者。从创业期中存活下来的企业一般比较稳定，其市场份额比较容易预测。因此，这些企业的业绩就会和整个行业的业绩紧密相关。尽管现在产品已经进入市场并被广泛使用，该行业仍具有比其他行业更高的发展速度。

3．成熟阶段

在这一阶段，该产品的普及程度已经达到消费市场潜力的顶点。只有当经济整体发展时，行业才会进一步发展。这时，产品会变得越来越标准化，厂商在基本价格水平上将面临激烈的竞争。这会导致边际利润降低，从而对净利润造成压力。该阶段的企业被称为"现金牛"，即企业有稳定的现金流，但几乎不可能继续成长。此时，企业会从该行业榨取现金流，不会对其进行再投资。

4．衰退阶段

当行业步入衰退阶段，它的发展速度就低于经济的发展速度，甚至呈现"萎缩"的迹象。这可能是由产品过时引起的，当然也可能是因为新产品入侵或低成本供应商的竞争引起的。

行业生命周期与收益曲线的关系如图7-2所示。行业生命周期的哪个阶段对投资者最有吸引力呢？传统观点认为，投资者应该选取高成长率的行业。但是这一方法过于简单。如果证券价格已经反映了高成长的可能性，那么这种赚钱方法就失去了效应。高成长和巨额利润会驱使其他厂商进入该行业，形成竞争力。获利机会带来了新的供给，并使价格、利润和投资收益率下降，最后就会减缓行业发展速度。这就是存在于行业生命周期各阶段过渡过程背后的动态机制。

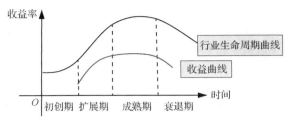

图 7-2　行业生命周期与收益曲线

（四）影响行业兴衰的因素

1．需求

人类社会的需求是行业诞生和发展最基本、最重要的条件，也是行业经济活动的原动力；新行业的形成过程是对社会潜在需求的发现和满足；潜在需求达到相当规模，新行业的形成才有可能；需求的性质决定行业的性质；需求的总量决定行业成熟后的规模；需求的稳定和饱和度推动行业生命周期的进程。

2．技术进步

技术进步是满足社会潜在需求的关键，也是行业诞生与发展的助推器；技术进步可以改变生产方式，刺激和创造市场需求，拓展行业的发展空间；技术进步促进行业的更新和加速升级，但也是行业衰退的强大杠杆。

3．政府的干预与调控

政府干预与调控是经济规律的一部分，其目的在于反垄断、反欺诈，维护经济的自由和公平竞争；政府干预与调控的行业主要有城市公用事业、公共运输业、关系经济发展全局和国家安全的行业和一般竞争性行业。

4．社会习惯的改变

社会习惯关系到消费、储蓄、投资、贸易等经济领域的诸多方面，因而必然对行业的诞生与发展起着不可忽视的重要作用。

5．经济全球化的影响

经济全球化使得行业出现全球性转移的趋势，高新技术逐渐成为发达国家的主导行业，传统的劳动密集型行业甚至低端制造技术中的资本密集型行业加速向发展中国家转移；国际分工发生重要变化；贸易与投资一体化。

第三节　公司分析

一、公司基本分析

（一）公司产品分析

1．技术优势

新产品研发能力的强弱是决定公司竞争成败的关键。这种能力主要体现在生产的技术水平和产品的技术含量上，通常任何公司都会确定占销售额一定比例的研发费用。技术优势的关键是人才，实施创新人才战略是上市公司竞争制胜的务本之举。

2．成本优势

成本优势是指公司的产品能够依靠低成本获得高于同行业其他公司的利润。成本优势一方面可以使公司在同样的价格下获得高于竞争对手的利润率，另一方面可以使公司通过降价竞争的方式将高成本的对手挤出市场。

3．质量优势

产品质量始终是影响消费者购买倾向的一个重要因素。质量优势指公司的产品以高于其他公司同类产品的质量赢得市场，从而取得竞争优势。

4．产品的市场占有率

产品的市场占有率是一个公司的产品销售量占该类产品在整个市场上的销售总量的比例。公司产品的市场占有率越高，公司的经营能力和竞争能力越强，公司的产品销量和利润水平越高、越稳定。

（二）公司的竞争策略

1．成本主导型策略

成本主导型策略是一个在行业中最容易成功的竞争战略。低成本能抑制行业内的价格竞争并成为公司进行竞争定位和取得竞争优势的关键因素。公司实现低成本的途径主要有：规模经济、专有技术、低廉的原材料和较高的生产组织过程中各个环节的效率。

2．差异营销策略

采用差异营销策略的条件是：公司确认自己的产品有着某些不同于本行业其他产品的特点，且这一特点能得到消费者的特别重视。差异营销策略获得成功的条件是：公司必须找到消费者看重的产品差异点，必须将自己定位为满足目标顾客需求的唯一供货商，必须使创造产品差异所增加的成本低于消费者愿意为产品差异所付出的增加值。

3．集中化策略

公司要做到可持续发展，必须拥有集中化优势。首先，实施集中化策略应该能为公司提供进入不同市场的潜力；其次，优势集中化对最终产品所体现的顾客价值贡献巨大；最后，一个公司的集中优势应该很难被竞争对手模仿和复制。

（三）公司在行业中的竞争地位分析

在确定公司所处的行业、公司的竞争策略后，投资者需要对公司进行行业竞争地位分析。在大多数行业中，无论其行业平均盈利能力如何，总有一些公司比其他公司具有更强的盈利能力。这说明不同公司在行业中的竞争地位是不一样的。

1．SWOT 分析法

对公司在行业中的竞争地位进行分析，可以采用 SWOT 分析法来进行。SWOT 是优势（Strengths）、劣势（Weaknesses）、机会（Opportunities）和威胁（Threats）的英文首字母缩写，S、W 指公司内部的优势和劣势，O、T 指公司外部的机会和威胁。

SWOT 分析法主要是通过列举公司相对于竞争对手的优势和劣势、外部环境给公司竞争带来的影响因素来分析公司在行业中的竞争地位。

优势（S）是公司的内部因素，是在竞争中相对强势的方面，具体包括有利的竞争态势、充足的资金来源、良好的公司形象、较强的技术力量、较大的经营规模、较高的产品质量、较大的市场份额、较大的成本优势、较强的广告攻势等。

劣势（W）也是公司的内部因素，是在竞争中相对弱势的方面，具体包括设备老化、管理混乱、缺少关键技术、研究开发落后、资金短缺、经营不善、产品积压、竞争力弱等。

机会（O）是公司的外部因素，具体包括新产品、新市场、新需求、市场壁垒解除、竞争对手失误等。

威胁（T）也是公司的外部因素，具体包括出现新的竞争对手、替代产品增多、市场紧缩、行业政策变化、经济衰退、客户偏好改变、发生突发事件等。

2．波士顿矩阵分析法

波士顿矩阵分析法与 SWOT 分析法类似，从不同的角度分析上市公司的产品的竞争力。波士顿矩阵分析法（见图 7-3）基于一个假设条件：需求增长率与收益率成反比。

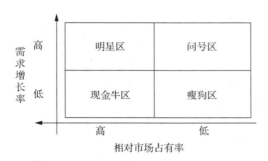

图 7-3　波士顿矩阵分析法

相对市场占有率是指某公司销售指标和本行业最大销售指标之比。若某公司为行业中最大的销售公司，分母就改成第二大的销售公司的销售指标。

现金牛区：这类公司的产品相对市场占有率高，需求增长率低，从而利润高。这类公司比较成熟稳定，以后可能会走向衰退。

明星区：这类公司的产品相对市场占有率高，需求增长率也高，但利润低。这类公司处于扩展之中，以后会向现金牛区发展。

问号区：这类公司的产品相对市场占有率低，但它所处行业需求增长率高。这类公司需要考虑如何从问号区发展到明星区，再发展到现金牛区。

瘦狗区：这类公司的产品两个指标都很低，产品急需被卖掉。

二、公司经营能力分析

（一）公司法人治理结构

1．股权结构规范。股权结构是公司法人治理结构的基础。法人治理结构出现问题的上市公司都与不规范的股权结构有关。规范的股权结构包括 3 层含义：一是集中度降低；二是流通股股权适度集中；三是股权保持流动性。

2．股东大会制度切实有效。股东大会制度是确保股东充分行使权利的最基础的制度安排。有效的股东大会制度包括以下几个方面：具备规范的会议召开与表决程序；给予每个提案合理的讨论时间；对董事会的授权原则、授权内容应具体明确；股东大会会议时间、地点的选择应有利于让尽可能多的股东参加会议；充分运用现代信息技术手段，扩大股东参与股东大会的比例；等等。

3．优秀的职业经理层。优秀的职业经理层是保证公司法人治理结构规范化、高效化的人才基础。上市公司建立一套科学的、市场化的、制度化的选聘制度和激励制度是形成优秀的职业经理层的前提条件。

（二）公司的总体素质

1．公司经理层的素质。经理层应具备的素质：一是从事管理工作的愿望；二是较强的专业技术能力；三是良好的道德品质修养；四是较强的人际关系协调能力。在一定意义上，经理层的素质直接决定着公司的发展前景。

2. 公司从业人员素质。公司从业人员素质主要包括必要的专业技术能力、对公司的忠诚度、对工作的责任感、团队合作精神和创新能力。公司从业人员素质也会对公司的发展起到至关重要的作用。

三、公司财务分析

（一）主要的财务报表分析

1. 资产负债表

（1）含义。

资产负债表是显示公司在某一特定时点财务状况的静态报告（瞬时写照），显示公司在某一时点所拥有或控制的经济资源、所承担的现有义务和所有者对净资产的要求权。

（2）证券投资分析中应重点关注的项目。

① 货币资金。货币资金体现公司拥有的现金流，它关系到公司的生存问题。

② 预收和应收账款。其关系到未来公司能够变现或可能实现的实际利润。

③ 存货。投资者在实地调查中应关注公司存货的种类，是产成品还是原材料。产成品居多说明公司的产品可能存在积压，销售不畅；原材料居多说明公司可能有大量订单，销售兴旺。

④ 无形资产及其他资产。在提倡科技致富的今天，无形资产及其他资产对公司来说特别重要，是公司核心竞争力的体现。公司是否值得长期投资，在某种程度上取决于该公司的无形资产及其他资产。

⑤ 根据资产负债表计算出来的反映短期偿债能力的指标，如流动比率、速动比率等，以及反映长期偿债能力的指标，如负债比率等。

2. 利润表及利润分配表

（1）利润表。利润表是公司在一定期间生产经营成果的动态报告，显示了公司运用所拥有的资产投资获利的能力。

（2）利润分配表。利润分配表是利润表的附表，是显示公司在一定期间对实际净利润的分配或对亏损进行弥补的会计报表。

（3）证券投资分析中应重点关注的项目。

① 营业收入。

② 净利润，尤其是扣除非经常性损益的净利润。

③ 毛利率。它是产品竞争力的衡量指标之一，而产品竞争力也是企业竞争力的表现。

④ 3项费用：销售费用、管理费用、财务费用，此外还有研发费用。

⑤ 检查资产负债表中应收账款和存货的变化趋势与营业收入增长的匹配度。

⑥ 检查净利润与现金流量表中经营活动产生的现金流量净额的比值关系。

3. 现金流量表

（1）含义。

现金流量表显示公司在特定时间内的现金收支状况，表明公司获得现金和现金等价物的能力。它是评估公司偿债能力和经营发展的基础。

（2）证券投资分析中应重点关注的项目。

① 经营活动产生的现金流量，反映公司在不动用公司外部筹得资金的情况下，凭借经营活动产生的现金流量是否足以偿还负债、支付股利和对外投资。

② 投资活动产生的现金流量，反映公司为获得未来收益和现金流量而导致资源转出的程度，以及以前资源转出带来的现金流入的信息。

7-3 公司主要的财务报表

③ 筹资活动产生的现金流量，可帮助投资者和债权人预计对公司未来现金流量的要求权以及获得前期流入需付出的代价。

（二）公司财务报表分析方法

1．比较分析法

比较分析法是在财务报表分析中使用的最基本的方法，指对两个或几个有关的可比数据进行对比，以揭示财务指标的差异和变动关系。

2．结构分析法

结构分析法是指分析每一块资产或者每一块负债及所有者权益占总资产或者总负债及所有者权益的比例的方法。

3．趋势分析法

趋势分析法指把历年的同一种数据进行比较的方法，如分析环比增长速度、环比发展速度等。

4．标准比较法

标准比较法是根据一系列公认的或设定的行业业绩标准，将企业的业绩表现同行业中的其他企业的业绩进行比较的方法。

（三）财务指标分析

1．反映偿债能力的财务指标

（1）流动比率。

流动比率是流动资产与流动负债的比值。其计算公式为

$$流动比率=流动资产/流动负债 \tag{7-1}$$

流动比率可以反映公司的短期偿债能力。经验表明，生产型公司的流动比率维持在 2 比较合适，因为当流动资产中变现能力较弱的存货等资产占流动资产的一半左右时，流动负债的清偿才有保障。流动比率排除了公司规模不同的影响，更适用于公司之间以及本公司不同历史时期之间的比较。

（2）速动比率。

速动比率是从流动资产中扣除存货部分再除以流动负债的比值。其计算公式为

$$速动比率=（流动资产-存货）/流动负债 \tag{7-2}$$

在计算速动比率时把存货从流动资产中扣除的主要原因在于以下几个方面。

① 在流动资产中，存货的变现速度最慢。

② 由于某种原因，部分存货可能已损毁报废但尚未处理。

③ 部分存货已抵押给某些债权人。

④ 存货估价还存在着与合理市价相差悬殊的问题。

综合上述原因，在公司不希望用变卖存货的办法还债以及排除使人产生种种误解的因素的情况下，把存货从流动资产总额中扣除后计算出的速动比率，其所反映的短期偿债能力更令人信服。

一般认为，速动比率维持在 1 比较合适。

（3）现金比率。

现金比率是指公司在会计期末拥有的现金余额和同期各项流动负债总额的比率。其计算公式为

$$现金比率=现金余额/流动负债×100\% \tag{7-3}$$

$$经营净现金比率=经营活动中的净现金流量/流动负债 \tag{7-4}$$

现金比率反映公司获得现金并用来偿还短期债务的能力。一般来说，现金比率在 20%以上较好。

（4）已获利息倍数。

已获利息倍数又叫利息保障倍数，是企业的当期息税前收入确保偿还利息费用的程度。

$$已获利息倍数=息税前利润/利息费用 \qquad (7\text{-}5)$$

其中，息税前利润=利润总额+财务费用；

利息费用=财务费用。

只要已获利息倍数足够大（在 3 以上较好），就表明公司有充足的能力偿付利息，否则相反。

2．反映资本结构的财务指标

资本结构分析主要是分析公司资产与债务、股东权益之间的相互关系，其反映公司使用财务杠杆的程度及财务杠杆的作用。

（1）股东权益比率。

股东权益比率是股东权益对总资产的比率，简称权益比率。其计算公式为

$$股东权益比率=股东权益/资产总额×100\% \qquad (7\text{-}6)$$

股东权益包括普通股股本、优先股股本、资本公积金以及保留盈余等。股东权益比率一般在50%～70%比较合适。

（2）负债比率。

负债比率是债权人的权益对总资产的比率。其计算公式为

$$负债比率=债务总额/资产总额×100\% \qquad (7\text{-}7)$$

负债比率一般在 45%～65%比较合适。对于债权人来说，债务比例越低越好，公司偿债有保证，其贷款才不会有太大的偿还违约风险。对于股东来说，负债比例越高越好（在全部资本利润率高于借款利息率时）。对于经营者来说，在利用资产负债率制定借入资本决策时，必须充分估计可能增加的风险，在两者之间权衡利害得失，做出正确决策。

（3）长期负债比率。其计算公式为：

$$长期负债比率=长期负债总额/固定资产×100\% \qquad (7\text{-}8)$$

这一比率反映公司固定资产中长期负债所占的比率。如果这一比率较高，则说明公司过于依赖长期债务购置固定资产，由于固定资产流动性较差，债权人的权益受保护程度低。如果这一比率较低，则说明公司尚未充分利用财务杠杆，也说明公司尚有较大的潜在借债能力，特别是在需要用固定资产作抵押时，可为债权人提供安全保障。

3．反映营运能力的财务指标

营运能力是指公司经营管理中利用资金营运的能力。其一般通过公司资产管理比率来衡量，主要表现为资产管理及资产利用的效率。

（1）存货周转率和存货周转天数。

存货周转率和存货周转天数反映了公司存货的流动性，是衡量公司生产经营中存货营运效率的指标。其中存货周转率是衡量和评价公司购入存货、投入生产、销售收回等环节管理状况的综合性指标。存货周转率和存货周转天数的计算公式为

$$存货周转率=销售成本/平均存货 \qquad (7\text{-}9)$$

$$存货周转天数=360/存货周转率 \qquad (7\text{-}10)$$

式（7-9）中，"销售成本"数据来源于利润表，"平均存货"数据来源于资产负债表中的"存货"期初余额与期末余额之和的平均值。

通常，存货周转速度越快，存货转化为现金或应收账款的速度越快，公司管理的效率越高。但存货周转率并非越高越好。投资者在分析时还应对存货的结构以及影响存货周转速度的重要项目进行分析。存货周转率一般为 3 比较合适。

（2）应收账款周转率和周转天数。

应收账款和存货一样，在流动资产中有着举足轻重的地位。及时收回应收账款，不仅反映了公

司的短期偿债能力较强，也反映出公司在管理应收账款方面的效率较高。用时间表示的应收账款周转率就是应收账款周转天数。其计算公式为

$$应收账款周转率=销售收入/平均应收账款 \tag{7-11}$$

$$应收账款周转天数=360/应收账款周转率 \tag{7-12}$$

式（7-11）中，"销售收入"数据来自利润表，是扣除折扣和折让后的销售净额；"平均应收账款"是未扣除坏账准备的应收账款余额，是资产负债表中的"应收账款"期初余额与期末余额之和的平均值。

一般来说，应收账款周转率越高、平均收账期越短，说明应收账款的收回越快；否则，公司的营运资金会过多地呆滞在应收账款上，影响公司正常的资金周转。

（3）固定资产周转率。

固定资产周转率的计算公式为

$$固定资产周转率=销售收入/平均固定资产 \tag{7-13}$$

其中，平均固定资产=（年初固定资产+年末固定资产）/2 \qquad（7-14）

固定资产周转率是衡量公司运用固定资产效率的指标。该比率越高，表明公司的固定资产运用效率越高，利用固定资产的效果越好。该比率一般为 0.8～1 比较合适。

（4）总资产周转率。

总资产周转率反映了公司总资产的周转速度。其计算公式为

$$总资产周转率=销售收入/平均资产总额 \tag{7-15}$$

式（7-15）中的"平均资产总额"是资产负债表中的"资产总计"期初余额与期末余额之和的平均值。

总资产周转率越高，说明公司的总资产周转得越快，销售能力越强。该比率一般为 0.8～1 比较合适。

4. 反映盈利能力的财务指标

公司盈利能力分析主要反映资产利用的结果，即公司利用资产实现盈利的状况。对盈利能力指标进行长期趋势分析，可判断公司的投资价值。

（1）毛利率。

毛利率的计算公式为

$$毛利率=毛利/销售收入×100\% \tag{7-16}$$

其中，毛利=销售收入-销售成本 \qquad（7-17）

一般来说毛利率指标越高越好，但不同行业的毛利率相差很大。常规流通企业税后毛利率在30%比较合理。

（2）资产收益率。

资产收益率的计算公式为

$$资产收益率=税后净利润/资产总额×100\% \tag{7-18}$$

该指标用来衡量公司利用资产实现盈利的情况，即每 1 元钱的资产能获取多少净利润。这一指标可准确、全面地反映公司经营效益和盈利情况，是资产周转率和净利率的结合，是投资者十分关心的指标。资产利益率一般为 15%～39%比较合适。

（3）股东权益收益率。

股东权益收益率的计算公式为

$$股东权益收益率=税后净收益/股东权益×100\% \tag{7-19}$$

股东权益收益率又称净资产收益率。该指标反映股东权益的收益水平，用于衡量公司运用自有资本的效率。该指标值越高，说明投资带来的收益越高。该比率的最低限度为15%。

5．反映投资收益的财务指标

（1）每股净收益。

每股净收益的计算公式为

$$每股净收益=（税后净收益-优先股息）/发行在外的普通股股权 \qquad （7\text{-}20）$$

每股净收益即普通股每股净收益，是指公司每年税后净利润在扣除优先股股息后所剩余额属于每股普通股的净收益。该净收益一部分以股息形式派发给普通股股东，另一部分以留存收益的形式留在公司内用于扩大再生产。

（2）股息发放率。

股息发放率的计算公式为

$$股息发放率=每股股息/每股净收益×100\% \qquad （7\text{-}21）$$

该指标反映普通股股东从每股的全部净收益中分得多少收益。就单独的普通股投资者来讲，这一指标比每股净收益更直接地体现当前收益。股息发放率的高低要依据各公司对资金需要量的具体状况而定。一般来说，股息发放率超过一年期的存款利率算合理。

四、基于现金流量表的现金流分析

在比率分析中，多数财务比率的数据均来自利润表和资产负债表。投资者通过对现金流量表的分析，可以进一步分析公司的经营、投资和筹资活动的效率。资金链条是公司经营的重要环节，公司的不同经济活动产生的现金流量是不同的，投资者通过现金流量表可以明确经营活动、筹资活动和投资活动为公司带来的现金流量情况。

（一）现金流量的构成与分类

现金流量是指在一定会计期间内流入和流出公司的现金及现金等价物。这里的现金不仅包括"现金"账户核算的库存现金，还包括"银行存款"账户核算的银行活期存款和可提前支取的定期存款，以及"其他货币资金"账户核算的外埠存款、银行汇票存款、银行本票存款和在途货币资金等其他货币资金。

现金等价物是指公司持有的期限短、流动性强、易于转换为已知金额现金的投资，比如短期国债和信誉良好的短期企业债。

我国将现金流量划分为以下3类。

1．经营活动产生的现金流。这是指创造收益的主营业务以及不属于投资业务或筹资业务的其他业务所产生的现金流。

2．投资活动产生的现金流。这是指取得和处理长期资产以及不包括现金等价物在内的其他投资所产生的现金流。

3．筹资活动产生的现金流。这是指导致公司的权益资本以及借款的规模和结构产生变化的业务所产生的现金流。

（二）现金流量表的分析要点

1．经营性现金流量为负数

经营活动所产生的现金流量是公司生存和发展的基础，如果此项结果为负值，则说明公司从销售商品和劳务之中取得的现金收入小于维持当期正常运行下的支付。导致这种结果的原因有以下两种。

（1）公司正在快速成长。处于高速成长中的公司，其销售收入每年都保持着很高的增长率。经理人员预见到了市场需求的巨大潜力，就会扩大在存货、广告费用和人员工资上的支出，以期在下一个年度带来更大的现金流量。此举的直接结果就是使当期销售所产生的现金流入小于当期在营运资金上的支出，出现负的经营性现金流量。

（2）经营业务亏损或对营运资本管理不力。因外购商品和劳务形成的成本高于公司产品和劳务的售价而形成的现金流量负值就会对公司经营产生比较严重的影响。激烈的行业内部竞争压低了销售价格，高成本的公司就会面临因销售不力而造成的产品积压导致当期现金流入不足的困境，公司必须通过加强对营运资金的管理予以解决。

2．经营活动所产生的现金流量与净收益之间的巨大差额

这种情况一般是由应收账款的剧增或投资收益及营业外收入的变化造成的。

（1）应收账款剧增。销售行为发生后，不管有没有收到现金，都会在账面上表现为销售收入。如果产品的销售价高于成本，将直接增加净收益。但现金流量则是从销售收入中减去应收账款的部分，是公司当期收到的现金。所以，二者可能存在巨大差异。

（2）投资收益及营业外收入的变化。投资收益及营业外收入的增加直接作用于营业利润，进而增加净利润，而对经营活动所产生的现金流量没有影响。所以，二者可能存在巨大差异。

3．投资活动的现金流向是否与公司战略一致

投资活动的现金流向是对公司发展战略的贯彻。例如，公司确定了以计算机生产行业为主业的战略，投资现金流量就应该表现为用于建立、收购或兼并计算机的生产型和研发型项目的现金支出，而对其他与主业发展关系不大的业务，公司应收回投资和处理固定资产，表现为投资活动的现金流入。如果投资活动的现金流量表现得非常分散，则说明公司投资方向不明，可能是管理层正在试图通过多元化投资来降低收益的波动性。多元化投资一般会导致公司成长率的下降。投资者在对公司未来的业绩进行预测时要考虑这个因素。

4．投资活动的资金来源依赖于内源融资还是外源融资

如果投资活动所需资金可以完全由经营性现金流量支持，则说明公司的发展依赖于内源融资；反之，如果需要通过借债或配股筹资来支持投资活动，则说明公司比较依赖于外源融资。一般来说，依赖于内源融资的公司的财务状况较为稳健，对债权人和股东的要求较少，投资于这种公司资金增值快。依赖于外源融资会加快公司资产规模膨胀的速度。但是如果这种增长依赖于债务型融资，会增加发生财务危机的可能性；如果依赖于配股融资，则会降低净资产收益率。这两种情况对公司现有的股东都是不利的。

5．筹资活动现金流量的主要来源是股票筹资、短期负债还是长期负债

不同形式的筹资活动对公司经营风险和收益的影响是有差别的。一般来说，股票筹资对公司经营的压力较小，短期负债过大将会限制公司经营的灵活性。但是，如果公司的财务杠杆率较低，同时公司所属行业的获利能力又比较稳定，比如供电、供水、公路收费等公用事业类公司，增加短期负债和长期负债在公司财务结构中的比重，反而会提高公司的净资产收益率。

本章知识要点

宏观经济分析的主要内容有：国内生产总值分析、经济周期分析、财政政策分析、货币政策分析、汇率政策分析等。重点把握宏观经济变动对证券市场的影响。

行业分析的主要内容有：市场特点分析、竞争分析、行业生命周期阶段分析、影响行业兴衰的因素等。

公司分析的主要内容包括各种财务报表分析、各种财务指标分析等。重点学习如何利用财务指标判断公司的投资价值。

知识测评与实训操作

一、选择题

1. （多选）评价宏观经济形势的基本变量包括（　　）等。
   A. 国内生产总值　　　　　　　　B. 失业率
   C. 通货膨胀　　　　　　　　　　D. 利率

2. 下列关于通货膨胀的说法，错误的是（　　）。
   A. 通货膨胀有被预期和未被预期之分，从程度上则有温和的、严重的和恶性的 3 种
   B. 温和的通货膨胀是指年通货膨胀率低于 50% 的通货膨胀
   C. 严重的通货膨胀是指一般在 10%（不含）～30% 的通货膨胀
   D. 恶性通货膨胀则是货币不断地大幅贬值，人们手中的钱不值钱

3. 收益型的投资者，可以优先选择处于（　　）的行业，因为这些行业基础稳定，盈利丰厚，市场风险相对较小。
   A. 幼稚期　　　B. 成长期　　　C. 成熟期　　　D. 衰退期

4. （多选）下列不属于防御型行业的有（　　）。
   A. 消费品业　　　B. 公用事业　　　C. 食品业　　　D. 耐用品制造业

5. （多选）资产负债率是反映上市公司（　　）的指标。
   A. 获利能力　　　B. 经营能力　　　C. 偿债能力　　　D. 资本结构

二、判断题

1. 证券市场素有"经济晴雨表"之称，它既表明证券市场是宏观经济的先行指标，也表明宏观经济的走向决定了证券市场的长期趋势。（　　）

2. 减少税收，降低税率，扩大减免税范围，增加人们的收入，直接引起证券市场价格上涨。（　　）

3. 如果公司的资产负债比率很低就不会有偿债风险。（　　）

4. 非系统性风险只会造成个别行业或个别股票价格的下跌，不会造成所有股票价格的下跌。（　　）

5. 一个行业的兴衰会受到技术进步、产业政策、产业组织创新、社会习惯改变和经济全球化等因素的影响而发生变化。（　　）

三、简答题

1. 简述宏观经济分析的基本方法。
2. 简述垄断竞争型市场的特点。
3. 简述完全竞争型市场的特点。

四、实训操作题

1. 近年来 GDP 总量及其增长率分析。

通过访问中国国家统计局官网以及财经资讯网，收集整理 2020—2023 年我国 GDP 总量数据，填写表 7-3。

表 7-3　2020—2023 年我国 GDP 总量

年份	2020	2021	2022	2023
GDP 总量/亿元				

通过分析我国 GDP 的年增长率，可以知道，2021 年的 GDP 比 2020 年增长（　　）%；2022 年的 GDP 比 2021 年增长（　　）%；2023 年的 GDP 比 2022 年增长（　　）%。根据

数据和经济增长分析，2024 年我国 GDP 增长率会维持在（　　　）%左右。

2. 近年来财政支出总量及其增长率分析。

通过访问中国国家统计局官网以及财经资讯网，收集整理 2020—2023 年我国财政支出总量数据，填写表 7-4。

表 7-4　2020—2023 年我国财政支出总量

年份	2020	2021	2022	2023
财政支出总量/亿元				

通过分析我国财政支出总量的年增长率，可以知道，2021 年的财政支出总量比 2020 年增长（　　　）%；2022 年的财政支出总量比 2021 年增长（　　　）%；2023 年的财政支出总量比 2022 年增长（　　　）%。根据数据和经济增长分析，2024 年财政支出总量增长率会维持在（　　　）%左右。

第八章　证券投资技术分析

 知识学习目标与思维导图

掌握证券投资技术分析的基本概念；了解技术分析的三大假设；较好地理解和掌握道氏理论、量价关系理论、K线理论、切线理论、形态分析理论以及技术指标理论等。

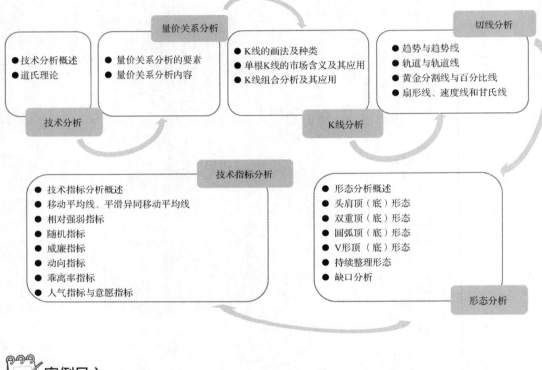

 案例导入

老白干酒 2023 年 7 月 4 日获外资买入 0.08%股份

同花顺（300033）数据显示，2023 年 7 月 4 日，老白干酒（600559）获外资买入 70.73 万股，占流通盘 0.08%。截至 7 月 4 日，陆股通持有老白干酒 2 039.81 万股，占流通股 2.27%，累计持股成本为 7.18 元/股，持股盈利 255.67%。

截至 2023 年 7 月 4 日，老白干酒近 5 个交易日下跌总幅度为 1.35%，陆股通累计净买入 444.85 万股，占流通盘 0.50%，区间平均买入价为 25.18 元/股；近 20 个交易日下跌总幅度为 5.06%，陆股通累计净卖出 549.85 万股，占流通盘 0.61%，区间平均卖出价为 26.18 元/股；近 60 个交易日下跌总幅度为 28.96%，陆股通累计净卖出 658.61 万股，占流通盘 0.73%，区间平均卖出价为 30.20 元/股。

表 8-1 为老白干酒 2023 年 6 月 19 日至 7 月 4 日外资成交明细一览表。

表 8-1 老白干酒 2023 年 6 月 19 日至 7 月 4 日外资成交明细一览表

日期	持股量/万股	占流通股/%	日净买入额/万元	日净交易量/万股	累计持股成本/（元/股）
2023-7-4	2 039.81	2.27	1 794.72	70.73	7.18
2023-7-3	1 969.07	2.19	6 773.47	270.72	6.53
2023-6-30	1 698.35	1.89	3 509.18	142.43	3.58
2023-6-29	1 555.92	1.73	47.33	1.88	1.65
2023-6-28	1 554.04	1.73	-1 050.66	-40.92	1.62
2023-6-27	1 594.96	1.78	39.31	1.53	2.24
2023-6-26	1 593.43	1.78	-952.42	-37.04	2.22
2023-6-21	1 630.47	1.82	-1 624.12	-60.37	2.75
2023-6-20	1 690.84	1.88	1 264.71	45.94	3.61
2023-6-19	1 644.9	1.83	2 160.22	76.94	3.25

上面的信息大家都了解是什么意思吗？从这些统计数据中能得到哪些结论并指导我们的证券投资呢？

第一节 技术分析

一、技术分析概述

所谓技术分析，是直接对证券市场的市场行为所做的分析，其特点是应用数学和逻辑的方法，对市场过去和现在的行为进行分析，探索出一些典型的规律（模式），并据此预测证券市场的未来变化趋势。证券投资技术分析是仅从证券的市场行为来分析证券价格未来变化趋势的方法，即将证券价格涨跌的变化情况、成交量的大小，通过一系列数学或统计的方法进行处理及分析，或用绘图的方法呈现出来，判断证券价格的变化趋势，从而确定买卖证券的最佳时机。可以说技术分析要解决的就是"应该何时买卖证券"的问题。

（一）技术分析的理论基础

为了更有利、更全面地理解和掌握各种技术分析方法，我们需要建立技术分析的前提，这个前提就是技术分析的理论基础。这个理论基础包含 3 项合理的市场假设：市场行为涵盖一切信息；价格沿趋势移动；历史会重演。

8-1 技术分析三大假设

1. 市场行为涵盖一切信息

"市场行为涵盖一切信息"是技术分析的基础，其主要思想是认为影响证券价格的每一个因素（内在的和外在的）都反映在市场行为中，不必对影响证券价格的具体因素过于关心。技术分析使用者认为，能够影响某种证券价格变动的任何因素——基础的、政治的、心理的或者任何其他方面的——都会被反映在价格上，由此可以推出，技术分析使用者只需研究价格变化而不必弄清楚之前究竟是什么基本面因素引发价格达到目前的状况。此市场假设的实质含义是价格变化必定反映了市场的供求关系。

2．价格沿趋势移动

"价格沿趋势移动"这一假设是技术分析最根本、最核心的前提。该假设认为证券价格的变动是按一定趋势进行的，在该趋势未发生反转之前，证券价格变动有保持原来趋势方向的惯性。一般来说，一段时间内证券价格持续上涨或下跌，那么今后一段时间，如果不出意外，其价格也会按这一方向继续上涨或下跌，没有理由改变既定的运动方向。

3．历史会重演

"历史会重演"这一假设是技术分析的重要前提。价格运动在图表上留下的运动轨迹，常常有惊人的相似之处。可以说，技术分析的理论就是人们对过去证券价格的变动规律进行归纳总结得出的结果。比如，价格形态通过一些特定的图形表现出来，而这些图形表示了人们对某个市场看好或者看淡的心理。

有了这三大假设，技术分析就有了理论基础。第一项假设肯定了研究市场行为就意味着全面考虑了影响证券价格的所有因素；第二项和第三项假设使得投资者找到的规律能够应用于股票等证券市场的实际操作之中。

（二）技术分析方法的分类

技术分析方法是多种多样的。以股票市场为例，一般来说，可以将技术分析方法分为 5 类：K线类、切线类、形态类、指标类、波浪类。

1．K线类

K线图是进行各种技术分析的最重要的图表，许多股票投资者进行技术分析时首先接触的就是K线图。其用于推测股票市场多空双方力量的对比，进而判断多空双方谁占优势，以及这种优势是暂时的还是长期性的。

2．切线类

切线类技术分析法是按一定方法和原则在根据股票价格的数据所绘制的图表中画出一些直线，然后根据这些直线的情况推测股票价格未来趋势的方法。这些直线就叫切线。切线主要起支撑和压力的作用。支撑线和压力线往后延伸的位置对价格趋势起一定的制约作用。

3．形态类

形态类技术分析法是根据价格图表中价格在过去一段时间内所走过的轨迹形态来预测股票价格未来趋势的方法。从价格轨迹的形态中，投资者可以推测出股票市场处于一个什么样的大环境之中，指导今后的投资。

4．指标类

指标类技术分析法是考虑市场行为的各个方面，建立一个数学模型，给出计算公式，得到一个体现股票市场某个方面内在实质的数字的方法。这个数字叫指标值。指标值的具体数值和相互关系，直接反映股票市场所处的状态，为投资者的操作行为提供指导方向。

5．波浪类

波浪类技术分析法是将股价的上下变动看成波浪的上下起伏，来推测股票价格未来趋势的方法。波浪的起伏遵循自然界的规律，股价的运动也就遵循波浪起伏的规律。

以上 5 类技术分析方法是从不同的方面来理解和考虑股票市场的。有的注重长线，有的注重短线；有的注重价格的相对位置，有的注重价格的绝对位置；有的注重时间，有的注重价格。不管注重什么，投资者使用这些方法都是为了获得投资收益。

（三）应用技术分析时的注意事项

技术分析作为证券投资分析工具，所得结论都是在有限条件下获得的，因此投资者在应用时须注意以下问题。

1．技术分析必须与基本面的分析结合起来使用

对于刚刚兴起的不成熟的证券市场，由于市场突发消息较多，人为操纵的因素较多，所以仅靠过去和现在的数据、图表去预测未来是不可靠的。投资者除了在实践中不断修正技术分析的参数外，还必须注意结合基本面分析。

2．注意多种技术分析方法的综合研判，切忌片面地使用某一种技术分析结果

投资者必须全面考虑各种技术分析方法对未来的预测，综合使用这些方法，最终得出一个合理的多空双方力量对比的描述。实践证明，单独使用一种技术分析方法有相当大的局限性和盲目性。如果投资者应用每种方法后都得到同一结论，那么依据这一结论投资，出错的可能性就很小；而仅依据使用一种方法得到的结论投资，出错的可能性就比较大。为了减少失误，投资者应尽量多掌握一些技术分析方法。

3．别人的结论要通过自己实践验证后才可以放心使用

由于证券市场能给人们带来巨大的收益，研究证券的人众多，分析的方法各异，使用同一分析方法的风格也不同。别人的结论都是在一定的条件和特定环境中得到的。随着环境的改变，自己在使用别人成功的方法时也有可能失败。因此，投资者需要在实践中不断去验证和调整，即哲学里所谓的"扬弃"。

二、道氏理论

（一）道氏理论的基本要点

道氏理论认为，股票价格运动有 3 种趋势，其中最主要的是股价的主要趋势，即股价广泛或全面性上升或下降的波动情形。这种变动持续的时间通常为 1 年或 1 年以上，股价总上升（下降）的幅度超过 20%。对投资者来说，主要趋势持续上升就形成了多头市场，持续下降就形成了空头市场。股价运动的第二种趋势称为股价的次级趋势。因为次级趋势经常与主要趋势的运动方向相反，并对其产生一定的牵制作用，因而也被称为股价的修正趋势。这种趋势持续的时间从 3 周至数月不等，其股价上升或下降的幅度一般为股价主要趋势的 1/3～2/3。股价运动的第三种趋势称为短期趋势，反映了股价在几天之内的变动情况。次级（修正）趋势通常由 3 个或 3 个以上的短期趋势组成。

（二）道氏理论的其他分析方法

1．用两种指数来确定整体趋势

著名的道琼斯指数的成分股包括 20 家运输业公司股票、30 家工业公司股票和 15 家公共事业公司股票。根据经验，工业和运输业两种分类指数数据最有代表性。因此，在判断整体趋势时，道氏理论更注重分析运输业和工业两种指数的变动。其中任何一种指数所显示的变动都不能作为断定趋势将有效反转的信号。

2．根据成交量判断趋势的变化

成交量会随着主要趋势的变化而变化。因此，投资者根据成交量也可以对主要趋势做出判断。通常，在多头市场，价格上升，成交量增加；价格下跌，成交量减少。在空头市场，当价格滑落时，成交量增加；在价格反弹时，成交量减少。当然，这一规律有时也有例外。因此，投资者只依据几天的成交量是很难得出正确结论的，只有对持续一段时间的整个交易进行分析才能够做出较为准确的判断。

3．盘局可以代替次级趋势

一个盘局（股价在一段时间内价格波动幅度很小）通常出现于一种或两种指数中，持续 2～3

周，有时达数月之久，价格波动幅度约为 5%。这种状态显示为多空双方的力量平衡。因此，价格往上突破盘局的上限是多头市场的征兆，价格往下跌破盘局的下限是空头市场的征兆。一般来说，盘局的时间越久，价格波动幅度越小，价格最后的突破越容易。

盘局常发展成重要的顶部和底部，分别代表着卖出和买入的阶段，但是，它们更常出现在主要趋势中的休息和整理的阶段。在这种情形下，它们取代了正式的次级波动。

4．把收盘价放在首位

收盘价是时间仓促的人看财经报告唯一阅读的数字，是对当天股价的最后评价，大部分人根据这个价位做买卖的委托。

5．在反转趋势出现之前主要趋势仍将产生影响

多头市场并不能永远持续上扬，空头市场也总有到底的一天。当新的主要趋势第一次由两种指数确认后，旧趋势被反转可能发生在新趋势被确认后的任何时间，因此，投资者在进行委托后，必须随时注意市场动向。

6．股市波动反映了一切市场行为

股市指数的收盘价和波动情况反映了一切市场行为。不论什么原因，股市指数的涨跌变化都反映了群众心态。群众乐观，无论有理或无理，适中或过度，都会推动股价上涨；群众悲观，不论是有实质问题，还是受其他人情绪影响，都会反映在指数的下跌上。投资者应该分析反映整个市场心态的股市指数，股市指数代表了群众心态，是市场行为的总和。

（三）道氏理论的缺陷

1．道氏理论的主要目标是试图确认股市的主要趋势。一旦主要趋势确立，道氏理论假设这种趋势会一路持续，直到趋势受到外来因素的影响而改变为止。但道氏理论只推断股市的大趋势，却不能推断大趋势的升幅或者跌幅会到何种程度。

2．道氏理论每次都要两种指数互相确认。但这样做容易失去最好的买入和卖出机会。

3．道氏理论对选股的帮助不大，可操作性较低。

4．道氏理论注重长期趋势，对中期趋势，特别是在不知是牛市还是熊市的情况下，不能带给投资者明确的启示和判断。

第二节　量价关系分析

一、量价关系分析的要素

价、量、时、空是技术分析的四大要素，掌握这几个要素的具体情况和相互关系是正确运用技术分析的基础。价是股票过去和现在的成交价格；量是股票过去和现在的成交量（或成交额）；时是股票价格变动的时间因素和分析周期；空是股票价格波动的空间范围。

（一）价和量是市场行为最基本的表现

在某一时点上的价和量反映的是买卖双方在这一时点上共同的市场行为，是双方的暂时均势点。随着时间的变化，均势会不断发生变化。这就是量价关系的变化。一般来说，买卖双方对价格的认同程度通过成交量的大小得到确认。认同程度低，分歧大，成交量大；认同程度高，分歧小，成交量小。成交价、成交量的这种规律关系是技术分析的合理性所在。

（二）时间和空间是市场潜在能量的表现

在技术分析中，"时间"是完成某个过程所经过的时间长短，通常是指一个波段或一个升降周期所经过的时间。"空间"是价格的升降所能够达到的程度。时间指出"价格有可能在何时出现上升或下降"，空间指出"价格有可能上升或下降到什么程度"。

时间更多地与循环周期理论相联系，反映市场起伏的内在规律和事物发展的周而复始的特征，体现市场潜在的能量由小变大再变小的过程。空间反映的是市场每次发生变化的程度高低，也体现市场潜在的上升或下降的能量大小。上升或下降的幅度越大，潜在能量就越大；相反，上升或下降的幅度越小，潜在能量就越小。

（三）时间、空间与价格趋势的一般关系

时间在投资者进行行情判断时有着很重要的作用，一个已经形成了的趋势在短时间内不会发生根本改变。中途出现的反方向波动，对原来趋势不会产生大的影响。但一个已经形成了的趋势也不可能永远不变，经过一定时间又会有新的趋势出现。

空间在某种意义上讲，可以认为是价格的一方面，指的是价格波动所能够达到的极限。

一般来说，时间长、波动空间大的过程，对今后价格趋势的影响和预测作用也大；时间短、波动空间小的过程，对今后价格趋势的影响和预测作用也小。

二、量价关系分析内容

（一）成交量的含义及判断

成交量就是成交的数量，即买卖双方达成一致的价格后成交的数量。因为每只股票的流通情况是不一样的，所以在禁止卖空和信用交易的情况下，为了更好地研究每只股票的成交情况，用换手率指标来分析更为准确。其计算公式为

$$换手率=成交量/流通股×100\%$$ （8-1）

（二）成交量曲线的形态

1. 缩量

缩量是指市场成交极少，大部分人对市场后期走势十分认同。这里面又分两种情况：一是看淡后市，即只有人卖，没有人买；二是看好后市，只有人买，没有人卖。缩量一般发生在趋势的中期，投资者若碰到下跌缩量，则应坚决出局，等量缩到一定程度，开始放量上攻时再买入；投资者若碰到上涨缩量，则可坚决买进，等股价上冲乏力，有巨量放出时再卖出。

2. 放量

放量一般发生在市场趋势的转折点，市场各方力量对后市的分歧逐渐加大。相对于缩量来说，放量有很大的虚假成分，控盘主力利用手中的筹码大手笔放量是非常简单的事，投资者要仔细甄别。

3. 堆量

主力意欲拉升股价时，常把成交量做得非常漂亮。几日或几周以来，成交量缓慢放大，股价慢慢推高，成交量在近期的K线图上形成一个类似土堆的形态。"土堆"堆得越漂亮，就越可能产生大行情。相反，在高位的堆量表明主力在大量卖出。这种情况下，投资者要坚决退出，不要幻想获取巨利。

4．量的不规则性放大缩小

这种情况一般是没有突发利好或大盘基本稳定的前提下某些主力所为。风平浪静时突然放出历史巨量，随后又复归平静，一般是实力不强的主力在吸引市场关注，以便卖出。

（三）成交量与价格的关系

成交量是资金堆出来的，量是资金的化身。人们可以根据已经发生的事实去了解成交量与价格的关系，进而找出价格短线运行的有用线索。

以股票市场为例，成交量与价格的关系体现为以下典型情况。

1．低位量平价升

股价从高处滑落时，成交量往往会减少，也就是所谓的缩量；当一定的缩量之后，成交量如果与上一交易日的成交量持平，同时股价已经开始上升，说明股价已下跌到低位区，投资者可以考虑买入。

2．低位量增价平

股价经过持续下跌的低位区，开始出现企稳反弹的迹象；此时，成交量也随之慢慢增加。这说明股价在积聚上涨的动力，投资者可适量买进股票等待上涨。

3．量增价升

成交量持续增加，股价也转为上升趋势。中短期来看，投资者可以考虑买入股票。

4．量减价平

成交量显著减少，股价经过长期大幅上涨之后，不再有显著上升趋势，投资者此时要随时关注股价变化，准备卖出股票。

5．量平价跌

成交量停止减少，但股价却急速滑落。此阶段投资者应及早卖出股票，不要轻易进场买入股票。

6．量减价跌

成交量继续减少，股价开始转为下降趋势。一般情况下，建议投资者卖出股票。

7．高位量平价升

买方购买股票数量没有明显增加，卖方抛售股票所承受的压力也不大。此种情况下，建议投资者持观望态度，不要随意买卖股票。

8．高位量增价跌

高位增量，股价却在下跌，投资者应果断清仓离场。

9．低位量增价跌

股价虽已跌至低位区，成交量却大幅增加，投资者如果已经持有此股票，可继续等待解套。

10．量减价升

成交量减少，股价仍在继续上升，建议投资者继续持有该股，不要轻易卖掉。

第三节　K 线分析

8-2　K 线分析

K 线图又称蜡烛图，最初是日本德川幕府时代大阪的米商用来记录一天、一周或一月中米价涨跌行情的图示法，后被引入股市和期市。

一、K 线的画法及种类

（一）什么是 K 线

K 线是一条柱状的线条，由影线和实体组成。影线是从实体向上、向下延伸的细线部分，在实体上方的部分叫上影线，在实体下方的部分叫下影线。K 线分阴线和阳线两种，在行情软件中，分别用绿色和红色表示。

（二）K 线的构成及画法

1．K 线的构成

K 线由开盘价、收盘价、最高价、最低价 4 个价位组成。K 线由上影线、下影线与实体 3 部分组成。K 线实体部分由开盘价、收盘价的价差表示，阳线表示收盘价高于开盘价，阴线表示收盘价低于开盘价。最高价高于实体上边部分，以上影线表示，最低价低于实体下边部分，以下影线表示。K 线的构成如图 8-1 所示。

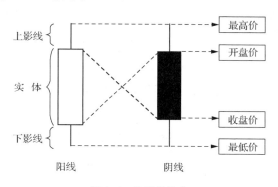

图 8-1（彩色）

图 8-1　K 线的构成

2．K 线的画法

首先，绘制 K 线需要用到开盘价、收盘价、最高价、最低价 4 个价位。开盘价与收盘价的价差高度用矩形或长方形表示，称为实体；收盘价高于开盘价，实体部分在行情软件中用红色表示，称为阳线；收盘价低于开盘价，在行情软件中用绿色表示，称为阴线。在 K 线图中，从实体向上、下延伸的细线叫上影线、下影线。上影线的最高点与下影线的最低点，分别表示形成 K 线的该时间内行情所达到的最高价与最低价。

其次，绘制 K 线需要规定时间单位。这个时间单位就是制作 K 线的周期，可以是日、周、月，也可以是 5 分钟、15 分钟、30 分钟和 60 分钟等，分别形成的就是日 K 线、周 K 线、月 K 线、5 分钟 K 线、15 分钟 K 线、30 分钟 K 线和 60 分钟 K 线等。

最后，在画 K 线前要先准备一张坐标纸，按一定的比例标明股价（指数）的相应位置。在画图时要确定好坐标纸比例，先将开盘价用一小横线在日期与股价对应的坐标纸上（事先确定一定的横线宽度）标出，再将收盘价也用相同宽度的小横线在日期与股价对应的位置上标出，然后用两条竖线分别连接开盘价与收盘价的左端及开盘价与收盘价的右端，形成一个矩形实体。最后将最高价对应处的点与实体上端（小横线中间位置）垂直连接，形成上影线；将最低价与实体下端垂直连接，形成下影线。

3．K 线图的绘制

将 K 线按时间顺序排列在一起，画在坐标图上，就组成了 K 线图。投资者可据此分析证券价格变动的趋势。

二、单根 K 线的市场含义及其应用

（一）K 线简易分析方法

K 线图有直观、立体感强、携带信息量大的特点，能充分显示股价趋势的强弱、买卖双方力量的变化，故使用其预测之后市场走向较准确。面对形形色色的 K 线及其组合，可将复杂的 K 线分析简化为三招，即一看阴阳，二看实体大小，三看影线长短。

1．一看阴阳

阴阳代表趋势方向。阳线表示股价将继续上涨，阴线表示股价将继续下跌。以阳线为例，经过一段时间的多空交锋，收盘价高于开盘价表明多头占据上风。因此，阳线预示下一阶段股价将继续上涨，最起码能保证下一阶段初期惯性上冲。这一点也极为符合技术分析中三大假设之一的价格沿趋势移动。同理可得阴线预示着股价继续下跌。

2．二看实体大小

实体大小代表市场的内在动力，实体长度越大，股价上涨或下跌的趋势越明显，反之则趋势越不明显。以阳线为例，其实体就是收盘价高于开盘价的那部分，阳线实体越大说明股价上涨的动力越足。阳线实体越大代表其内在上涨动力也越大，其上涨的动力将大于实体小的阳线。同理可得阴线实体越大，其下跌动力也越大。

3．三看影线长短

影线代表转折信号，向一个方向的影线越长，越不利于股价向这个方向变动。即上影线越长，越不利于股价上涨，下影线越长，越不利于股价下跌。

（二）根据开盘价与收盘价的波动范围对单根 K 线进行分类

根据开盘价与收盘价的波动范围可将 K 线分为小阳星（小阴星）、小阳线（小阴线）、中阳线（中阴线）、大阳线（大阴线）等类型。

1．小阳星（小阴星）

（1）小阳星：全天股价波动很小，开盘价与收盘价极其接近，收盘价略高于开盘价。小阳星表明行情正处于混乱不明的阶段，后市的涨跌无法预测。投资者此时要根据前期 K 线组合的形状以及当时的价位区域综合判断。

（2）小阴星：小阴星与小阳星相似，只是收盘价略低于开盘价。小阴星表明行情疲软，发展方向不明。

2．小阳线（小阴线）

小阴线和小阳线的波动范围一般为 0.6%～1.5%（日 K 线）。小阴线表示空方呈打压态势，但力度不大；小阳线表示价格波动范围较小阳星增大，多头稍占上风，但价格上攻乏力，行情还是不明朗。

3．中阳线（中阴线）

中阴线和中阳线的波动范围一般为 1.6%～3.5%（日 K 线）。

4．大阳线（大阴线）

大阴线和大阳线的波动范围一般高于 3.5%（日 K 线）。股价横盘一日，尾盘突然放量上攻，表明空方在这一日中最终失去了主导优势，多方占优，形成大阳线。但由于价格短时涨幅过大，次日低开的可能性较大。如果开盘稍有下探，多方即展开逐波上攻，最终以大阳线报收，则说明多方已经占据优势，后市看涨。若股价横盘一日，尾盘突然放量下跌，表明股价最终选择了向下，显示空方占据了主导优势，次日低开的可能性较大。

上述 K 线类型如图 8-2 所示。

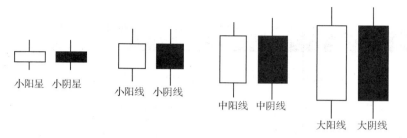

图 8-2　K 线类型

从 K 线图的实体与影线可以看出买卖双方力量消长与股价变动的趋势。K 线的不同形态及其典型含义如表 8-2 所示。

表 8-2　K 线的不同形态及其典型含义

序号	形态	典型含义
1		小阳星，说明股价方向不定
2		小阴星，说明股价方向不定
3		小阳线，表明多方稍占上风，但上攻乏力，行情扑朔迷离
4		小阴线，表明空方稍占上风，但下降乏力，行情扑朔迷离
5		大阳线，说明股价上升力强
6		大阴线，说明行情疲软，但底部支撑力强
7		光头阳线，说明该日的最高价就是该日的收盘价，即收盘价是当天的最高价，所以没有上影线
8		光头阴线，说明该日的最高价就是该日的开盘价，即当日的所有成交价格都低于开盘价，所以也没有上影线
9		光脚阳线，说明该日的最低价就是开盘价，当天的所有成交价格都高于开盘价
10		光脚阴线，说明该日的收盘价恰好是最低价，即当天的最后成交价格是本日的最低价格
11		光头光脚阳线，说明该日的开盘价恰好是最低价，收盘价恰好是最高价

证券投资理论与实务（微课版 第2版）

序号	形态	典型含义
12		光头光脚阴线，说明该日的开盘价恰好是最高价，收盘价恰好是最低价
13	—	一字线，说明开盘价、收盘价、最高价、最低价都相同。一般会出现在涨停、跌停状态中。有时出现在熊市成交极其清淡的行情中，更多的时候出现在表示极强、极弱的涨跌停板时，预示着原有的趋势继续，还会出现连续数个停板；缩量停板意味着次日还将停板，涨停板放量说明卖压加重，跌停板放量说明有吸筹现象
14		锤形线，出现在底位做多或高位做空时
15		倒锤形线，出现在高档做空或低档做多时
16	+	小十字星是指十字星的线体振幅极其短小的十字星。这种十字星常常出现在横盘行情中，表示盘整格局将持续；出现在上涨或下跌的初期中途，表示股价暂时的休整，原有的升跌趋势未改；出现在大幅持续上升或下跌之末，往往意味着趋势的逆转
17	+	大十字星出现在大幅持续上升或下跌之末的概率较大，盘整区间出现的概率不大，往往意味着行情的转势
18	+	长下影十字星若出现在上升趋势中途，则一般表示股价暂时休整，但上升趋势未改；若出现在持续下跌之后的低价区，则暗示卖盘减弱买盘增强，股价转向上升的可能性在增大，但次日再次下探不能创新低，否则后市将有较大的跌幅
19	+	长上影十字星若出现在下降趋势中途，一般表示股价暂时休整，但下降趋势未改；若出现在持续上涨之后的高价区，股价转向下跌的可能性较大；但若出现在上涨趋势中途，次日股价又创新高的话，说明买盘依旧强劲，股价将继续上升
20	T	T形光头十字星的市场意义与长下影十字星差不多，常出现在盘整中，表示次日盘整将持续；若出现在大幅持续上升或下跌之末，是股价升跌转换的信号
21	⊥	倒T形光脚十字星的市场意义与长上影十字星差不多，若出现在持续上涨之后的高价区，则这是股价见顶回落的信号；若出现在其他的位置，则这一般表示股价暂时休整，但原有趋势未改

（三）根据 K 线实体和上、下影线的有无及其幅度进行分类

根据一根 K 线实体、下影线和上影线的有无以及其幅度的不同，K 线可分为四大类。

1. 第一大类：只有实体没有上影线或下影线或上、下影线都没有的 K 线

此类 K 线称为光头、光脚或光头光脚 K 线，它表示买卖双方中有一方占据上风。

（1）没有上、下影线的大阳线。此种 K 线表示最高价与收盘价相同，最低价与开盘价一样。从一开盘，买方就积极进攻，中间也可能出现买方与卖方的斗争，但买方发挥最大力量，一直到收盘。买方始终占优势，使价格一路上扬，直至收盘。在强烈的涨势下，市场呈现高潮，买方疯狂涌进，不限价买进。持有股票者不愿抛售，市场出现供不应求的状况。可参见表 8-2 中的第 11 种类型。

（2）没有上、下影线的大阴线。此种 K 线表示最高价与开盘价相同，最低价与收盘价一样。

从一开始，卖方就占优势。市场处于低潮。持有者不限价疯狂抛出，造成恐慌心理。市场呈一面倒的态势，直到收盘，价格始终下跌，呈现出强烈的跌势。可参见表 8-2 中的第 12 种类型。

（3）没有上、下影线的小阳（阴）实体。此时收盘价是最高价，开盘价是最低价，股价上下波动有限，买卖双方竞争不激烈。当 K 线是阳线时，买方稍占上风；当 K 线是阴线时，卖方稍占上风。它一般出现在股价整理和股价跳空低开或高开的时候，在股价整理时期意义不大，但在股价出现大的跳空缺口时其意义非凡，它表示一方已经取得了全面的胜利，另一方则全线崩溃。

（4）只有一条横线的 K 线。这种 K 线多出现在连续的涨停板和跌停板之中。股价连续涨停或连续跌停，多发生在个股遇重大利好或利空，且众投资者看法一边倒的情况下，是投资者疯狂买进或卖出造成的结果。在国外的股市交易中，有的股票一天的交易额只有几手，价格即使没有变动也会出现类似的情况。可参见表 8-2 中的第 13 种类型。

2．第二大类：带上影线的 K 线

带上影线的 K 线表示卖方的抛压比较强，卖方在当天的最高点成功阻截了买方的进攻，使股价没有收在最高处，买方只有等到第二天再与卖方"交战"。这类 K 线可分为 7 种。

（1）上影线比实体短的阳线，表示买方在最高处只是暂时受阻，买方实力仍然很强大，第二天买方再与卖方"交战"。可参见表 8-2 中的第 9 种类型。

（2）上影线与实体的长度相等的阳线，表示虽然买方实力较强，但是卖方也展开了反击，买方若想要股价继续上行，则要付出更大的代价。买方在第二天使出全力股价方可继续上行。

（3）上影线长度是实体 1.5 倍以上的阳线，表示买方受到卖方的挑战，买方在当天只是获得微弱的优势，卖方在最高点反击成功，卖方的实力已经不可低估，买方在今后的操作中要十分谨慎。可参见表 8-2 中的第 15 种类型。

（4）上影线特别长而实体只是一条横线的 K 线。这种 K 线又称为上升转折线，表示当天的股价收盘价与开盘价相同，当天买方的攻击没有获得任何进展，卖方的实力已经与买方旗鼓相当，买方已经丧失了优势，这也是股价反转的重要信号。这种 K 线多出现在股价走势的顶部。可参见表 8-2 中的第 21 种类型。

（5）上影线长度是实体 1.5 倍以上的阴线。这种阴线说明买方当天就被卖方击败，股价收在当天开盘价之下。如果股价没有低于上一交易日收盘价格，表示买方是暂时受挫，后市还有希望；如果股价低于上一交易日收盘价格，显示股价将进行横盘调整或者下跌。此种 K 线多出现在顶部和下跌途中。可参见表 8-2 中的第 15 种类型。

（6）上影线长度与实体相当的阴线。这种 K 线说明卖方反击成功，卖方稍占上风，买方实力偏弱。

（7）上影线长度小于实体的阴线。这种 K 线说明买方曾试图上攻，但是无功而返，并遭卖方反击，实体越大则卖方反击程度越激烈，这种 K 线在股市大幅下跌中最为常见。它表明卖方气势汹汹，买方溃不成军。

3．第三大类：没有上影线只有下影线的 K 线

没有上影线只有下影线的 K 线，最高价就是开盘价或是收盘价，其中的下影线表示买盘承接力量的强弱，下影线越长，表明市场的承接力越强。这类 K 线共分为 5 种。

（1）下影线长度小于实体的阳线。这种 K 线的实体越大，显示买盘力量越强，股价上升的力度也越大，它与光头光脚的阳线意义基本一致。可参见表 8-2 中的第 7 种类型。

（2）下影线长度与实体相近的阳线。这种 K 线表示卖方曾组织进攻，但被买方击退，买方占有一定的优势。

（3）下影线长度是实体 1.5 倍以上的阳线或者阴线。这种 K 线表示买方在卖方进攻之后，组织了有效的反击，下影线越长，反击力度越大。可参见表 8-2 中的第 14 种类型。

（4）下影线长而收盘价、开盘价和最高价是同一个价格的 K 线，称为上升转折线。它是买卖双方实力开始发生转变的象征，常出现于股市的 V 形反转中，是一种准确率极高的见底信号。可参见表 8-2 中的第 20 种类型。

（5）下影线长度与实体相当的阴线。这种阴线在股市下跌初期比较多见，它表示买卖双方力量相差不是很大，买方稍占上风。

4．第四大类：上影线和下影线都有的 K 线

上影线和下影线都有的 K 线，在 K 线图上占据了 70%以上，是最常见的和分析难度最大的 K 线。对这些 K 线的深刻理解是正确理解股市和判断行情的基础。

（1）带上下影线的阳线。买卖双方以开盘价为起点，展开博弈，造成股价波动，但是博弈不受买卖双方的任何一方控制。在当天的交易中股价在高位无法站稳，受卖方攻击，盘中股价低于开盘价，收盘前，买方又一鼓作气，使收盘价仍较开盘价高；有时卖方在开盘时便展开进攻，股价趋于下跌，交易过程中买方组织全力反攻，股价恢复到开盘价格上方，收盘前卖方再施加压力，股价小幅回落，双方拉锯，但收盘价仍比开盘价高。

（2）带上下影线的阴线。在开盘后，买方会力争上游股价上涨，卖方大量抛压，买方又不愿意追高，导致卖方渐渐居于主动，股价下跌。收盘前买气转强，不至于以最低价收盘；有时股价在上半场都低于开盘价，下半场买方意愿增强，股价回升并高于开盘价，临收盘前卖方又占优势，而以低于开盘价的价格收盘。

（3）十字星。这种 K 线表示交易过程中，出现高于或低于开盘价的成交价，但收盘价与开盘价相同。股价比前一交易日收盘价高时，用红色表示。股价与前一交易日收盘价相同时，前一交易日若为红实体，用红色表示；前一交易日若是绿实体，用绿色表示。股价若比前一交易日收盘低，则用绿色表示。十字星 K 线经常出现在股市的顶部和底部，它表示买卖双方力量均衡，高低点的出现只是暂时的不平衡。十字星 K 线中影线的长度展示买卖双方交战的激烈程度。可参见表 8-2 中的第 16 种～第 19 种类型。

了解 K 线后，我们就可以进一步探讨 K 线所代表的含义。K 线的奥妙就是相同的 K 线出现在不同的位置，所代表示的意义不同，甚至相反。

三、K 线组合分析及其应用

（一）K 线组合分析

K 线组合的分析应该先从两根 K 线开始，就是先将第一根 K 线划分出如图 8-3 所示的 5 个区域，然后看第二根 K 线是在第一根 K 线的这 5 个区域的什么位置展开，也就是判断多空双方展开博弈的位置，进而分析是多方占优势，还是空方占优势。

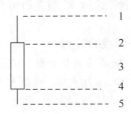

图 8-3　K 线组合分析的区域划分提示

一般来说，如果第二根 K 线在第一根 K 线实体的 1/2 以上的某个位置展开，都可以判断是多方占优势，越往上多方优势越明显，如果跳空在区域 1 中，就表示多方占绝对优势，股价将上涨，甚至达到涨停板位置；反之，如果第二根 K 线在第一根 K 线实体的 1/2 以下的某个位置展开，就可以判断是空方占优势，越往下空方优势越明显，如果跳空在区域 5 中，就表示空方占绝对优势，股价将下跌，甚至达到跌停板位置。

（二）K线组合及其应用

1.“乌云盖顶”组合

这是指在连续上涨的行情中，在一根强劲阳线的右边，出现一根高开低走的阴线，如果第二根阴线的收盘价深入第一根阳线实体且超过实体长度的 50%，则这一阴一阳的 K 线组合就叫“乌云盖顶”。对“乌云盖顶”形态，投资者应该把握两点：第一根 K 线应该是比较强劲的阳线；第二根阴线应该是高开低走的，且收盘价深入阳线实体的 50%以上。

该形态的市场含义主要是空头强势，尤其是第二根阴线的收盘价深入第一根实体越深，越能代表空头的强势。这一组合常在市势已经大涨一段，甚至股价创出新高的时候出现，表示市势逆转，随后将为下跌行情。当然如果有放大的成交量的配合，就更容易加以确认。图 8-4 所示为四通股份（603838）在 2023 年 11 月 13 日与 14 日形成的“乌云盖顶”K 线组合。

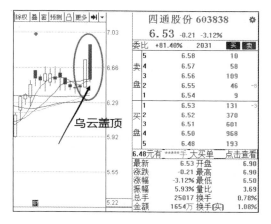

图 8-4（彩色）

图 8-4　四通股份（603838）在 2023 年 11 月 13 日与 14 日形成的“乌云盖顶”K 线组合

2.“曙光初现”组合

“曙光初现”从字面上就能理解到“黑暗过去，阳光露出，前途一片光明”。该形态与“乌云盖顶”形态相似，不过方向相反，就是在下跌过程中的一根较强劲的阴线之后，出现一根探底反弹的深入阴线实体 50%以上的阳线。整个分析与“乌云盖顶”一致，只是方向相反，市场含义也相反。图 8-5 所示为伯特利（603596）在 2023 年 5 月 9 日和 10 日形成的“曙光初现”K 线组合。

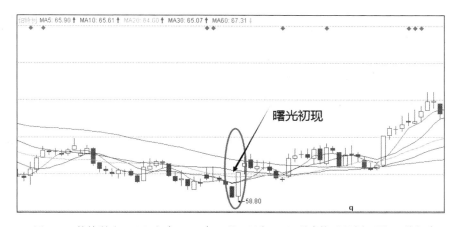

图 8-5（彩色）

图 8-5　伯特利（603596）在 2023 年 5 月 9 日和 10 日形成的“曙光初现”K 线组合

3. "孤岛"组合

在一段上涨行情之后，出现一根跳空的阴线，形如"孤岛"。尽管阴线收盘价仍比前一交易日高，但却属于在多方继续维持行情上涨之际，出现了空方的反击，投资者后市需要密切关注。如果接下来多方调整力量，组织反击并获成功，行情继续向上，则"孤岛"组合就是一次上升过程中的调整或休息；如果在接下来的时间里，多方没有维持住股价，导致行情向下，则表明空方已获优势，顶部将要形成，行情将下跌。

4. "包容"组合

"包容"组合指实体间为阴阳两性，但都是当日的长实体将前一交易日的短实体完全包容，预示后市将沿长实体的方向发展。

5. "孕育"组合

"孕育"组合指实体间为阴阳两性，但与"包容"组合形式相反，它是当日的小实体被前一交易日的大实体所包容。其预示后市的方向往往为"母体"即大实体的方向。

6. "穿头破脚"组合

"穿头破脚"组合的主要特征是后一根 K 线的实体将前一根 K 线实体全部覆盖，也算是"包容"组合的一种。构成"穿头破脚"形态必须满足以下两个条件。

（1）事先有明显的上升或下降趋势。

（2）第二根 K 线实体部分把第一根 K 线的实体部分全部包含在内。上、下影线不包括在内。

"穿头破脚"组合的市场含义是趋势可能转向，如果后一根是阳线，那么市场将向多方前进；如果后一根是阴线，市场将向空方转变。尤其是第一根 K 线的长度与第二根 K 线的长度越悬殊，则转向的力度越大。图 8-6 所示的萃华珠宝（002731）在 2023 年 10 月 23—24 日和 2024 年 1 月 15—16 日的 K 线组合，可以看作"穿头破脚"组合。

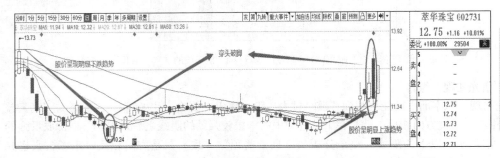

图 8-6　萃华珠宝（002731）在 2023 年 10 月 23—24 日和 2024 年 1 月 15—16 日形成的
"穿头破脚" K 线组合

7. "早晨之星"组合

"早晨之星"组合出现在下跌趋势过程中，由 3 根 K 线构成：首先是一根顺势下跌的长阴线，其次是一根实体较小的跳空的十字星，最后是一根实体向上的长阳线。其标准特征是：第一根是阴线，第二根是十字星（或小阳线或小阴线），第三根是阳线；第二根 K 线与前后实体都存在缺口。

"早晨之星"组合的市场含义为：它是明显的多头形态，预示一轮涨势将要展开，为市势反转上升的转折点。尤其是第三根阳线的收盘价越深入第一根阴线实体，形态的多头气势就越强。图 8-7 所示的 2023 年 6 月 21 日、26 日和 27 日富临运业（002357）的日 K 线组合就构成了"早晨之星"。

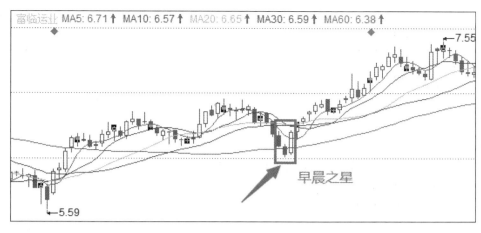

图8-7（彩色）

图 8-7　富临运业（002357）在 2023 年 6 月 21 日、26 日和 27 日形成的"早晨之星"K 线组合

8．"黄昏之星"组合

"黄昏之星"组合与"早晨之星"组合恰好相反，是市势反转下跌的转折点。顶部跳空的十字星在随后出现的跳空下跌的大阴线形成后，成为一颗"黄昏之星"。如果顶部是中长上影线的倒 T 字线，则这一组合又可称为"射击之星"组合。

"黄昏之星"主要出现在上升趋势中，也由 3 根 K 线构成：首先是一根顺势上升的长阳线；其次是一根实体向上跳空的小 K 线，阴线、阳线均可；最后是一根实体向下跳空的长阴线，其收盘价深入第一根阳线的实体之内。

"黄昏之星"组合的市场含义为：市场的多方已力竭，空方控制局面，趋势将发生反转，一轮跌势将要展开。第三根阴线的收盘价深入第一根阳线的实体越深，且阴线的实体越长，表明市场空方的力度越大。尤其是在高价区域，先出现一根阳线，其次出现一根向下跳空的十字星，最后出现一根向下跳空的阴线，此形态表明多方已完结，空方力度更强，是崩盘的信号，因此该形态也叫"崩盘之星"。图 8-8 所示为武进不锈（603878）在 2023 年 2 月 8 日、9 日和 10 日形成的"黄昏之星"K 线组合。

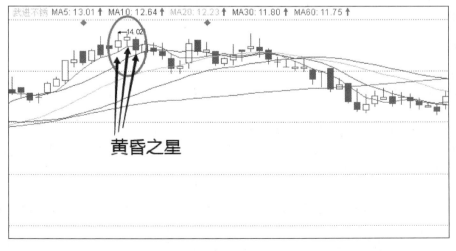

图8-8（彩色）

图 8-8　武进不锈（603878）在 2023 年 2 月 8 日、9 日和 10 日形成的"黄昏之星"K 线组合

141

第四节　切线分析

一、趋势与趋势线

（一）趋势

1．趋势的定义

投资者利用各种分析方法的目的就是捕捉证券价格运行的趋势，如果不能把握价格运行的趋势，就很难利用市场获取盈利。趋势就是市场之前的表现所显示的价格未来最有可能运行的方向。以股票市场为例，趋势即股票价格未来运行的方向。

2．趋势的方向

投资者只要认真分析过价格走势图，就不难发现价格走势在总体上不是杂乱无章的。它在一定时期总是顺着一定的大方向运行。按照切线理论，趋势可分为 3 个方向：上升趋势、下降趋势和水平趋势。

（1）上升趋势。上升趋势指在上升行情中，证券价格一波的波峰比前一波峰高，一波的波谷比前一波谷高；波峰和波谷始终是不断依次递升的。

（2）下降趋势。下降趋势指在下跌行情中，证券价格一波的波峰比前一波峰低，一波的波谷比前一波谷低。每一段跌势都不断地向下跌破先前所创的低点，中间夹杂的反弹走势，都不会向上穿越前一波反弹的高点。

（3）水平趋势。水平趋势（横向延伸的趋势或横盘整理趋势）指一系列峰和谷是横向延伸的。投资者一般认为价格不是上升就是下降，其实市场很大一部分时间都处于横向调整状态。这种横向走势显示市场处于一种均衡状态。只有这种均衡状态被打破，价格才会有明显的上升或下跌走势。

3．趋势的类型

趋势不但有 3 个方向，还可以根据延续时间的长短划分出 3 种类型。这在道氏理论中已有涉及，就是主要趋势、次级趋势和短期趋势。投资者需要重点捕捉的是主要趋势和次级趋势，如果不做短线投资就可以放弃短期趋势。

（二）趋势线

1．趋势线的定义及种类

所谓趋势线，就是根据价格上下变动的趋势所画出的线，画趋势线的目的是依其脉络寻找出恰当的卖点与买点。

趋势线可分为上升趋势线、下降趋势线与横向整理趋势线。上升趋势线是沿着相继向上的反弹低点连接而成的一条直线，位于相应的 K 线图的下侧。下降趋势线是沿着依次降低的上冲高点连接而成的一条直线，位于相应的 K 线图的上侧。

2．趋势线的画法

因为趋势线是由相对高点和相对低点连接构成的，如果画线时对高点或者低点的重要性理解不一样，那么选择的高点和低点就不一样。同时，趋势线试图包容所有的点，那么对 3 个及 3 个以上的点很难正好由一条直线连接，选择其中哪两个点进行连接，就决定了趋势线的位置，所以不同的选择会有不同的结果。

（1）画趋势线时，应从右向左画，因为近期价格变动比历史价格变动具有更大的意义。将大多数相对高点或相对低点相连接，在某一条线上尽量多地汇聚相对高点或相对低点，就可以提高该趋势线成立的概率。

（2）在上升趋势中，将两个上升的低点 L（LOW 代表低点）连成一条直线，就得到上升趋势线。上升趋势线是最近的相对低点与较近的相对低点的连线，而且较近的相对低点比最近的相对低点要低。这样就决定了趋势线是向上倾斜的，如图 8-9 所示。

图 8-9 上升趋势线

在下降趋势中，将两个下降的高点 H（High 代表高点）连成一条直线，就得到下降趋势线。下降趋势线是最近的相对高点与较近的相对高点的连线，且较近的相对高点比最近的相对高点要高，这样就决定了趋势线是向下倾斜的，如图 8-10 所示。

图 8-10 下降趋势线

水平趋势线是将各谷底相连接的一条直线，其中各谷底几乎都是在一条水平线上的。

（3）画趋势线时需注意的问题。在画趋势线的时候，要注意一些极度高点和低点的情况，根据经验来决定是否排除异动。投资者在实际运用趋势线时可将排除和不排除的情况都画出，让市场来检验。在某一段趋势内，趋势线要尽量多地汇聚相对高点或相对低点，趋势线斜率要尽量与价格曲线倾斜度接近。

3．趋势线的确认

画出趋势线后，投资者应确认以下几点。

（1）趋势线被触及的次数。被触及的次数越多，说明该趋势线的有效性越高。

（2）趋势线的长度和持续时间。趋势线延续的时间越长，越具有有效性。

（3）趋势线的角度或者斜率。趋势线的角度（斜率）越大，表明股价的上升或者下降速度越快。对于上升趋势而言，通常大于45°的斜率是最具有研判意义的，斜率越大，股价上升越快。

（4）趋势线被突破时的价差大小。盘中价格突破，就不如收盘价突破来得有效。股价在突破趋势线时必须有3%以上的价差才可以确认突破的有效性。

（5）趋势线发生改变时其成交量的变化。上升趋势初始确认时，成交量必须同步增加；下跌趋势初始确认时，则不需要成交量增加配合。

（三）趋势线的分析与应用

1．趋势线的应用法则

（1）趋势线的应用法则之一。在上升行情中，股价回落到上升趋势线附近时会获得支撑，股价可能反转向上；而在下跌行情中，股价反弹到下跌趋势线附近将受到阻力，股价可能再次回落。也就是说，在上升趋势线的触点附近将形成支撑位，而在下跌趋势线的触点附近将形成阻力位。

（2）趋势线的应用法则之二。下跌趋势线维持时间较长，而且股价的跌幅较大时，股价放量突破趋势线，就是下跌趋势将被反转的信号。该法则具有以下3个主要特征。

① 下跌趋势线维持的时间较长。

② 股价的跌幅较大。

③ 股价向上突破下跌趋势线时呈现出放的状态。

在应用此法则时要注意的是，确认的反转突破点与下跌趋势线的价差幅度不能过大，一般不能超过5%；否则，这个突破的高度和可靠性是要大打折扣的。

（3）趋势线的应用法则之三。股价突破趋势线时，此线由原来的阻力或者支撑作用变为支撑或者阻力作用。该法则具有以下3个主要特征。

① 只适用于上升或者下跌趋势，对横向趋势没有指导意义。

② 趋势线需被确认为有效突破。

③ 原来的趋势线作用性质改变，即支撑作用变阻力作用，阻力作用变支撑作用。

（4）趋势线的应用法则之四。在上升行情初期，趋势线的斜率往往较大，股价回落跌破原趋势线时，通常会再沿着新的、较缓和的趋势线上升，原趋势线将形成阻力线，使新趋势线的上升斜率变小。

2．趋势线的应用

（1）股价回落至上升趋势线附近时，投资者可以顺势看涨，并建多头仓位，如图8-11所示。

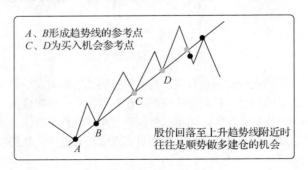

图8-11　沿上升趋势线顺势做多

图8-11所示为上升趋势线的运用，一旦有效趋势线形成，则股价每次回落到该趋势（起支撑作用）线上时是投资者顺势做多的机会，直到该趋势线被跌破。

（2）股价反弹至下降趋势线附近时是投资者顺势做空建仓的时机，如图8-12所示。

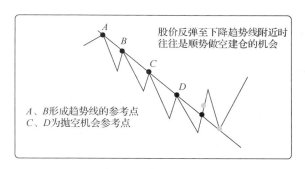

图 8-12　沿下降趋势线顺势做空

图 8-12 所示为下跌趋势线的运用。下降趋势线形成后，股价每次反弹触碰趋势线时是投资者顺势做空的机会，或者是买方卖出的机会，直到该趋势被改变。

（3）股价向下跌破上升趋势线及回抽是卖出信号，股价向上突破下降趋势线及回抽是买入信号，如图 8-13 和图 8-14 所示。

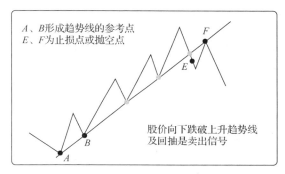

图 8-13　股价向下跌破上升趋势线及回抽是卖出信号

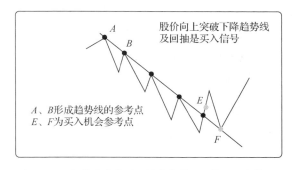

图 8-14　股价向上突破下降趋势线及回抽是买入信号

3．趋势线的修正

由于股票价格走势千变万化，随时会发生逆转，因此投资者要根据趋势的变化对原有的趋势线做出相应的修正和调整。方法是：将最新的峰顶或者谷底与原来的趋势线的起始点相连接，这样就形成了被修正的新的趋势线。有经验的技术性分析者经常在图表上画出各条不同的试验性趋势线，当证明其趋势线毫无意义时，就会将之擦掉，只保留具有分析意义的趋势线。此外，分析者还会不断地修正原来的趋势线。例如，在股价跌破上升趋势线后又迅即回升至该趋势线的上方时，分析者就应该连接第一个低点和最新形成的低点重画一条新趋势线，或是根据第二个低点和新低点修订出更有效的趋势线。

二、轨道与轨道线

（一）轨道线与轨道的含义

1．轨道线

轨道线又称通道线或管道线，是基于趋势线的一种方法。投资者在得到趋势线后，通过第一个峰或谷可以作出这条趋势线的平行线，这条平行线就是轨道线。

2．轨道

两条平行线组成一个轨道，这就是常说的上升和下降轨道。轨道是证券价格波动的通道，它是由两条平行的直线构成的，轨道有倾斜角度，而且它的角度会不断变化。

沿支撑线画一条平行线所形成的向上的轨道，常称为上升轨道。沿阻力线画一条平行线所形成的向下的轨道，常称为下降轨道。

（二）轨道线的画法

在画好趋势线的基础上，从行情初升的高点位置画上升趋势线的平行线，便称为"轨道线"或"通道线"。趋势线会随着环境的不同而改变其角度，轨道线的角度也会随之改变。

1．在一轮上升趋势中，沿各个最低点画出上升趋势线，然后从第一个显著高峰引出一条线，平行于上升趋势线。这条线便是上升轨道线。它与上升趋势线组成上升轨道，如图 8-15 所示。

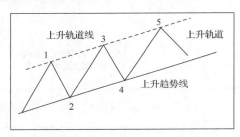

图 8-15　上升轨道中的轨道线

2．在一轮下降趋势中，沿各个最高点画出下降趋势线，然后从第一个显著谷底引出一条线，平行于下降趋势线。这条线便是下降轨道线。它与下降趋势线组成下降轨道，如图 8-16 所示。

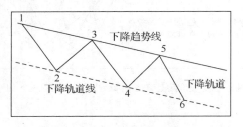

图 8-16　下降轨道中的轨道线

3．以趋势线为基础，可以形成上升或者下降轨道。在实际操作当中，二者可结合使用。

（三）轨道的应用

1．上升轨道的上沿可看作顺势做多的潜在获利目标，但不一定可以作为逆势抛空的机会。

当股票价格运行到某上升轨道的上沿时，可看作是多头离场的依据。但投资者并不可将其单一地看作抛空的信号，因为此时股票价格完全可以按照图 8-17 中 B 所在区域价格运动方式来运行；如果作为抛空点，则必须有其他信号的支持，比如出现了中线和短线级别的双重 5 浪上升。

2．下降轨道的下沿可看作顺势做空的潜在获利目标，但不一定可以看作逆势做多的机会。

当股票价格运行到下降轨道的下沿时，也可看作空头离场的依据。但轨道下沿的支撑并不能简单地作为反弹入场的依据；如果作为反弹入场点，则必须有更多信号的支持，比如有清晰的中短线 5 浪下跌出现，或者有连续 2 次以上的底背离形态出现。

3．轨道线的确认

股价在上升趋势线受到支撑后，若能抵达轨道线并折返，那么轨道线就被确认为有效，轨道也很可能存在。

4．轨道线的突破

与趋势线不同，轨道线的突破并不是趋势转向的开始，而是代表行情开始加速，如图 8-17 中 B 点所示。

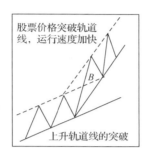

图 8-17　股价突破上升轨道线

5．轨道线的趋势转向的警报

轨道被证实存在，而股价无法抵达轨道线并跌破趋势线，则意味着主要趋势即将被跌破，如图 8-18 所示。

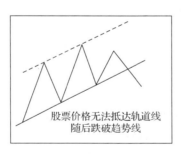

图 8-18　股价无法抵达轨道线，且跌破趋势线

三、黄金分割线与百分比线

（一）黄金分割线

1．黄金分割率的由来

有数学家发现数列 1，1，2，3，5，8，13，21，34，55，89，144，233…这一数列后来被称为斐波那契数列。它具有以下特点。

（1）数列中任一数字都由前两个数字之和构成（从第 3 个数字开始）。

（2）前一数字与后一数字的比例（从第 7 个数字开始），趋近于一固定常数，即 0.618；如

55/89≈0.618，89/144≈0.618，144/233≈0.618。

（3）后一数字与前一数字的比例（从第 9 个数字开始），趋近于 1.618，如 144/89≈1.618，233/144≈1.618。

（4）1.618 与 0.618 互为倒数，其乘积约等于 1。

（5）数列中任一数字（从第 3 个数字开始）与前面第二个数字相比，其值趋近于 2.618；与后面第二个数字相比，其值趋近于 0.382。

这些数字被称为神秘数字。而 0.618 就叫作黄金分割率。

上列奇异数字组合除能反映黄金分割的基本比值 0.618 以外，尚存在下列两组神秘比值。

（1）0.191，0.382，0.5，0.618，0.809。

（2）1，1.382，1.5，1.618，2，2.382，2.618。

2．黄金分割线的画法

第一步是记住若干个特殊的数字。它们是：

0.191   0.382   0.618   0.809   1

1.191   1.382   1.618   1.809   2

2.618   4.236

其中 0.382、0.618、1.382、1.618 最为重要。

第二步是找到一个点。这个点是上升行情结束、调头向下的最高点，或者是下降行情结束、调头向上的最低点。当然，这里的高点和低点都是在一定的范围内，是局部的。只要能够确认一个趋势（无论是上升还是下降）已经结束或暂时结束，则这个趋势的转折点就可以作为黄金分割点。这个点一经选定，就可以画出黄金分割线了。

第三步是计算与画线。根据黄金分割的特殊数字，进行相应的计算，根据计算的数值画出黄金分割线。股价极容易在由 0.382、0.618、1.382、1.618 这 4 个数字产生的黄金分割线处产生支撑和阻力。

（1）在上升行情开始调头向下时，投资者关心股价下落到什么位置获得支撑。黄金分割线提供的是如下几个价位，它们是由这次上涨的顶点价位分别乘以上面所列特殊数字中的几个得出的。假设，这次上涨的顶点价位是 10 元，则

8.09=10×0.809

6.18=10×0.618

3.82=10×0.382

1.91=10×0.191

这几个价位极有可能成为股价的支撑位，其中 6.18 和 3.82 的可能性最大。

（2）在下降行情开始调头向上时，投资者关心股价上涨到什么位置将遇到阻力。黄金分割线提供的价位是由这次下跌的低点价位乘以上面提到过的一些特殊数字得出的。假设，这次下落的谷底价位为 10 元，则

11.91=10×1.191

13.82=10×1.382

16.18=10×1.618

18.09=10×1.809

20=10×2

26.18=10×2.618

42.36=10×4.236

这几个价位将可能成为未来股价的阻力位，其中 13.82、16.18、20 成为阻力位的可能性最大。

3．黄金分割线在证券投资中的应用

（1）用黄金分割线判断支撑位或阻力位。黄金分割线是利用黄金分割率的原理对行情进行分析，并依此给出各相应的切线位置。常用的黄金分割率为 0.382、0.618，将其应用到股市的趋势分析中，可以理解为在上述比率所对应的位置容易产生较强的支撑作用与阻力作用。在一轮中级行情结束后，股指或股价的趋势会向着相反的方向运动，这时无论是由跌势转为升势或是由升势转为跌势，都可以以最近一次趋势中的重要高点和低点之间的涨跌幅作为分析的区间范围，将原涨跌幅按 0.191、0.382、0.50、0.618、0.809 划分为 5 个黄金分割点，股价在趋势反转后将可能在这些黄金分割点上遇到暂时的阻力或支撑。

（2）黄金分割线中最重要的两条线是由 0.382、0.618 这两个数字产生的：在反弹中，由 0.382 产生的黄金分割线为弱势反弹位，由 0.618 产生的黄金分割线为强势反弹位；在回调中，由 0.382 产生的黄金分割线为强势回调位，由 0.618 产生的黄金分割线为弱势回调位。行情回档支撑位可用下面的公式来计算。

某段行情回档支撑位=此段行情高点-（此段行情高点-此段行情发动的最低点）÷0.382（或 0.618）　　　　　　　　　　　　　　　　　　　　　　　　　　　　　　　　　（8-2）

（二）百分比线

1．百分比线的定义

百分比线是利用百分比率的原理进行的切线分析。主要运用百分比率揭示支撑位或压力位，以近期走势中重要的高点和低点之间的涨跌价差作为计量的基数，再将此基数按 1/8、1/4、1/3、3/8、1/2、5/8、2/3、6/8、7/8、1/1 的比例 10 等分，生成百分比线。百分比线可使股价的涨跌幅度更加直观，往往能形成重要的阻力位与支撑位。

投资者使用百分比线时考虑问题的出发点是其他投资者的心理因素和一些整数的分界点。黄金分割线提供了几个价位，百分比线也提供了几个价位。以这次上涨开始的最低点和开始向下回撤的最高点两者之间的差，分别乘以几个特别的百分比数，就可以得到未来支撑位或压力位可能出现的位置。

2．百分比数的取值及意义

（1）百分比数一共 9 个，它们是 1/8、1/4、1/3、3/8、1/2、5/8、2/3、3/4、7/8。其中：1/8=12.5%、1/4=25%、1/3≈33.33%、3/8=37.5%、1/2=50%、5/8=62.5%、2/3≈66.67%、3/4=75%、7/8=87.5%，如图 8-19 所示。

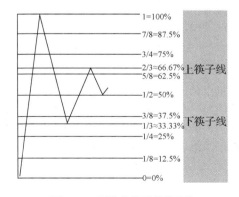

图 8-19　百分比线及其筷子线

（2）最重要的是 1/2、1/3、3/8、5/8 和 2/3，这几个百分比数所对应的百分比线具有较强的支撑与阻力作用。实际上，上述 5 条百分比线的位置与黄金分割线的位置是基本重合或接近的。

3．百分比线的画法

画百分比线需要定一个明显的高点（天）和一个明显的低点（地）。在高点与低点之间，区间被 8 等分，共画了 9 条线：1/8（12.5%）、2/8（25%）、1/3（33%）、3/8（37.5%）、4/8（50%）、5/8（62.5%）、2/3（67%）、6/8（75%）、7/8（87.5%）。

4．百分比线的应用

（1）百分比线中最重要的是 50%、33.3%、37.5%、62.5%、66.6%（1/2、1/3、3/8、5/8、2/3）这 5 条线，它们的支撑与阻力作用最大。

（2）神奇的筷子线。有两组百分比线比较接近：33%和 37.5%（1/3 与 3/8）、62.5%和 67%（5/8 与 2/3）。它们分别被称作"下筷子线"和"上筷子线"，如图 8-19 所示。股价在这里获得支撑上扬或是受阻回落的力度会更大一些。

四、扇形线、速度线和甘氏线

（一）扇形原理

1．扇形线的定义

扇形线都是以同一点为出发点，向右边散开，形成扇子的形状，故被称为扇形线（Fan Line）。扇形原理（Fan Principle）主要是用于确定中长期趋势，并能较快地分辨牛市、熊市的征兆。

2．扇形线的种类

（1）上升扇形线。当行情经过一段时间的上升后，股价大多会在一定区域之间涨落。将开始上升的低点（中期性低点）分别和高位徘徊的各个低点以直线连接起来，便可以画出多于一条的上升趋势线。因为这些趋势线像一把扇子，做出很规则的移动，每一条趋势线之间形成的角度大致相等，所以这些趋势线被称为"上升扇形线"，如图 8-20（a）所示。

（2）下降扇形线。把中期性高点分别与低位徘徊时的各个短期性高点以直线连接起来，可以画出一组像扇子般散开的下降趋势线，称为"下降扇形线"，如图 8-20（b）所示。

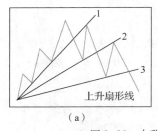
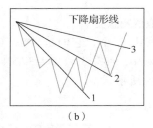

（a） （b）

图 8-20 上升、下降扇形线

3．扇形线的画法

在上升趋势中，先以两个低点画出上升趋势线后，如果股价向下回调，跌破了刚画的上升趋势线，则将新出现的低点与原来的第一个低点相连接，画出第二条上升趋势线。再往下，如果第二条趋势线又被跌破，则将新的低点与最初的低点相连接，画出第三条上升趋势线。依次变得越来越平缓的这 3 条直线形如张开的扇子，扇形线和扇形原理由此而得名。下降扇形线也可如此法绘制，只是方向与上升扇形线正好相反。

4．扇形线的应用

（1）扇形原理依据 3 次突破的原则。当股价突破一条维持多时、颇为陡峭的趋势线（上升或下降趋势线）时，趋势线会出现一次急速的短期性变动，但股价尚不足以扭转原来的趋势，很快地又朝原来的方向运动（价格下跌时虽突破了下降趋势线，但回升不久后又继续回落，上升时情况则相反），形成新的趋势线。这条新的趋势线被突破，再经过急速的短期性变动后，又一次恢复原来的趋势，形成第三条趋势线。直到第三条趋势线也被突破，原来的趋势才真正逆转。

（2）扇形线与趋势线有很紧密的联系，看起来很像是趋势线的调整。扇形线丰富了趋势线内容，明确给出了趋势反转（不是局部短暂的反弹和回调）的信号。趋势要反转必须突破层层阻力。要反转向上，必须突破很多条阻力线；要反转向下，必须突破多条支撑线。轻微的突破或短暂的突破都不能被认作反转的开始，必须消除所有的阻止反转的力量，才能最终确认反转的来临。

（二）速度线

1．速度线的定义

速度线（Speed Line）也是用于判断趋势是否将要反转的一种分析工具。它是将上升或下降趋势的交点和低点的垂直距离3等分，将交点或低点分别与等分点连接得到的直线。因此，速度线又称为三分法。在下降趋势中，连接高点与0.33分界点和0.67分界点，或在上升趋势中，连接低点与0.33分界点和0.67分界点，得到两条直线。这两条直线就是速度线。速度线最为重要的功能是判断一个趋势是被暂时突破还是长久突破（转势）。

2．速度线的画法

（1）找到一个趋势上升过程的最高点和最低点（这一点与画百分比线相同），然后，将高点和低点的垂直距离3等分，从而绘制出上升速度线，如图8-21所示。

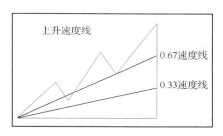

图8-21　上升速度线

（2）找到一个趋势下降过程的最高点和最低点（这一点与画百分比线相同），然后，将高点和低点的垂直距离3等分，从而绘制出下降速度线，如图8-22所示。

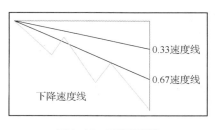

图8-22　下降速度线

（3）与别的切线不同，一旦有了新的高点或新的低点，则速度线将随之发生变动，尤其是新的高点和新的低点离原来的高点和低点很近时。

3．速度线的应用

（1）在上升趋势的调整中，如果股价向下折返并突破了位于上方的0.67速度线，则股价将试探下方的0.33速度线。如果0.33速度线被突破，则股价将一泻而下，预示这一轮上升趋势的结束，也就是转势。

（2）在下降趋势的调整中，如果股价向上反弹并突破了位于下方的0.67速度线，则股价将试探上方的 0.33 速度线。如果 0.33 速度线被突破，则股价将一路上行，标志着这一轮下降的结束，股价进入上升趋势。

（3）速度线一旦被突破，其原来的支撑和阻力作用将互换，这是符合支撑线和阻力线的一般规律的。

（三）甘氏线

1．甘氏线的定义

甘氏线（Gann Line）是由威廉·D·甘恩（William D.Gann）创立的一套独特的理论。甘氏线是从一个点出发，依一定的角度，向后画出的多条射线，所以，甘氏线包含角度线的内容。因此，有些人把甘氏线称为角度线。甘氏线分上升甘氏线和下降甘氏线两种。

2．甘氏线的角度及画法

（1）甘氏线的角度。

每根甘氏线对应一个角度：

1×8（82.5°）　　　1×4（75°）　　　1×3（71.25°）　　　1×2（63.75°）　　　1×1（45°）

2×1（26.25°）　　　3×1（18.75°）　　　4×1（15°）　　　8×1（7.5°）

（2）甘氏线角度的含义。

1×8（1时间×8价格）表示时间每变动1个单位，价格变动8个单位。

1×4（1时间×4价格）表示时间每变动1个单位，价格变动4个单位。

1×3（1时间×3价格）表示时间每变动1个单位，价格变动3个单位。

1×2（1时间×2价格）表示时间每变动1个单位，价格变动2个单位。

1×1（1时间×1价格）表示时间每变动1个单位，价格变动1个单位。

2×1（2时间×1价格）表示价格每变动1个单位，需要2个单位时间。

3×1（3时间×1价格）表示价格每变动1个单位，需要3个单位时间。

4×1（4时间×1价格）表示价格每变动1个单位，需要4个单位时间。

8×1（8时间×1价格）表示价格每变动1个单位，需要8个单位时间。

（3）甘氏线的画法。

首先是在上升趋势或下降趋势中，找出近期的最高点，以此点为中心按照不同的角度（1×8、1×4、1×3、1×2、1×1、2×1、3×1、4×1 和 8×1）向上画出数条射线，形成上升甘氏线，如图 8-23 所示。这些线将在未来起阻力和支撑作用。在下降趋势中，找出近期最低点，以此点为中心按照不同的角度（1×8、1×4、1×3、1×2、1×1、2×1、3×1、4×1 和 8×1）向下画出数条射线，形成下降甘氏线。这些线将在未来起支撑和阻力作用。

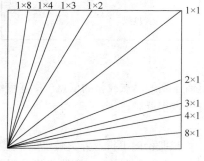

图 8-23　上升甘氏线

同大多数别的选点方法一样，被选择的点一定是显著的高点和低点。如果刚被选中的点马上被新的高点和低点取代，则甘氏线也将随之变更。

3．甘氏线的应用

（1）甘氏线的每条直线都有支撑和阻力作用，其中最重要的是 1×1、2×1 和 1×2 这三条直线。其余角度的直线虽然在价格的波动中也能起一定的支撑和阻力作用，但作用都不大，都很容易被突破。

（2）在强势多头市场中，时间每变动 1 个单位，价格可变动 2 个单位以上，而在空头市场中价格要增加 1 个单位，就必须花市场中 2 个单位以上的时间。因此，当价格由顶部 1×8（或 1×2、1×3、1×4）反转而下时，必须先跌破 1×4，再跌破 1×3 等。若是价格跌破 1×1，则代表已步入空头市场。同理，当价格由底部 8×1 向上反转时，也必须要突破 4×1、3×1、2×1 等。当价格突破 1×1 时，则进入另一个多头市场。故 1×1（45°）线所代表的意义相当重要，甘氏线中的每一条角度线，都有可能成为市场趋势中的阻力线或支撑线，需视其所在价位而定。

（3）甘氏 1×1（45°）线是一条倾斜度为 45°，代表长期的趋势线（上升或者下降）。当价格高于此线上升时，表明市场是牛市；当价格低于此线下降时，表明市场是熊市。

4．应用甘氏线要注意的问题

（1）受到技术图表使用刻度的影响，选择不同的刻度将影响甘氏线的作用。只要不断地调整刻度，就可以使甘氏线达到相对"准确预报"的效果。

（2）甘氏线并不是孤立的作用，它往往同百分比线等别的切线相结合使用。这样可以改变总体的效果，避免投资者犯一些明显的错误。

（3）甘氏线提供的不是一条或几条线，而是一个扇形区域，在实际应用中有相当的难度。

第五节　形态分析

一、形态分析概述

（一）形态分析的概念

证券价格趋势发生变化一般不是偶然的，往往会有一个发展变化的过程。形态理论就是通过研究各种复杂的证券价格曲线形态，进而发现证券价格行进的方向。投资者通过形态分析研究股价的轨迹并分析曲线，得出一些多空双方力量的对比结果，并从中归纳出一些典型的形态，指导投资行动。

（二）价格移动规律

价格的移动是由多空双方力量的大小决定的，主要是保持平衡的持续整理和打破平衡的突破这两种过程。

根据多方和空方力量对比可知，证券价格移动应该遵循这样的规律：证券价格应在多方和空方取得均衡的位置上下来回波动；原有的平衡被打破后，证券价格将寻找新的平衡位置。可以具体描述如下。

持续整理，保持平衡 ⟹ 打破平衡 ⟹ 新的平衡 ⟹ 再打破平衡 ⟹ 再寻找新的平衡……

价格的移动就是按这一规律循环往复进行的。证券市场中投资的获利者往往是在原来的平衡快要打破之前或者是在平衡被打破的最初过程中采取行动而获得收益的。如果原平衡已经被打破，新的平衡形成时才开始行动，就已经晚了。

（三）证券价格移动的形态

价格经过一段时间的移动后，在走势图上形成一种特殊区域或形态，不同形态代表不同意义。投资者可以从这些价格形态的变化中摸索出一些规律。

1．反转形态

反转形态指价格趋势逆转所形成的形态，即价格由涨势转为跌势，或由跌势转为涨势。反转突破形态描述了趋势的反转，是投资分析中最让人感兴趣的形态。反转突破形态主要有头肩顶（底）、双重顶（底）、圆弧顶（底）和 V 形顶（底）等。

2．整理形态

整理形态是指价格经过一段时间的快速变动后，不再前进而在一定区域内上下振荡，维持暂时多空平衡的走势。

3．缺口

缺口是指价格在快速大幅变动中有一段价格区间没有任何交易，显示在价格走势图上是一个前后（上下）不连接的区域，这个区域称为"缺口"，通常又称为跳空。在价格出现缺口，经过当天或是几天，甚至更长时间的变动，然后反转，价格又回到原来缺口的价位时，称这种形态为缺口的封闭，也称缺口的回补。

二、头肩顶（底）形态

头肩顶（底）形态是实际价格形态中出现最多的一种形态，也是最著名和最可靠的反转突破形态。它一般可分为头肩顶、头肩底以及复合头肩 3 种类型。

（一）头肩顶形态

1．头肩顶形态的产生

头肩顶形态是一个可靠的卖出时机，一般由连续的 3 次起落构成该形态的 3 个部分，也就是要出现 3 个局部的高点。中间的高点比另外两个都高，称为头（图 8-24 C 点处）；左右两个相对较低的高点称为肩。这就是头肩顶形态名称的由来，如图 8-24 所示。

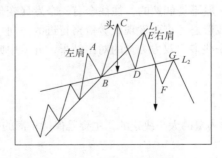

图 8-24　头肩顶形态

头肩顶形态的形成过程大体如下：以股票市场为例，股价长期上升后，股票成交量大增，其获利回吐压力也增加，导致股价回落，其成交量同时也较大幅度下降，左肩形成；股价回升，突破左肩顶点，股票成交量可能因充分换手而创新高，但价位创新高使持股者产生恐慌心理，竞相抛售，股价回跌到前一低点水平附近，头部完成；由于量能还未充分释放，股价再次上升，但前段的巨额成交量将不再重现，涨势亦不再凶猛，价位在到达头部顶点之前即告回落，形成右肩。这一次下跌时，股价急速穿过颈线（图 8-24 中直线 L_2），再回升时，股价也仅能到达颈线附近便转而向下，下跌趋势出现，头肩顶形态宣告完成。

头肩顶形态的道理与支撑线和阻力线的内容有密切关系。图 8-24 中的直线 L_1 和直线 L_2 是两条明显的支撑线。从 C 点到 D 点，股价突破直线 L_1 说明上升趋势的势头已经遇到了阻力，在 E 点和 F 点之间，股价突破直线 L_2 则代表着趋势的转向。另外，E 点的反弹高度没有超过 C 点，也是上升趋势出了问题的信号。

图 8-24 中的直线 L_2 是头肩顶形态中极为重要的直线——颈线。在头肩顶形态中，它既是支撑线又是阻力线，在前段起支撑作用而在后段起阻力作用。

股价走到了 E 点并调头向下，只能说是原有的上升趋势已经转化成了横向延伸，此时还不能说趋势已经反转向下了。只有当股价走到了 F 点，即股价向下突破了颈线，才能说头肩顶反转形态已经形成。

同大多数的突破一样，这里颈线被突破也有一个被认可的问题。一般而言，以下两种形态为假头肩顶形态：第一，当右肩的高点比头部还要高时，不能构成头肩顶形态；第二，如果股价最后在颈线水平回升，而且回升的幅度高于头部，或者股价跌破颈线后又回升到颈线上方，这可能是一个失败的头肩顶形态。

头肩顶形态是一个长期趋势的转向形态，一般出现在一段升势的尽头。这一形态具有如下特征：一般来说，左肩与右肩高点大致相等，有时右肩较左肩低，即颈线向下倾斜；就成交量而言，左肩最大，头部次之，而右肩最小，即呈梯状递减；突破颈线不一定需要大成交量配合，但日后继续下跌时，成交量会放大。

当颈线被突破，反转被确认以后，股价将下跌。下跌的深度，可以借助头肩顶形态进行测算。

从突破点算起，股价将至少要跌到与形态高度（头部 C 点到颈线 L_2 的距离）相等的距离。

2. 市场含义

（1）头肩顶是一个长期趋势的转向形态，通常会在牛市的尽头出现。

（2）当最近的一个高点的成交量较前一个高点低时，头肩顶就有可能出现；当股价第三次回升却没法超越上次的高点，且成交量继续下降时，有经验的投资者就会把握机会卖出。

（3）头肩顶的颈线 L_2 被突破，就是一个真正的卖出信号，虽然股价和最高点比较，已回落了相当的幅度，但跌势才刚刚开始，未卖出的投资者应继续卖出。

（二）头肩底形态

头肩底是头肩顶的倒转形态，它是一个可靠的买进时机。这一形态的构成和分析方法，除了在成交量方面与头肩顶有所区别外，其余与头肩顶类同，只是方向相反，如图 8-25 所示。

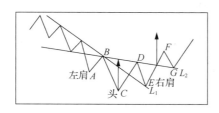

图 8-25 头肩底形态

（三）复合头肩形态

1. 形态分析

复合头肩形态是头肩式（头肩顶或头肩底）的变形，其形状和头肩式十分相似，只是肩部、头部或两者同时出现的次数多于一次。大致来说可划分为以下几大类。

（1）一头双肩式形态：一个头分别有两个大小相同的左肩和右肩，左右双肩大致平衡。比较多的是一头双右肩，在形成第一个右肩时，股价并不马上跌破颈线，反而掉头回升，不过回升幅度止于右肩高点之下，最后股价继续沿着原来的趋势向下。

（2）一头多肩式形态：一般的头肩式都有对称的倾向，因此，当两个左肩形成后，很有可能也会形成两个右肩。除了成交量之外，图形的左半部和右半部几乎完全相同。

（3）多头多肩式形态：在形成头部期间，股价一再回升，而且回升至上次同样的高点水平才向下回落，形成明显的两个头部，也可称作两头两肩式走势。有一点必须留意，股票成交量在第二个头往往会较第一个减少。

复合头肩形态如图 8-26 所示。

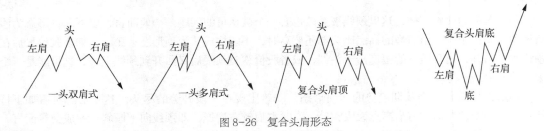

图 8-26　复合头肩形态

2．市场含义

复合头肩形态的分析意义和普通的头肩式形态一样，当在底部出现时，即表示一次较长期的升势即将来临；假如在顶部出现，则表示市场行情将下跌。

三、双重顶（底）形态

双重顶（底）形态也称 M 头（W 底）形态，是一种常见的顶（底）部反转形态，其形态是由两个等高（低）或近乎等高（低）的高（低）点组成的图形。

（一）双重顶形态

形成于一段涨势末期的双重顶（又称 M 头）是典型的卖出信号。当股价升至某一高点时，遭到强大的卖压，在高点处留下大成交量后股价回落，回落中成交量萎缩，至某一低点受到买盘支撑再度上升，当股价又升到前一高点水平附近时，成交量虽随股价回升而放大，但还是明显低于前一高点所产生的成交量水平，股价因无力超越前一高点而再度回落，并在回落到由前一低点引出的水平线——颈线时，稍做反弹就迅速向下跌破颈线，至此，双重顶形态完成，如图 8-27 所示。

双重顶有效跌破颈线后的下跌幅度，为第二个高点到颈线之间的垂直距离。

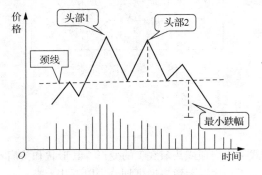

图 8-27　双重顶（M 头）形态

（二）双重底形态

双重底（W底）是典型的买入信号，如图 8-28 所示。

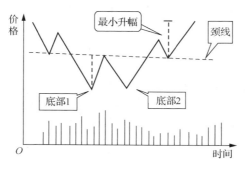

图 8-28　双重底（W底）形态

双重底完成后，突破颈线幅度超过 3% 时，才算是有效突破。

四、圆弧顶（底）形态

（一）圆弧顶形态

所谓圆弧顶，是用曲线将股价在高位形成头部过程中产生的多个高点连接起来，而形成的类似于圆弧形状的一种形态。

1．形态分析

当股价变动并进入上升行情时，在上涨初期，多头快速拉升股价，表示其实力强劲，股价上升一段后，多头开始遇到阻力，股价上升速度减缓，甚至下跌。多空形成拉锯战，多头由主动变为被动，最后力量不支，股价快速下跌，在图形的上端形成弧状，即圆弧顶。

2．市场含义

经过一段买方力量强于卖方力量的升势之后，买方趋弱或仅能维持原来的购买力量，使涨势缓和，而卖方力量却不断加强，最后双方力量均衡，此时股价会保持没有涨落的静止状态。如果卖方力量超过买方，股价就回落，起初跌势不明显，但后期由卖方完全控制市场时，跌势便十分明显。出现圆弧顶说明一个大熊市将要来临，未来下跌的态势将急转直下，那些先知先觉者会在圆弧顶形成前离市，但在圆弧顶完全形成后，投资者仍有机会撤离。

（二）圆弧底形态

所谓圆弧底，是用曲线将股价在低位形成底部过程中产生的多个低点连接起来，而形成的类似于圆弧形状的一种形态，与圆弧顶形态相反，如图 8-29 所示。

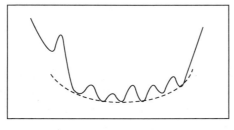

图 8-29　圆弧底形态

圆弧底形态的形成过程是，在经历大幅下跌后，股价的跌势逐渐趋缓，股价呈弧形下跌，股票成交量逐渐减少，然后当股价缓跌至某一价位区时，其上下波动几乎呈水平状态，股票成交量也减少，交易几乎停顿。此时多头力量渐渐增强，股价缓慢回升，呈圆弧形，成交量随股价上升而不断放大，说明主力机构在慢慢吸货，股价也由小幅攀升演变为陡峭地上升，圆弧底形态完成。

五、V形顶（底）形态

V形是反转形态中上升或下降幅度较大、速度较快的一种，它只有一个尖顶或一个尖底。投资者如果能够及时把握机会，那么差价收益相当可观。但是V形很难被及时判断，投资者要结合成交量及其他分析方法提前确认，以免错过买或卖的时机。V形反转形态分V形底与V形顶两种。

（一）V形底形态

1. V形底走势

V形底走势可分为3个部分。

（1）下跌阶段：通常V形的左方跌势十分陡峭，而且持续一段时间。

（2）转势点：V形的底部十分尖锐，一般来说形成转势点的时间仅两三个交易日，而且成交量在低点明显增多。有时转势点就在恐慌交易日中出现。

（3）回升阶段：股价从低点快速回升，成交量随之增加。

2. 市场含义

当市场中卖方的力量很强时，股价会稳定且持续地下跌。在这股抛售力量消失之后，买方的力量完全控制整个市场，使股价出现戏剧性的回升，股价以几乎与下跌时同样的速度回升。因此在图表上股价的运行会形成一个V形的移动轨迹。这种形态通常是由一些突如其来的因素所引起的突变，是一般投资者所不能预见的因素造成的。图8-30所示为西大门（605155）2023年10月20日后形成的V形底形态。

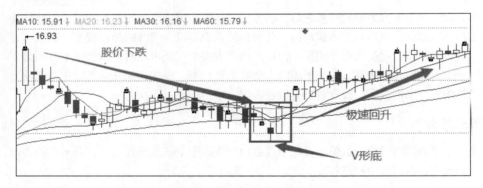

图8-30　西大门（605155）的V形底形态

（二）V形顶形态

V形顶又称单顶，是反转形态中股价上升幅度较大、速度极快的一种反转形态，与V形底形态正好相反。当市场中买方的力量很强时，市场看好的情绪使得股价节节攀升，可是突如其来的一个因素扭转了整个趋势，形成一个倒转V形的移动轨迹。图8-31所示为吉大正元（003029）于2023年6月28日至7月11日形成的V形顶形态。

图 8-31 吉大正元之 V 形顶形态

六、持续整理形态

股价走势在上升或下降过程中，有时需要休整一下，也就是多方和空方维持暂时平衡的局面，在图形上就形成了整理形态。必须说的是，整理形态在完成之后，股价大多是维持原有的方向继续行进，但是也有可能是转势，就是说整理形态走出来后股价不再沿原来的趋势行进，而是转向。

（一）三角形

三角形的整理形态共分 3 种：对称三角形、上升三角形、下降三角形。

1．对称三角形

对称三角形表示在股价调整中买卖双方的力量均衡，成交量由多到少；当股价按其原有趋势继续发展时，成交量会增加。对称三角形如图 8-32 所示。对称三角形有两条聚拢的直线，上面由高点连接而成的向下倾斜的直线，起阻力作用；下面由低点连接而成的向上倾斜的直线，起支撑作用。两直线的交点称为顶点。一般来说，三角形的突破是必须的，根据经验，突破的位置一般在三角形的横向宽度的 1/2～3/4 的某个位置。三角形的横向宽度指三角形的顶点到竖直边的距离，突破时越靠近三角形的顶点，三角形的各种功能就越不明显，对投资的指导意义就越不强。

对称三角形被突破后，也有测算功能。从突破点算起，股价至少要运行到与形态高度相等的距离。

2．上升三角形

上升三角形表示在股价盘整中买方的力量不断增强，股价在高点维持水平，而低点不断抬高，成交量由大到小；当股价突破阻力线向上时，成交量增加，后市展望良好。这种形态是买进的信号，如图 8-33 所示。

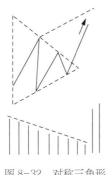

图 8-32 对称三角形

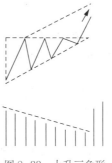

图 8-33 上升三角形

3．下降三角形

下降三角形表示在盘整中卖方的力量不断增强，成交量由大到小；当股价突破支撑线向下时，成交量增加，后市展望不乐观。这种形态是卖出清仓的信号，如图 8-34 所示。

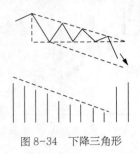

图 8-34　下降三角形

（二）旗形

旗形分上升旗形和下降旗形。

1．上升旗形

上升旗形是一种在股价的上升走势中出现的向下调整的四边形，成交量由大变小，股价突破阻力线后，成交量大增；上升幅度是原突破点到旗杆最高点的垂直距离，即 $CD=AB$。上升旗形是后市展望良好的一种整理形态，因而当股价突破阻力线向上时，是买进的信号，如图 8-35 所示。

2．下降旗形

下降旗形是一种在股价的下降走势中出现的向上调整的四边形，成交量由大变小，股价突破支撑线以后，成交量大增；下降幅度是原突破点到旗杆最低点的垂直距离，即 $CD=AB$。下降旗形是后市展望不佳的一种整理形态，因而当股价突破支撑线向下时，是卖出的信号，如图 8-36 所示。

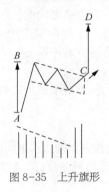

图 8-35　上升旗形

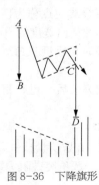

图 8-36　下降旗形

（三）楔形

在股价走势中，出现一种类似楔形的整理形态，其外形如同既不对称也没有直角的三角形。楔形也可分成下降楔形和上升楔形两种。

1．下降楔形

下降楔形是在股价的上升走势中常出现的一种整理形态。这种形态表示后市走势良好，是一种买进的信号，如图 8-37 所示。

2．上升楔形

上升楔形是在股价的下降走势中常出现的一种整理形态。这种形态表示后市走势不乐观，是卖出的信号，如图 8-38 所示。

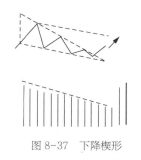

图 8-37 下降楔形

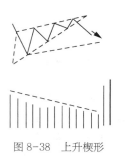

图 8-38 上升楔形

（四）钻石形

钻石形是由两个对称三角形合并组成的一种整理形态。它显示股价在调整期间变化很大，市场走势不稳定，因而后市展望不确定，如图 8-39 所示。

（五）矩形

矩形是一种常见的横向调整形态，也称箱形整理，一般由一个 M 形与一个 W 形组合而成。矩形调整形态表示后市趋势发展不明确，市场上买卖双方力量均衡，呈交易萎缩状态，如图 8-40 所示。

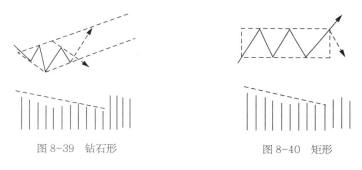

图 8-39 钻石形　　　　　　　　　图 8-40 矩形

七、缺口分析

缺口分为普通缺口、突破缺口、持续缺口和竭尽缺口等。人们可以根据不同的缺口形态预测行情走势的变化方向和变化力度。缺口分析是技术分析工具中极其重要的一种。

特别说明，股票因为除权产生的缺口，叫除权缺口，常常是牛市中该股填权的目标所在。它不在下面的分析讨论之列。

（一）普通缺口

普通缺口常发生在整理阶段，一般几天之内就会被填上。普通缺口的认定可以协助短线投资者判断出横盘整理形态正在酝酿，如图 8-41 所示。

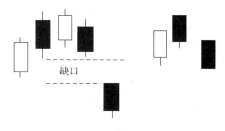

图 8-41 普通缺口

（二）突破缺口

突破缺口常发生在价格盘局形态完成后，开始突破此形态的界限，价格急速大幅地上涨或下跌之时。头肩形颈线的突破、三角形界线的突破等常会出现这种缺口。

成交量是证券价格上升突破缺口的强有力保证。如果在缺口发生之前，市场中已有很大的成交量，而在缺口发生后，成交量反而变得很少，那么证券价格很可能在下一次级波动中回到原来形态的边界，而把缺口封闭；如果在缺口发生后，还有很大的成交量配合，那么短期内证券价格很难回档，缺口不易被封闭。*ST 博天（603603）在 2022 年 5 月发动的一波上涨行情中的突破缺口、持续缺口和竭尽缺口，如图 8-42 所示。

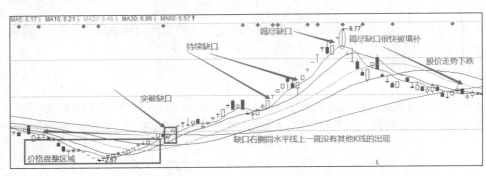

图 8-42 （彩色）

图 8-42　*ST 博天（603603）在 2022 年 5 月发动的一波上涨行情中的突破缺口、持续缺口和竭尽缺口

（三）持续缺口

持续缺口是在证券价格向某一方向有效突破之后，由于运动过快而在途中出现的缺口。它是一个趋势的持续信号。在缺口产生的时候，成交量可能不会增加，但如果增加，则通常表明一个强烈的趋势。

持续缺口的市场含义非常明显，它表明证券价格的变动将沿着既定的方向变化，并且这种变动距离大致等于突破缺口至持续缺口之间的距离，即缺口的测量功能。

持续缺口一般不会在短期内被封闭，因此，投资者可在向上运动的持续缺口附近买入证券或者在向下运动的持续缺口附近卖出证券，而不必担心是否会被套牢或者踏空。

（四）竭尽缺口

竭尽缺口出现在上升行情或下跌行情的尾声，是长期上升或下跌行情将结束的信号。这时，证券价格将进入调整或反转阶段。竭尽缺口与持续缺口最大的区别是：竭尽缺口出现在行情趋势的末端，该缺口很快就会被回补，显示原来占据主动的多方（或是空方）再也不能维持其强势了，故也称消耗缺口，它伴随着较大的成交量。

由于竭尽缺口形态表明行情走势已接近尾声，因此，投资者在上升行情出现竭尽缺口时应及时卖出证券，而在下跌趋势出现竭尽缺口时应买入证券。

（五）岛形缺口反转形态

若在上述竭尽缺口被回补的过程中，不是由普通的价格回落（或是上升）而回补，而是由新的缺口所回补，则中间形成"孤岛"K 线形态。详细描述如下。

证券价格在持续上升（或是下跌）一段时间后，在某日出现跳空缺口加速上升（或是下跌），随后证券价格在高位（或低位）徘徊，但不久证券价格却以向下（或向上）跳空缺口的形式下跌（或上升），而这个下跌（或上升）缺口和上升（或下跌）跳空缺口，基本处在同一价格区域，在K线图上看来，就像是一个远离"海岸"的"孤岛"形状，左右两边的缺口令这"岛屿"孤立于"海洋"之上。这就是顶部（或是底部）的岛形缺口反转形态，就是用新的突破缺口来回补上一波走势的竭尽缺口。

岛形缺口反转形态常常出现在长期或中期性趋势的末端，表示趋势的逆转。

第六节　技术指标分析

8-3　技术指标分析

一、技术指标分析概述

技术指标分析是运用一些数学公式，将过去的价格、成交量等数据重新整理并进行计算，得出的相关结果。价格数据可以为某时段的"开盘价""最高价""最低价""收盘价"中的一个或多个。同时，时间和成交量也被引入技术指标的计算中。每一个技术指标都以一个特定的方式或从某一特定角度对证券市场进行分析观察，进而反映市场某一方面深层的内涵。投资者通过技术指标曲线或者数据，就可以对市场进行定量分析。

技术指标的主要功能是：技术指标能提示价格的变动；进一步确认其他技术分析工具的结果；帮助投资者预测一个较佳的买入或卖出价位。不过，技术指标有时也会出现假信号。因此，投资者应同时使用多种技术指标，以免损失。

技术指标仅是一种判断买卖时机的辅助工具，能使投资者在市场上认清方向，不至于在买卖时做出太主观的决定。投资者需要牢记的是，技术指标仅是一种信号，并不能直接对金融产品价格产生影响。它毕竟是在有限数据的基础上运算分析得出的结果，所得出的结论也是相对的结论，不能被无限放大地使用。

（一）技术指标的分类

技术指标相当多，大致可以划分为大势型、超买超卖型、趋势型、能量型、成交量型、均线型、图表型、选股型、路径型、停损型等。

1. 大势型

大势型技术指标包括绝对广度指标（ABI）、腾落指标（ADL）、涨跌比率指标（ADR）、阿姆士指标（ARMS）、广量冲力指标（BTI）、估波指标（Coppock）、麦克连指标（MCL）、超买超卖指标（OBOS）等。

2. 超买超卖型

超买超卖型技术指标包括顺势指标（CCI）、初始振荡指标（DRF）、随机指标（KDJ）、凯利指标（KAIRI）、资金流量指标（MFI）、动量线指标（MOM）、振荡量指标（OSC）、变动率指标（ROC）、相对强弱指标（RSI）、威廉指标（W%R）、乖离率指标（BIAS）等。大约有 1/5 的技术指标属于这种类型，投资者想要完全精准地应用、解释这类指标会相当困难，如果掌握天线和地线的特征，就能更好地理解了。

天线和地线都与中轴线平行，天线位于中轴线上方，地线位于中轴线下方，两者与中轴线的距离相同。天线可视为指标阻力或是常态行情中的上涨极限。地线可视为指标支撑或常态行情中的下跌极限。这里的常态行情是指涨跌互见、走势波动以波浪理论的模式进行，并且促使指标持续上下波动于固定的范围中的情形。连续急涨急跌或瞬间的暴涨暴跌都不能算是常态行情。超买超卖型技术指标中的天线、地线和中轴线，如图 8-43 所示。

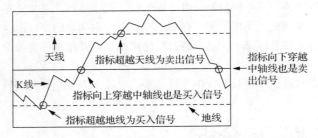

图 8-43　超买超卖型技术指标中的天线、地线和中轴线

3．趋势型

趋势型技术指标包括振动升降指标（ASI）、佳庆指标（Chaikin）、平行线差指标（DMA）、动向指标（DMI）、指数平滑异同平均线指标（MACD）、三重指数平滑移动平均指数（TRIX）等。此类指标至少有两条曲线，指标以两条曲线交叉为信号。趋势型技术指标的信号发生，大多以两条线的交叉为准，把握这个重点就可以运用自如。图 8-44 所示为指标线的交叉。

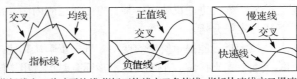

图 8-44　指标线的交叉

4．能量型

能量型技术指标包括人气意愿指标（BRAR）、中间意愿指标（CR）、心理线指标（PSY）、佳庆离散指标（VCI）、成交量比率（VR）等。此类指标是股价热度的"温度计"，专门测量投资者情绪高亢还是低落。指标数据太高，代表行情过热；指标数据太低，代表行情过冷。图 8-45 所示为指标的过热与过冷。

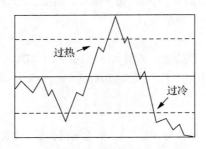

图 8-45　指标的过热与过冷

5．成交量型

成交量型技术指标包括成交值、成交量、负成交量指标（NVI）、能量潮指标（OBV）、正量指标（PVI）、离散量指标（ADVOL）、投资者情绪指标（SSI）等。成交量型指标有 N 字波动型和 O 轴突破型两类，如图 8-46 所示。

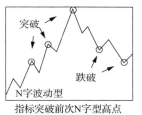

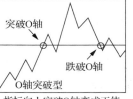

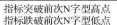

图 8-46　N 字波动型与 O 轴突破型

6. 均线型

均线型技术指标即各种不同算法的平均线，包括多空指标（BBI）、指数平均数指标（EXPMA）、移动平均线指标（MA）、量均线指标（VMA）、赫尔均线指标（HMA）等。利用这类指标时，投资者主要通过短期均线穿越长期均线的结果（金叉、死叉），判断是否为买卖信号。

7. 图表型

图表型技术指标包括 K 线、美国线、压缩图、收盘价线、等量线、等量 K 线、OX 图、新三价线、宝塔线、新宝塔线。图表型技术指标是以 K 线为基础派生出来的价格图形。利用这类指标时，投资者可通过图形的特征形态及其组合，来判断买卖信号和预测涨跌。

8. 选股型

选股型技术指标包括股票选择指标（CSI）、动向指标（DX）、幅度比指标（PCNT%）、威力雷达指标（RAD）等。其主要用途是筛选有投资价值的股票。

9. 路径型

路径型技术指标也称为压力支撑型技术指标，包括布林通道线指标（BOLL）、包络线指标（ENVELOPE）、麦克指标（MIKE）等。图形区分为上限和下限，上限代表阻力，下限代表支撑，如图 8-47 所示。其指标图形特点是：股价向上触碰上限可能会回落；股价向下触碰下限可能会反弹。不同指标有不同的特殊含义。

10. 停损型

停损型技术指标不仅具备判定停损位置的作用而且具有提示反转交易的功能，所以，不能单纯以停损的观念看待这个指标，而要将它看作一个可产生交易信号的相对独立的交易系统，包括停损点转向指标（SAR）和价格变异率指标（VTY）等。

股价由下往上突破圈圈为买入信号；股价由上往下跌破圈圈为卖出信号。停损型指标揭示的交易信号如图 8-48 所示。

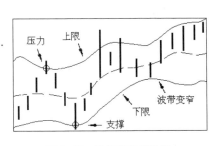

图 8-47　路径型技术指标

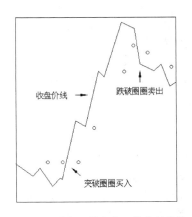

图 8-48　停损型指标揭示的交易信号

（二）应用技术指标时应注意的问题

1．指标的背离

背离，简单地说，就是走势不一致。指标的背离是指该指标的走向与价格的走向是不同的。通常指标背离有两种，一是顶背离，二是底背离。顶背离通常出现在价格上升一段距离之后的位置，当价格的高点比前一次的高点高，而指标的高点却比其前一次的高点低，也就是指标处于高位，并形成一峰比一峰低的两个峰，而此时价格却对应的是一峰比一峰高，表示该指标怀疑目前的上涨是外强中干，暗示价格可能很快就会反转下跌。顶背离是比较强烈的卖出信号。有一次背离后价格就转向的，但更多的是两次、三次背离后价格才转向。当然在极强的市场中，可出现四次背离。

反之，底背离一般出现在价格的低档位置，价格的低点比前一次的低点低，而指标的低点却比前一次的高，也就是说指标不支持价格继续下跌，暗示价格会反转上涨。底背离是可以开始买入的信号。

2．指标的交叉

指标的交叉指指标中的两条线（经常是不同周期的）发生了相交现象。常说的金叉和死叉就属这类情况。

3．指标的高低

指标的高低（或是位置）指指标处于高位和低位或进入超买区和超卖区。

4．指标的转折

指标的转折指指标的曲线发生了掉头，有时是一个趋势的结束和另一个趋势的开始。

5．指标的钝化

指标的钝化（或是盲点）指在一些极端的市场情况下指标已失去了作用。每种指标都有自己的盲点，也就是指标失效的时候。投资者在实践中应该不断地总结，并找到盲点所在。这有利于投资者在使用技术指标时少犯错误。遇到技术指标失效，要把它放置在一边，去考虑别的技术指标。一般来说，多参考一些技术指标，总会有几个指标能为投资者提供有益的指导和帮助。

二、移动平均线、平滑异同移动平均线

（一）移动平均线

1．移动平均线的原理

在掌握移动平均线（MA）之前，投资者首先要了解算术平均数。如 1～10 这 10 个数字，其算术平均数便是 5.5；而移动则意味着这 10 个数字的变动。假如第一组是 1～10，第二组变成 2～11，第三组又变为 3～12，那么，这 3 组数的算术平均数各不相同。而这些不同的平均数的集合，便统称为移动平均数。

2．移动平均线的计算

移动平均线的计算方法就是求连续若干天市场价格（通常采用收盘价）的算术平均值，其计算公式为

$$MA(n) = \frac{1}{n}\sum_{i=1}^{n} p_i \tag{8-3}$$

式中，n 为计算的周期数，可以是 n 天、n 周和 n 月，如 MA（n）是 n 天的股价平均数，p_i 就是第 i 天的收盘价。

将每日不同大小的移动平均数标于图表上，连接起来，便得到一条上下起伏的曲线。这便是美国投资专家格兰维尔创立的移动平均线，他依据 n 的大小将移动平均线分为短期、中期、长期 3 种。

短期移动平均线的计算周期主要是 5 日和 10 日，最短可以是 1 日，也就是日收盘价的连线。

中期移动平均线，其计算周期常为 20 日、30 日、55 日或 60 日。该线能让投资者了解股价一个月或超过一个月的平均变动成本。由于其波动幅度较短期移动平均线平滑且有轨迹可寻，较长期移动平均线敏感度高，因而优点明显。

长期移动平均线，其计算周期常为 120 日、146 日或 150 日、200 日。更长期的移动平均线的计算周期一般为 240 日、250 日和 255 日等。

3．移动平均线的特点

（1）追踪趋势

移动平均线作为计算算术平均值的方法，其最基本的思想就是消除股价随机波动的影响，寻求股价变动的趋势。因此，移动平均线将与股价变动的方向保持一致。

（2）滞后性

由于移动平均线具有追踪趋势的特性，在股价原有趋势突然发生转变时，移动平均线的变动往往过于迟缓，其掉头速度显得缓慢。

（3）稳定性

根据移动平均线的计算方法可知，股价某一天的大幅变动，在经过平均后，其幅度就不会像当天那样剧烈了，这就体现了移动平均线的稳定性。

（4）助涨助跌性

当股价突破移动平均线时，无论是向上突破还是向下突破，股价都有继续向突破方向再走一程的意愿。这就是移动平均线的助涨助跌性。

（5）支撑线和阻力线的特性

上述特性使移动平均线在股价走势中起支撑线和阻力线的作用。移动平均线的突破，实际上就是支撑线和阻力线的突破。

4．移动平均线的应用法则

在移动平均线中，格兰维尔创立的 8 项法则可谓其中的精华，而移动平均线也因为它，全面地诠释了道氏理论，如图 8-49 所示。

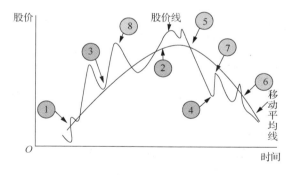

图 8-49　格兰维尔 8 项法则示意图

（1）格兰维尔的 4 项买入法则如下。

① 买入 1（信号 1），移动平均线经过一路下滑后，逐渐转为平滑，并有抬头向上的迹象。另外，股价也转而上升，并向上突破了移动平均线。这是第一个买入信号。

② 买入 2（信号 2），股价线在移动平均线之上，但呈急剧下跌态势，在跌破移动平均线后，忽而转头向上，并向上突破了移动平均线。这是第二个买入信号。

③ 买入 3（信号 3），与买入 2 类似，但股价线尚未跌破移动平均线，只要移动平均线依然呈上升趋势，前者也会转跌为升。这是第三个买入信号。

④ 买入 4（信号 4），股价线与移动平均线都在下降，股价线快速下跌远离了移动平均线，表明股价的反弹指日可待。这是第四个买入信号。

（2）格兰维尔的 4 项卖出法则如下。

格兰维尔的 4 项卖出法则与 4 项买入法则是一一对应的。

① 卖出 1（信号 5），移动平均线从上升转为平缓，并有下降趋势，而股价线也从其上方下落，跌破了移动平均线。这是第一个卖出信号。

② 卖出 2（信号 6），股价线和移动平均线都在下滑。这时，股价线自下方上升，并在突破了仍下滑的移动平均线后，又掉头下滑。这是第二个卖出信号。

③ 卖出 3（信号 7），类似卖出 2，问题是稍显反弹的股价线更加软弱，还未突破移动平均线就又转头向下。这是第三个卖出信号。要注意的是卖出 3 与买入 1 不同，买入 1 是移动平均线由跌转平，并有上升迹象，而卖出 3 是移动平均线尚处于下滑之中。

④ 卖出 4（信号 8），股价一路暴涨，远离了也在上升的移动平均线，但暴涨之后必有暴跌。所以此处是第四个卖出信号。

经过长期应用后发现，移动平均线转跌为平，并有向上趋势，股价线从移动平均线下方突破移动平均线，并始终大致保持在移动平均线的上方，这一段是牛市；而反之，移动平均线转升为平，并随后下跌，股价线从移动平均线上方突破至移动平均线的下方，这一段便是熊市了。至于买入 4 和卖出 4 怎样才算远离移动平均线，何时为适度，就是乖离率的研究对象了。

5．多头排列和空头排列

一般来说，短线投资者宜用短期移动平均线，中线投资者宜用中期移动平均线，长线投资者则宜用长期移动平均线，以判断各自不同的买入卖出点。然而，如果将三线合用，加上股价线，可以对股市有较为确切的了解。在股市中，当移动平均线和当日 K 线（也称日线）出现多头排列和空头排列时，就是市场趋势明朗之时，如图 8-50 所示。

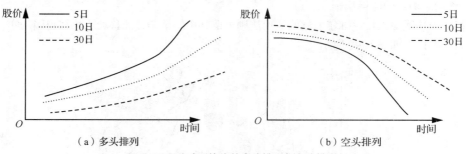

图 8-50　移动平均线的多头排列与空头排列

所谓多头排列，就是移动平均线在上扬，从上往下依次是短期线、中期线、长期线。这说明先买入的成本低，短线、中线、长线的投资者都有赚头，市场一片向上，这便是典型的牛市。

反之，空头排列指的是移动平均线在下滑，从下往上依次是短期线、中期线、长期线。这说明过去买入的成本都比现在高，短线、中线、长线的投资者此时抛出都是在止损，市场行情不乐观。显然，这是典型的熊市。

6．黄金交叉（金叉）与死亡交叉（死叉）

在日线和短期线、中期线、长期线同时排列的移动平均线图形中，除了形势明朗的多头排列（牛市）和空头排列（熊市）以外，更多的是几根线忽上忽下、纠缠不清的状况。投资者在这时特别要注意移动平均线显示的反转信号，其中最著名的就是黄金交叉和死亡交叉，如图 8-51 所示。

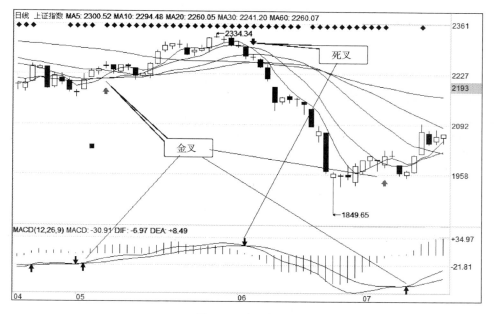

图 8-51　金叉与死叉

　　无论是金叉，还是死叉，本身就是一个买卖的信号，只不过其提示的作用，可长至几天甚至几周，也可短至几分钟，金叉或死叉对价格的影响程度也是可大可小的。当然，金叉和死叉也发生在技术指标图中，如指标中的快线从低位向上穿过慢线形成金叉，指标中的快线从高位向下穿过慢线形成死叉，也具有参考作用。将 K 线图中移动平均线形成的金叉、死叉与同时期发生在技术指标上的金叉、死叉结合起来看，更能强化信号的提示作用。在个股走势的分析中，投资者可以以此把握进出的时机，金叉看多买入为主，死叉看空卖出为主。在指数走势的分析中，投资者也可以以此判断牛市、熊市的态势。

7．应用移动平均线时应注意的问题

　　在盘整阶段或趋势形成后的中途休整阶段或局部反弹和回落阶段，纠缠在一起的移动平均线极易发出错误的信号。另外，移动平均线只是作为支撑线和阻力线，当股价站在移动平均线之上时，当然有利于股价上涨，但并不是说一定会涨，起支撑作用的移动平均线也有被跌穿的时候；反之，起阻力作用的移动平均线也有被突破的时候。

（二）平滑异同移动平均线

1．平滑异同移动平均线的原理

　　平滑异同移动平均线（MACD）是为了弥补移动平均线频繁发出买入或卖出信号的缺陷而创立的。

2．平滑异同移动平均线的计算

　　MACD 由正负差（DIF）和离差平均值，也称异同平均数（DEA）两部分组成。DIF 是快速移动平均线（一般取值 12）与慢速移动平均线（一般取值 26）的差。DEA 是 DIF 的移动平均，也就是连续 n 日（一般 n 取值 9）的 DIF 的算术平均。因此，MACD 是中长线指标。其公式为

$$EMA（12）=\frac{2}{12+1}×今日收盘价+\frac{11}{12+1}×昨日 EMA（12）\qquad（8-4）$$

$$EMA（26）=\frac{2}{26+1}×今日收盘价+\frac{25}{26+1}×昨日 EMA（26）\qquad（8-5）$$

$$DIF=EMA（12）-EMA（26） \tag{8-6}$$

$$DEA（n）=\frac{1}{n}\sum_{i=1}^{n}DIF（i） \tag{8-7}$$

$$MACD=2×（DIF-DEA） \tag{8-8}$$

3．平滑异同移动平均线的应用法则

以 DIF 和 DEA 的取值和这两者之间的相对形态对行情进行预测，结论如下。

（1）DIF 和 DEA 均为正值时，属多头市场（见图 8-52 信号 1）。DIF 向上突破 DEA 是买入信号；DIF 向下跌破 DEA 只能认为是回落，投资者应进行获利了结操作。

（2）DIF 和 DEA 均为负值时，属空头市场。DIF 向下突破 DEA 是卖出信号；DIF 向上穿破 DEA 只能认为是反弹，投资者应进行暂时补空操作。

（3）利用 DIF 的曲线形状进行行情分析，如图 8-52 中的 M 头形态。如果 DIF 的走向与股价走向（顶/底）背离（见图 8-52 底背离），则是采取行动的信号，至于是卖出还是买入要依 DIF 的上升和下降而定。

（4）MACD 的金叉，就是在经过一轮较长时间的调整之后，DIF 由下向上穿过 DEA，形成金叉，是提示买进股票的信号。

（5）MACD 的死叉，就是在经过一轮多头行情之后，DIF 由上向下穿过 DEA，形成死叉，是提示卖出股票的信号。

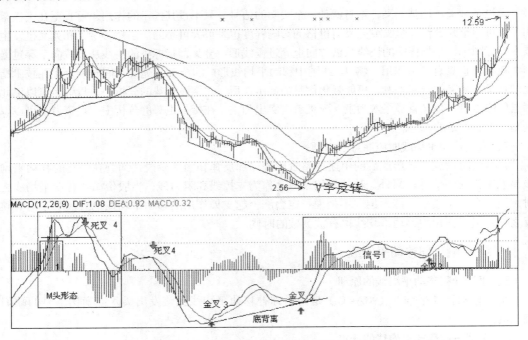

图 8-52　MACD 指标的应用

4．平滑异同移动平均线的优点与缺点

优点：除掉了移动平均线频繁出现的买入、卖出信号，使发出信号的要求和限制增加，避免假信号的出现，比移动平均线的可靠性更高。

缺点：同移动平均线一样，在股市没有明显趋势而进入盘整时，其信号就不是很准确。另外，对未来股价的上升和下降的幅度不能提出有帮助的建议。

三、相对强弱指标

（一）相对强弱指标的原理

相对强弱指标（Relative Strength Index，RSI）是美国投资专家韦尔斯·怀尔德首创的，其理论基础源于价格变动关系的"动量振荡点"，计算方法是通过统计一段时间内（如6天、12天、24天等）的收盘涨数和跌数，推算出买卖双方的意向和力量的对比，从而得出超买、超卖、整理、交叉、反转、背离和形态等多种行情的强弱判断。

（二）相对强弱指标的计算公式

RSI的计算公式为

$$RSI（14）= \frac{A}{A+B} \times 100\% \tag{8-9}$$

式中，A——14天中股价向上波动的大小；

B——14天中股价向下波动的大小；

$A+B$——股价总的波动大小。

用每一日的收盘价减上一日的收盘价，如果大于0，就汇总在A中；如果小于0，就取其绝对值，然后汇总在B中。

RSI实际上是表示股价向上波动的幅度占总的波动幅度的百分比，占的比例大就是强市，否则就是弱市。

（三）相对强弱指标的应用法则

1. 根据RSI取值的大小判断行情

RSI值的变动范围为0～100，将0～100分成4个区域，见表8-3，根据RSI的取值落入的区域进行操作。

表8-3　RSI值及其对应市场特征

RSI值	市场特征	操作建议
80（不含）～100	极强	卖出
50（不含）～80	强	买入
20（不含）～50	弱	卖出
0～20	极弱	买入

极强与强的分界线和极弱与弱的分界线是不明确的。换言之，这两个区域之间不能画一条截然分明的分界线，而应该绘制一个区域。我们可以在其他的技术分析书籍中看到30、70或15.85，这些数字实际上是对这条分界线的大致描述。应该说明的是，这条分界线位置的确定与以下两个因素有关。

（1）RSI的参数。参数不同，区域的划分就不同。一般而言，参数越大，分界线离中心线50就越近，离100和0就越远。

（2）选择的股票。不同股票的活跃程度不同，RSI所能达到的高度也不同。一般而言，越活跃的股票，分界线离中心线50越远；越不活跃的股票，分界线离中心线50越近。

随着RSI的取值超过中心线50，市场进入强市，投资者可以考虑买入，但是市场强过了头的时候就该抛出。

2．从 RSI 的曲线形状上判断行情

RSI 在较高或较低的位置形成头肩形或多重顶（底）形态，是采取行动的信号。这些形态一定要出现在较高位置或较低位置，离中心线 50 越远越好。越远则结论越可信，出错的可能性就越小。形态分析中有关这类形状的操作原则，这里都适用。

趋势线在这里也有用武之地。RSI 在一波一波的上升和下降中，也会给投资者提供画趋势线的机会。这些起着支撑和阻力作用的切线一旦被突破，就是采取行动的信号。

3．不同参数的两条或多条 RSI 曲线的联合使用

同移动平均线一样，天数越多的 RSI 考虑的时间范围越大，结论越可靠，但速度也会越慢。这是无法避免的。

参数小的 RSI 称为短期 RSI，参数大的称为长期 RSI。这样，两条不同参数的 RSI 曲线的联合使用法则可以完全照搬移动平均线中的两条移动平均线的使用法则。即当短期 RSI>长期 RSI 时，属多头市场；当短期 RSI<长期 RSI 时，则属空头市场。当然，这两条 RSI 曲线只是参考，不能完全照此操作。

4．从 RSI 与股价的背离方面判断行情

RSI 处于高位，并形成一峰比一峰低的两个峰，而此时，股价却对应的是一峰比一峰高，这叫顶背离。股价这一涨是最后的衰竭动作（如果出现跳空，就可能产生竭尽缺口），是比较强烈的卖出信号。与这种情况相反的是底背离，即 RSI 在低位形成两个依次上升的谷底，而股价还在下降。这是最后一跌或者说是接近最后一跌，是可以开始建仓的信号。相对而言，用 RSI 与股价的背离来研判行情的转向成功率较高。

（四）应用相对强弱指标时应注意的问题

在某些情况下，RSI 无法有效显示出后市的可能趋向。

（1）在 RSI 徘徊于 40～60 时，显示投资者持观望态度。此时，RSI 所表现的信号（如线位突破价位向上或向下的信号），完全不足以证明市场行情将会上升还是下跌，往往是在股价突破阻力线后应上升反而出现回落，股价跌破支撑线后应下滑反而发生反弹（市场开始转势除外）。

（2）在市场升势确认后，RSI 跌破支撑线下跌的信号并不可靠，或下跌幅度浅窄经常出错。当主要趋势向下时，任何跌破支撑线的跌幅必比突破阻力线的波动幅度大。此时，突破阻力线的信号对市场价格的感应力相应失效或效果奇劣，直至转势为止。

（3）在市场气氛处于混乱（如价格涨跌急剧）期间，RSI 突破 80 时超买信号将失效。这时 RSI 往往迈得更高，可以超越 90 或 95。此阶段的实际价格涨幅十分大，若当 RSI 数值大于 80 时立即进行抛空将带来严重亏损。同样，RSI 数值跌破 20 时的超卖信号也不可信。这时股价可能在轻微反弹后再大幅下跌，RSI 可能会下降到 10 或 5 以下。

世上并无完美的预测工具，RSI 也不例外。RSI 主要是能够显示目前市况处于强势市（60 以上）、牛皮市（40～60），还是弱势市（40 以下），并能事先分析出市场潜在发展动向，而且较为准确。

四、随机指标

（一）随机指标的原理

随机指标（KDJ）是由乔治·莱恩首创的，早年应用于金融和期货市场。其理论依据是股价上涨时，收盘价倾向于接近当日价格区间的上端；价格下跌时，收盘价倾向于接近当日价格区间的下

端。计算时，先求未成熟随机值（RSV），再依据平滑移动平均线的方法计算 K 值，然后将 K 值平滑移动得出 D 值。

（二）随机指标的计算公式

随机指标的相关计算公式为

$$今日 RSV=（C_t-L_n）/（H_n-L_n）×100\% \qquad (8\text{-}10)$$

式中，C_t——当日收盘价；

H_n——n 日内最高价；

L_n——n 日内最低价。

$$今日 K 值=2/3×昨日 K 值+1/3×今日 RSV \qquad (8\text{-}11)$$
$$今日 D 值=2/3×昨日 D 值+1/3×今日 K 值 \qquad (8\text{-}12)$$
$$J=3K-2D \qquad (8\text{-}13)$$

（三）随机指标的应用法则

KDJ 是 3 条曲线，在应用时主要从 5 个方面进行考虑：KD 取值的绝对值、KD 曲线的形态、KD 指标的交叉、KD 指标的背离，以及 J 指标的取值大小，如图 8-53 所示。一般把 K 线称为快线，把 D 线称为慢线。

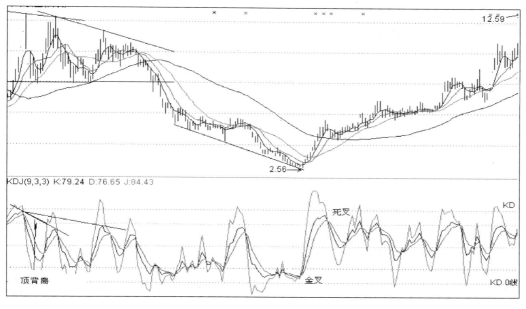

图 8-53　KDJ 的应用

1. 从 KD 的取值方面考虑

80 以上为超买区，20 以下为超卖区。KD 超过 80 就应该考虑卖出，低于 20 就应该考虑买入。

D 线突破 80，就是行情进入超买区间的信号。这个信号说明市场上的买方力量已经达到极度强势的状态，不过这种强势状态可能难以持续。一旦买方力量开始衰退，卖方力量增强，股价就将见顶下跌，因此这是看跌卖出信号。如图 8-54 所示，瑞和股份（002620）2019 年 5 月 21 日 KDJ 中的 D 线突破 80 进入超卖区间，2019 年 6 月 3 日跌破 80，说明买方极度强势的行情已经结束，股价开始见顶回落。

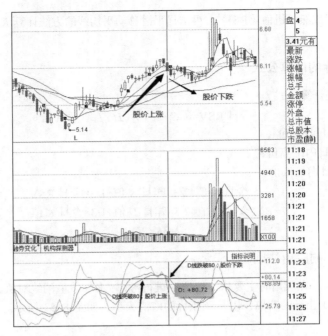

图 8-54（彩色）

图 8-54　瑞和股份 2019 年 5 月 21 日—6 月 3 日 D 线处于超卖区间

2．从 KD 指标的交叉方面考虑

K 线从下向上穿过 D 线是金叉，为买入信号，金叉的位置应该比较低，在超卖区的位置，越低越好。金叉的次数最少为 2 次，越多越好。K 线从上向下穿过 D 线是死叉，为卖出信号。死叉在超买区越高的位置出现，越应该考虑卖出股票。如，在 2019 年 10 月 29 日阳谷华泰（300121）的 K 线图中，KDJ 中的 K 线和 D 线在低位出现金叉，说明股价短期内的上涨动能有增强趋势，随后股价走出了一波上涨行情，如图 8-55 所示。

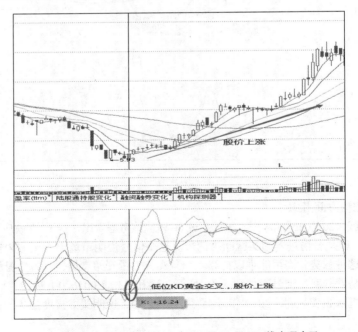

图 8-55（彩色）

图 8-55　阳谷华泰 2019 年 10 月 29 日 KD 线出现金叉

又如，渝开发（000514）在 2018 年 11 月走出一波上涨行情，11 月 28 日 KDJ 中的 K 线和 D 线在高位形成死叉，股价在高位盘整几个交易日后，出现回落，如图 8-56 所示。

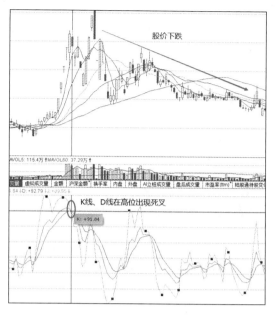

图 8-56（彩色）

图 8-56　渝开发 2018 年 11 月 28 日 K 线、D 线出现死叉

3．从 KD 指标的背离方面考虑

（1）KD 处在高位，并形成两个依次向下的峰，而此时股价还在持续上涨，这叫顶背离，是卖出的信号。

（2）KD 处在低位，且一底比一底高，而股价还在继续下跌，这叫底背离，是买入信号。

如，中科金财（002657）在 2019 年 10 月开始的回落行情中，随着股价不断走出新低，KDJ 中的 K 线却出现一底比一底高的上涨走势，说明卖方的动能已经逐渐减弱，后期股价将走出一波上涨行情，如图 8-57 所示。

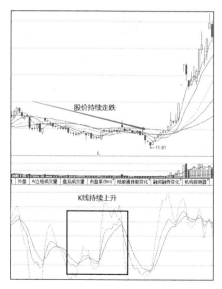

图 8-57（彩色）

图 8-57　中科金财 2019 年第 4 季度出现 K 线和股价底背离

又如，国新健康（000503）在 2019 年 2 月展开一波快速上涨行情后，KDJ 中的 J 线达到 100，并在之后几个交易日内维持在 100 上方，之后跌破 100，股价完成一波短线的上涨行情后开始快速下跌，如图 8-58 所示。

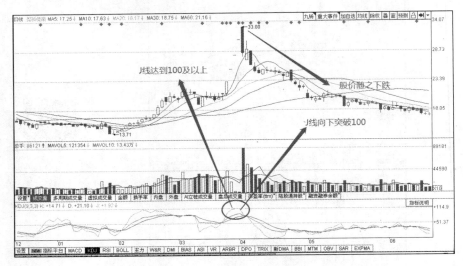

图 8-58（彩色）

图 8-58　国新健康 2019 年上半年出现 J 线

（四）应用随机指标时应注意的问题

（1）股价短期波动剧烈或者行情瞬间变动的幅度太大时，投资者使用 KD 值交叉信号买卖，经常发生买在高点、卖在低点的窘况。此时，投资者须放弃使用随机指标，改用其他指标，如 CCI、ROC 等。如果波动的幅度够大，买卖之间扣除手续费仍有利润，则投资者应在此时将行情页面转变成 5 分钟或 15 分钟图形，再以 KD 指标的交叉信号买卖，可获得短线收益。

（2）极强或者极弱的行情，会造成指标在超买或超卖区内上下徘徊，K 值也会发生这种情形。投资者此时应该参考 VR、ROC，观察股价是否超出常态分布的范围，一旦确定为极强或极弱的走势，则 K 值的超买超卖提示功能将失去作用。

（3）以 D 值来代替 K 值，可使超买超卖的提示功能更具效果。一般常态行情下，D 值大于 80 时，股价经常向下回跌；D 值低于 20 时，股价容易向上回升。在极端行情中，D 值大于 90 时，股价容易产生瞬间回档；D 值低于 15 时，股价容易产生瞬间反弹。

五、威廉指标

（一）威廉指标的原理

威廉指标（WMS%或 W%R）首次出现于 1973 年拉里·威廉姆斯的《我如何赚取百万美元》一书中。W%R 原名叫"威廉超买超卖指标"，其应用摆动原理，利用价格变动的相对位置，来研判市场是否处于超买超卖状态，从而分析行情的可能趋势，并提出某些操作信号。W%R 的含义是当天的收盘价在过去的一段时间的全部价格范围内所处的相对位置。

（二）威廉指标的计算公式

威廉指标的计算公式为

$$W\%R=(H_n-C_t)/(H_n-L_n)\times100\%$$ （8-14）

式中，C_t——当日收盘价；

　　　H_n——n日内最高价；

　　　L_n——n日内最低价。

从 W%R 的计算公式可以看出，W%R 和 KD 指标有着互补关系，即 RSV + W%R = 100%。威廉指标属于摆动类反向指标。即股价上涨，W%R 指标向下；股价下跌，W%R 指标向上。

（三）威廉指标的应用法则

1．从威廉指标的绝对取值（0～100）方面考虑

（1）W%R 高于 80，即超卖，行情即将见底，投资者应当考虑买入。

（2）W%R 低于 20，即超买，行情即将见顶，投资者应当考虑卖出。

如，2018 年 11 月底至 12 月初，生益科技（600183）WR14 线连续 3 次在 80 上方触顶，说明股价继续下跌的空间已经十分有限。2018 年 12 月 4 日，其 WR14 跌破 80，买方力量复苏，股价走出一波上涨行情。此时股价日 K 线图也是一个 V 形底的形态，如图 8-59 所示。

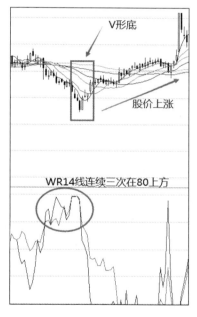

图 8-59（彩色）

图 8-59　生益科技 2018 年 11—12 月 WR14 连续三次触顶

如果 WR14 在短期内连续 3 次上涨到 95 上方，且回调时不跌破 80，就说明市场进入严重的超卖状态，股价继续下跌的空间已经十分有限。此时，投资者可以买入股票。

又如，2019 年 10 月初，歌华有线（600037）的 WR14 连续 3 次触底。这说明市场已经进入严重的超买状态，是看跌卖出的信号。2019 年 10 月 15 日，其 WR14 突破 20，之后股价走出一波下跌行情，如图 8-60 所示。

2．从威廉指标的曲线形状考虑

（1）W%R 进入低位后，一般要反弹，如果这时股价还继续上升，就形成了背离，是卖出的信号。

（2）W%R 进入高位后，一般要回落，如果这时股价还继续下降，就形成了背离，是买进的信号。

（3）W%R 连续几次触顶（底）后，局部形成双重或多重顶（底），这是买进（卖出）的信号。

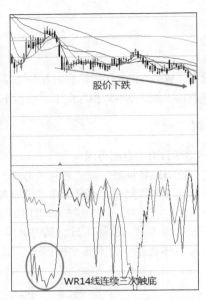

图 8-60（彩色）

图 8-60　歌华有线 2019 年 10 月 WR14 连续三次触底

（四）应用威廉指标时应注意的问题

（1）W%R 主要用于辅助 RSI 判定趋势转变的信号是否可靠。

RSI 向上穿越 50 时，看 W%R 是否也同样向上穿越 50。如果同步则趋势信号可靠，如果不同步则应多参考其他指标信号再做决定。RSI 向下穿越 50 时，也是同样的道理。在比较两者是否同步时，设定的参数必须是相对应的比例，大致上 W%R 5 日、10 日、20 日分别对应 RSI 6 日、12 日、24 日，但是投资者可以依照自己的测试结果，选择最佳的对应比例。

（2）W%R 进入超买或超卖区时，应立即寻求 MACD 的支援。

当 W%R 进入超卖区时，把它当成一种预警信号，看 MACD 是否产生 DIF 由下而上交叉 EDA 的买进信号，一律以 MACD 的信号为下手买进的时机。W%R 进入超买区时，MACD 发出卖出信号即为卖出的时机。

六、动向指标

（一）动向指标的原理

动向指标（DMI）根据每日的最高价、最低价及收盘价来相互比较，主要是想明确在此期间内上升动力和下降动力谁大谁小，以分析出市场内部力量是买家强还是卖家强。

（二）动向指标的计算公式

1．真实波幅

真实波幅（TR）以下面 3 种情况计算差额，其最大值为 TR。

（1）当日最高价与当日最低价的差额绝对值。

（2）当日最低价与前一交易日收盘价的差额绝对值。

（3）当日最高价与前一交易日收盘价的差额绝对值。

2．无动向日

无动向日可分为内移日和两力均衡日。

（1）内移日：当日最高价等于或低于前一交易日最高价且当日最低价高于或等于前一交易日最低价，则当日动向值为 0，即"+DM=0"，"-DM=0"。

（2）两力均衡日：当日最高价较前一交易日最高价更高，其差额绝对值刚好等于当日最低价较前一交易日最低价更低的差额绝对值，形成两力均衡走势，则当日动向值为 0，即"+DM=0"，"-DM=0"。

3．上升动向

上升动向（+DM）的定义是当日最高价较前一日最高价更高，且当日最低价不低于前一日最低价，+DM 为当日最高价减前一日最高价；或当日最高价较前一日最高价更高，同时最低价较前一日最低价更低，且两日最高价差额绝对值大于最低价差额的绝对值，则+DM 为当日最高价减前一日最高价。

4．下降动向

下降动向（-DM）的定义是当日最低价低于前一日最低价，且当日最高价不高于前一日最高价，-DM 为前一日最低减当日最低价；或当日最高价较前一日最高价高，同时最低价较前一日最低价低，且两日最低价差额绝对值大于最高价差额绝对值，则-DM 为前一日最低价减当日最低价。

（三）动向指标的应用法则

DMI 被怀尔德认为是比较实用的一套技术分析工具。虽然其计算过程比较复杂，但技术分析软件可以使投资者省去复杂的计算过程，专心于掌握指标所揭示的真正含义，领悟其研判行情的独到功能。

和其他技术指标不同的是，DMI 的研判主要是判别市场的趋势。在应用时，DMI 的研判集中在两个方面：一个方面是分析上升指标（+DI）、下降指标（-DI）和平均动向指标（ADX）之间的关系，另一个方面是对行情走势及转势特征的判断。其中，+DI 和-DI 两条曲线的走势关系是判断能否买卖的信号，ADX 则是判断未来行情发展趋势的信号。

1．上升指标和下降指标的研判功能

（1）当股价走势向上发展，而+DI 从下向上突破-DI 时，表明市场上买方力量在加强，为买入信号。如果 ADX 伴随上升，则预示股价的涨势可能更强劲。

（2）当股价走势向下发展，而同时+DI 从上向下突破-DI 时，表明市场上卖方力量在加强，为卖出信号。如果 ADX 伴随下降，则预示跌势将加剧。

（3）当股价维持某种上升或下降趋势时，+DI 和-DI 的交叉突破信号比较准确，但当股价维持盘整状态时，+DI 和-DI 交叉发出的买卖信号无效。

2．平均动向指标的研判功能

ADX 为动向值 DX 的平均数，而 DX 是根据+DI 和-DI 两数值的差和之比计算出来的百分比，因此，利用 ADX 指标能更有效地判断市场行情的发展趋势。

（1）判断行情趋势

当行情走势由横盘向上发展时，ADX 值会不断递增。因此，当 ADX 值高于前一日时，投资者可以判断当前市场行情仍在维持原有的上升趋势，即股价将继续上涨。如果+DI 和-DI 同时增加，则表明当前上升趋势将十分强劲。

当行情走势进入横盘阶段时，ADX 值会不断递减。因此，投资者在判断行情时，应结合股价走势、+DI 和-DI 走势进行判断。

当行情走势由横盘向下发展时，ADX 值也会不断递减。因此，当 ADX 值低于前一日时，投资者可以判断当前市场行情仍维持原有的下降趋势，即股价将继续下跌。如果+DI 和-DI 同时减少，则表示当前的跌势将延续。

（2）判断行情是否盘整

当市场行情在一定区域内小幅盘整时，ADX 值会出现递减情况。当 ADX 值降至 20 以下，且呈横向窄幅移动时，投资者可以判断当前市场行情为牛皮盘整，上升或下跌趋势不明朗。此时，投资者应以观望为主，不可依据+DI 和-DI 的交叉信号来买卖股票。

（3）判断行情是否转势

ADX 值在高点由升转跌，预示行情即将反转。在涨势中的 ADX 在高点由升转跌，预示涨势即将告一段落；在跌势中的 ADX 从高位回落，预示跌势可能停止。

3. 四线交叉原则

（1）当+DI 线同时在 ADX 线和 ADXR 线及-DI 线以下（特别是在 50 及以下的位置）时，说明市场处于弱市之中，股价向下运行的趋势还没有改变，股价可能还要下跌。此时，投资者应以持币观望或逢高卖出股票为主，不可轻易买入股票。这点是 DMI 研判的重点。

（2）当+DI 线和-DI 线同处 50 以下时，如果+DI 线快速向上突破-DI 线，则预示新的主力已进场，股价短期内将大涨。如果伴随着大的成交量放出，更能确认行情将向上，则投资者应迅速短线买入股票。

（3）当+DI 线从上向下突破-DI 线（或-DI 线从下向上突破+DI 线）时，不论+DI 和-DI 处在什么位置都预示新的卖方进场，股价将下跌。此时，投资者应以短线卖出股票或以持币观望为主。

（4）当+DI 线、-DI 线、ADX 线和 ADXR 线 4 条线同时在 50 以下并交叉在一起做窄幅横向运动时，说明市场波澜不惊，股价处于横向整理之中。投资者此时应以持币观望为主。

（5）当+DI 线、ADX 线和 ADXR 线 3 条线同时处于 50 以下的位置，而此时 3 条线都快速向上发散，说明市场人气旺盛，股价处在上涨走势之中。此时，投资者可逢低买入或持股待涨。因为-DI 线是下降方向线，对上涨走势反应不灵，故不予以考虑。

（6）对于牛股来说，ADX 曲线在数值 50 以上向下回落，仅回落到数值 40～60 之间，便再度掉头向上攀升。同时股价在此期间为横盘整理的态势。伴随着 ADX 曲线再度回升，股价再次大涨，这是股价拉升的征兆。这种情况经常出现在一些大涨的牛股中，此时 DMI 只是提供一个向上的大趋势即将来临的参考。在实际操作中，投资者必须结合均线系统和均量线及其他指标一起研判。

（四）应用动向指标时应注意的问题

1. DI 交叉信号对汇市的反应比其他指标要慢很多。
2. 此指标比较适合中长线投资者使用，短线投资者不建议使用。
3. 有些时候明明 ADX 指标已经发生转折了，但是汇价却没有随之转变，这就是指标失效现象。

七、乖离率指标

（一）乖离率的原理

乖离率（BIAS）是由移动平均线派生出来的一种技术指标，是目前股市技术分析中一种短、中、长期皆可的技术分析工具。其功能是通过测算股价与移动平均线偏离的程度，来为投资者提供操作提示。

（二）乖离率的计算公式

乖离率的计算公式为

$$BIAS=（当日收盘价-N 日移动平均价）/N 日移动平均价×100\% \tag{8-15}$$

式中，N 可以取不同的数值，常取 5、10、20 等。

（三）乖离率的应用法则

1．乖离率的应用

乖离率可以直接用来研究股价的超买超卖现象。乖离率周期参数的选择不同，对行情的研判标准也会随之变化，但方法基本相似。以 5 日乖离率为例，具体方法如下。

（1）一般而言，在弱势市场上，股价的 5 日乖离率达到-5 以上，表示股价超卖现象出现，投资者可以考虑买入股票（见格兰维尔 8 项法则的买入信号 4）；而当股价的 5 日乖离率达到 5 以上，表示股价超买现象出现，投资者可以考虑卖出股票（见格兰维尔 8 项法则的卖出信号 8）。

（2）在强势市场上，股价的 5 日乖离率达到-10 以上，表示股价超卖现象出现，为短线买入机会；当股价的 5 日乖离率达到 10 以上，表示股价超买现象出现，为短线卖出股票的机会。

注意，这里给出的数值仅供操作中参考，不能照搬照用。

2．乖离率曲线的形态

（1）当 BIAS 曲线在高位形成 M 头或三重顶等顶部反转形态时，可能预示着股价由强势转为弱势，股价即将大跌，投资者应及时卖出股票。如果股价的曲线也出现同样形态，则更能确认该信号，其跌幅可以用 M 头或三重顶等形态理论来研判。

（2）当 BIAS 曲线在低位出现 W 底或三重底等底部反转形态时，可能预示着股价由弱势转为强势，股价即将反弹向上，投资者可以逢低少量买入股票。如果股价曲线也出现同样形态更能确认该信号，其涨幅可以用 W 底或三重底形态理论来研判。

（3）BIAS 曲线的形态中 M 头和三重顶形态的准确性要高于 W 底和三重底。

3．乖离率曲线与股价运行曲线的配合使用

（1）当股价曲线与 BIAS 曲线从低位同步上升，表示股价短期内有望触底反弹或继续上涨。此时，投资者可逢低买入或持股待涨。

（2）当 BIAS 曲线从下向上突破 0 轴，同时股价也突破短期均线的阻力时，表明股价短期将强势上涨，投资者应及时买入股票。

例如，2019 年 7 月 2 日，中青旅（600138）的 BIAS6 突破 0 轴，此时有买方入场的迹象，如图 8-61 所示。2019 年 7 月 9 日，BIAS6 突破 BIAS12，说明 6 日均线向上突破 12 日均线，此时上涨趋势已经形成，后市该股迎来一波上涨行情。

图 8-61（彩色）

图 8-61　中青旅 2019 年 7 月 BIAS 买入形态

又如，2019年6月3日，农发种业（600313）的BIAS6跌破0轴，是看跌卖出信号，如图8-62所示。看到这个信号，投资者可以先卖出部分股票。2019年6月6日，BIAS12跌破了BIAS6。这个形态说明市场行情已经完全变弱，投资者需要将剩余的股票全部卖出。

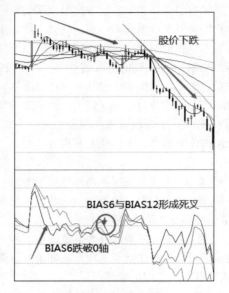

图8-62（彩色）

图8-62　农发种业2019年6月BIAS卖出形态

（四）应用乖离率时应注意的问题

投资者在分析和预测股价走势时，只用单一乖离率作为研判依据，有时会出现偏差。尤其是在极端行情中，乖离率所给出的逆势操作信号可能会使投资者丢失机会或做出错误决策。

八、人气指标与意愿指标

人气指标（AR）和意愿指标（BR）都是以分析历史股价为手段的技术指标，其中人气指标较重视开盘价格，从而反映市场买卖的人气；意愿指标则重视收盘价格，反映的是市场买卖意愿的程度。这两项指标分别从不同角度对股价波动进行分析，以达到追踪股价未来动向的共同目的。

（一）人气指标

1．人气指标的计算方法

人气指标是以当天开盘价为基础，分别比较当天最高价、最低价，通过一定时期内的开盘价在股价中的地位，来反映市场买卖的人气。一般设定的周期为14日或26日。

2．人气指标的基本应用法则

（1）AR值以100为中心地带，在80～120波动时，属盘整行情，股价走势比较平稳，不会出现剧烈波动。

（2）AR值走高表示行情活跃，人气旺盛，过高则表示股价进入高价，投资者应选择时机退出。AR值的高度没有具体标准，一般情况下，AR值上升至150以上时，股价随时可能回档下跌。

（3）AR值走低表示人气衰退，需要充实，过低则暗示股价可能跌入低谷，投资者可考虑介入。一般AR值跌至70以下时，股价随时有可能反弹上升。

（4）从AR曲线中可以看出一段时间的买卖人气，AR值可先于股价到达峰顶或跌入谷底。投资者在观图时主要凭借经验，并需参考其他技术指标。

（二）意愿指标

1．意愿指标的计算方法

意愿指标是以昨日收盘价为基础，分别与当日最高价、最低价相比，通过一定时期的收盘价在股价中的地位，反映市场买卖意愿的程度。

2．意愿指标的基本应用法则

（1）BR 值较 AR 值敏感，当 BR 值在 70～150 波动时，属盘整行情，投资者应保持观望。

（2）BR 值高于 400 时，股价随时可能回档下跌，投资者应选择时机卖出；BR 值低于 50 时，股价随时可能反弹上升，投资者应选择时机买入。

（三）人气指标与意愿指标的应用法则

一般情况下，AR 可以单独使用，BR 则需与 AR 并用，才能发挥效用。因此，在同时计算 AR、BR 时，AR 与 BR 曲线应绘于同一图内，AR 与 BR 合并后的应用及研判法则如下。

（1）AR 和 BR 同时急速上升，意味股价峰位已近，投资者持股时应注意及时获利了结。

（2）BR 比 AR 位置低，且指标值低于 100 时，投资者可考虑逢低买进。

（3）BR 从高峰回跌，跌幅达 1.2 倍时，若 AR 无警戒信号出现，投资者应逢低买进。

（4）BR 急速上升，AR 盘整小回时，投资者应逢高卖出，及时了结。

本章知识要点

证券投资技术分析从研究市场行为开始，以 3 个假设为前提，重点研究价、量、时、空在证券市场上的表现，主要理论有量价关系分析、K 线分析、切线分析、形态分析、指标分析等。在学习上述理论的基础上，要反复验证，最终形成一套适合自己操作的投资方法和理念，进而为投资成功提供技术上的保证。

知识测评与实训操作

一、选择题

1. 进行证券投资技术分析的假设中，从人的心理因素方面考虑的假设是（   ）。

    A．市场行为涵盖一切信息　　　　B．价格沿趋势移动

    C．历史会重演　　　　　　　　　D．投资者都是理性的

2. 当收盘价与开盘价，最高价与最低价都相同时，就会出现（   ）。

    A．一字线　　　B．十字星　　　C．光脚 K 线　　　D．T 形光头十字星

3. 头肩顶形态的形态高度是指（   ）。

    A．头的高度　　　　　　　　　　B．左、右肩连线的高度

    C．头到颈线的距离　　　　　　　D．颈线的高度

4. （多选）关于轨道的形成和使用，下列论述正确的有（   ）。

    A．轨道由趋势线及其平行线组成

    B．轨道由支撑线和压力线组成

    C．轨道线和趋势线是相互合作的一对，互相平行，分别起到支撑和阻力作用

    D．轨道的作用是限制股价的变动范围，让它不能变得太离谱

二、判断题

1. 一根有上下影线和实体的阳 K 线从上到下依次是最高价、收盘价、开盘价和最低价。（   ）

2. "包容"组合由大小不等的两根 K 线组成，两根 K 线一阴一阳，第二根 K 线实体要完全包容第一根 K 线实体。（   ）

3. 下降趋势中，将两个高点连成一条直线，就得到下降趋势线。（   ）

4. 价格和成交量是市场行为最基本的表现。（   ）

三、简答题

1. 简述技术分析的基本假设。

2. 简述道氏理论的缺陷。

四、实训操作题

1. 请在图 8-63 中画出必要的线（如趋势线、轨道线等），以利于分析大盘各阶段的走势。

图 8-63（彩色）

图 8-63　上证指数 K 线图

2. 找出图 8-64 中一些典型的 K 线或 K 线组合（至少 5 个）。

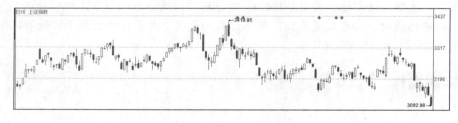

图 8-64（彩色）

图 8-64　上证指数 K 线图（局部）

第九章 量化投资、大数据分析与智能投顾

知识学习目标与思维导图

了解量化投资的含义；掌握大数据在投资中的应用方法；掌握智能投顾的具体操作方法。

大数据在投资中的应用
- ●数据挖掘与数据分析概述
- ●大数据分析在股票投资中的应用

- ●量化投资的含义和特点
- ●量化投资在全球的发展状况
- ●量化投资的投资策略
- ●国内量化投资发展情况

量化投资概述

- ●智能投顾的含义和特点
- ●智能投顾在证券经纪业务中的作用

智能投顾

案例导入

贝塔数据（BETA DATA）：某头部证券公司"智能投顾"工作台

科技的进步、硬件环境的改善将人们快速拉到了"信息大爆炸"的年代，新浪财经、微博、B 站、美团、抖音正在改变国人的生活习惯，人们开始接受更便利的生活方式：线上工作、线上接受服务。

为了提升证券公司的理财服务整体能力，理财服务从以下几方面进行了推进。

1. 投顾式陪伴，以算法和大数据为基础。BETA DATA 与手机证券 App 合作推出产品专区，专注客户陪伴，提升沉浸式体验。客户每次登录，看到的都是对应其偏好的产品推荐、资讯推荐、游戏活动，甚至是不同的主题界面。

2. 解决方案，即最佳实践。BETA DATA 每周一次迭代，每月一次大更新，每季度产出行业发展指南，在提供功能的同时，还提供轻咨询服务，为合作伙伴提供最佳实践。

3. 不只有功能，还有运营。BETA DATE 通过挖掘客户经理的潜力，真正发挥工具的价值，让工具操作方法更容易被投资者理解；让工具的推广更容易被投资者接受。

4. 构建全域协同营销平台，赋能云工作室、数字名片等营销工具，打造全证券公司统一联动的营销体系。

智能投顾是什么？它的运行原理是什么？投资者应如何利用智能投顾将庞大数据分析整理后进行量化投资呢？

第一节　量化投资概述

9-1　量化投资概述

随着现代金融经济学理论的发展，投资经理人更多依靠严密的经济学理论和结构化的资产配置进行投资，而非单凭个人感性认识和对市场的直觉来做判断。人们对投资逐渐由定性投资转向量化投资。

一、量化投资的含义和特点

量化投资是指通过数量化方式及计算机程序发出买卖指令，以获取稳定收益为目的的交易方式。量化投资在海外的发展已有 30 多年的历史，其投资业绩稳定，市场规模和份额不断扩大，得到了越来越多投资者的认可。从全球市场的参与主体来看，按照管理资产的规模，全球排名前四以及前六位中的五家资管机构，都是依靠计算机技术来开展投资决策的，由量化及程序化交易所管理的资金规模在不断扩大。

定量投资和传统的定性投资本质上是相同的，二者都是基于市场非有效或是弱有效的理论基础，而投资经理可以通过对个股估值、成长性等基本面的分析研究，建立战胜市场、产生超额收益的组合。不同的是，定性投资管理较依赖对上市公司的调研，以及基金经理个人的经验及主观的判断，而定量投资管理则是"定性思想的量化应用"，更加强调数据。其特点如下。

（一）纪律性

所有的决策都是依据模型做出的。纪律性表现在依靠模型和相信模型，每一天决策之前，首先要运行模型，根据模型的运行结果进行决策，而不是凭感觉进行决策。

纪律性的优点可以克服人性的弱点，如贪婪、恐惧、侥幸心理，也可以克服认知偏差；纪律性的另外一个优点是可跟踪。每一个决策的做出都是有理有据的，都有数据做支撑，决策过程可跟踪。

（二）系统性

系统性具体表现为"三多"。首先是多层次，在大类资产配置、行业选择、精选个股三个层次都建有相关模型；其次是多角度，定量投资的核心投资思想包括宏观周期、市场结构、估值、成长、盈利质量、分析师盈利预测、市场情绪等多个角度；再次是多数据，量化投资能够对海量数据进行快速处理。强大的定量投资的信息处理能力能捕捉更多的投资机会，拓展更大的投资机会。

（三）套利思想

量化投资通过全面、系统性地扫描捕捉错误定价、错误估值带来的机会。定量基金经理将大部分精力花在分析哪里是估值洼地，哪一个品种被低估了，建议投资者买入低估的证券，卖出高估的证券，进而达到套利获利的投资目的。

（四）以概率取胜

量化投资一是从历史中不断地挖掘有望在未来重复的历史规律并且加以利用。二是依靠一组证券取得盈利，而不是仅凭一只或几只证券取胜。

二、量化投资在全球的发展状况

首先，从全球市场的参与主体来看，按照管理资产的规模，2018 年全球排名前四以及前六位中的五家资管机构，都是依靠计算机技术来开展投资决策。进入 2019 年，由量化及程序化交易所管理的资金规模进一步扩大。其中，第一名为桥水基金，量化及程序化交易所管理的资金规模为 1 629 亿美元；第二名为 AQR，量化及程序化交易所管理的资金规模为 1 138 亿美元；第三名为文艺复兴科技，量化及程序化交易所管理的资金规模为 601 亿美元；第四名为 Two Sigma，量化及程序化交易所管理的资金规模为 388 亿美元。

其次，从就业人员的薪资水平来看，全球超 70%的资金交易用计算机或者程序进行，其中一半是由量化或者程序化的管理人来操盘。在国外招聘网站搜索金融工程师（包括量化、数据科学等关键词）会出现超过 33 万个相关岗位。美国的量化投资分析师平均年薪约 85 296 美元。

最后，从高校的培养方向来看，已有超过 450 所美国大学设置了金融工程专业，每年相关专业毕业生达到 1.5 万人，市场需求与毕业生数量的差距显著，因此数据科学、计算机科学、会计以及相关 STEM（基础学科）学生毕业后会进入金融行业从事量化分析和应用开发的相关工作。

三、量化投资的投资策略

量化投资技术几乎覆盖了投资的全过程，包括量化选股、量化择时、股指期货套利、商品期货套利、统计套利、期权套利、算法交易、资产配置等。

（一）量化选股

量化选股就是采用数量的方法判断某只股票是否值得买入的行为。根据某个方法，如果该股票满足了该方法设定的条件，则放入股票池，如果不满足，则从股票池中剔除。量化选股的方法有很多种，总的来说，可以分为公司估值法、趋势法和资金法三大类。

（二）量化择时

股市的可预测性问题与有效市场假说密切相关。如果有效市场理论或有效市场假说成立，股票价格充分反映了所有相关的信息，价格变化服从随机游走，那么股票价格的预测便毫无意义。众多研究发现在我国股市的指数收益中，存在经典线性相关之外的非线性相关，从而不符合随机游走的假设，表明股价的波动不是完全随机的。它貌似随机、杂乱，但在其复杂表面的背后，却隐藏着确定性的机制，因此存在可预测成分。

（三）股指期货

股指期货套利是指利用股指期货市场存在的不合理价格，同时参与股指期货与股票现货市场交易，或者同时进行不同期限、不同（但相近）类别股票指数合约交易，以赚取差价的行为。股指期货套利主要分为期现套利和跨期套利两种。股指期货套利的量化研究主要包括现货构建、套利定价、保证金管理、冲击成本、成分股调整等内容。

（四）商品期货

商品期货套利盈利的逻辑原理是基于以下几个方面：
1. 相关商品在不同地点、不同时间都对应一个合理的价格差价。
2. 由于价格的波动性，价格差价经常出现不合理。
3. 不合理必然要回到合理。

4．不合理回到合理的这部分价格区间就是盈利区间。

（五）统计套利

有别于无风险套利，统计套利是利用证券价格的历史统计规律进行套利，是一种风险套利，其风险在于这种历史统计规律在未来一段时间内是否继续存在。统计套利在方法上可以分为两类：一类是利用股票的收益率序列建模，目标是在组合的 β 值等于零的前提下实现 alpha 收益，我们称之为 β 中性策略；另一类是利用股票价格序列的协整关系建模，我们称之为协整策略。

（六）期权套利

期权套利交易是指同时买进卖出同一相关期货但敲定价格不同或到期月份不同的看涨或看跌期权合约，希望在日后对冲交易部位或履约时获利的交易。期权套利的交易策略和方式多种多样，是多种相关期权交易的组合，具体包括水平套利、垂直套利、转换套利、反向转换套利、跨式套利、蝶式套利、飞鹰式套利等。

（七）算法交易

算法交易又被称为自动交易、黑盒交易或者机器交易，它是指通过使用计算机程序来发出交易指令。在交易中，程序可以决定的范围包括交易时间、交易价格，甚至最后需要成交的证券数量。根据各个算法交易中算法的主动程度不同，可以把不同算法交易分为被动型算法交易、主动型算法交易、综合型算法交易三大类。

（八）资产配置

资产配置是指资产类别选择，适当配置投资组合中的各类资产，并对这些混合资产进行实时管理。量化投资管理将传统投资组合理论与量化分析技术相结合，极大地丰富了资产配置的内涵，形成了现代资产配置理论的基本框架。

它突破了传统积极型投资和指数型投资的局限，将投资方法建立在对各种资产公开数据的统计分析上，通过比较不同资产的统计特征，建立数学模型，进而确定组合资产的配置目标和分配比例。

四、国内量化投资发展情况

国内量化投资规模大概是 3 500 亿到 4 000 亿元人民币，其中公募基金约 1 200 亿元，其余为私募量化基金，金额在 2 300 亿元以上。中国证券基金的整体规模超过 16 万亿元，其中公募约 14 万亿元，私募约 2.4 万亿元。

第二节　大数据在投资中的应用

9-2　大数据在投资中的应用

证券市场是一个信息为王的市场，如果一个投资者能获得比其他人更有价值的信息，那么他就有可能战胜市场，赚取超额收益。而数据是信息的载体，在过去相当长的一段时间内，人们主要利用金融市场内部产生的数据进行投资决策，这些数据包括交易所披露的交易数据、上市公司披露的财务和经营数据等。然而，随着信息技术的发展，人类社会正迈入数据"大爆炸"的时代，人们的观点与行为通过各种接口上传到网络并被存储，由此形成了规模庞大、内容复杂的"大数据"仓库。通过大数据，投资者能够以全新的维度来分析和预测金融市场，并获得可观的收益，因此大数据分析逐渐成为金融投资领域的重要工具。

一、数据挖掘与数据分析概述

（一）数据挖掘概述

数据挖掘是指从数据集合中自动抽取隐藏在数据中的有用信息的非平凡过程，这些信息的表现形式为规则、概念、规律及模式等。

数据挖掘起始于 20 世纪下半叶，是在当时多个学科发展的基础上发展起来的。随着数据库技术的发展应用，数据不断积累，简单的查询和统计已经无法满足企业的商业需求，企业急需一些革命性的技术去挖掘数据背后的信息。同时，这一时期计算机领域的人工智能也取得了巨大进展，进入了机器学习的阶段。因此，人们将两者结合起来，用数据库管理系统存储数据，用计算机分析数据，并且尝试挖掘数据背后的信息。这两者的结合催生了一门新的学科，即数据库中的知识发现，数据挖掘则是知识发现的核心部分。进入 21 世纪，数据挖掘已经成为一门比较成熟的交叉学科，并且数据挖掘技术也伴随着信息技术的发展日益成熟起来。

总体来说，数据挖掘融合了数据库、人工智能、机器学习、统计学、高性能计算、模式识别、神经网络、数据可视化、信息检索和空间数据分析等多个领域的理论和技术，是 21 世纪初期对人类产生重大影响的十大新兴技术之一。

（二）数据挖掘的特点

1. 特别擅长处理大数据，尤其是几十万行、几百万行，甚至更多、更大的数据。

2. 在实践应用中一般都会借助数据挖掘工具，而这些数据挖掘工具的使用，很多时候并不需要特别专业的统计背景作为必要条件。

3. 在信息化时代，数据分析应用的趋势是从大型数据库中抓取数据，并通过专业软件进行分析，所以数据挖掘工具的应用更加符合企业实践和实战的需要。

4. 从操作来看，数据挖掘技术更多是企业的数据分析师、业务分析师在使用，而不是统计学家用于检测。

（三）数据分析概述

数据化运营中的数据分析项目类型比较多，涉及不同的业务场景、业务目的和分析技术。一个成功的数据分析项目，首先要有准确的业务需求描述，之后则要求项目相关人员自始至终对业务有正确的理解和判断。

大数据分析并没有定式，所有与分析对象相关的数据都具有潜在的利用价值。目前被广泛使用的大数据源如下。

1. 社交网络数据。人们会在社交网络上发表自己的观点或宣泄自己的情绪，这些数据以文本等形式被记录在数据仓库中。通过选取并分析恰当的数据子集，数据使用者能够更好地把握人们关于投资的信念和情绪特征，从而辅助投资决策。一些常用的社交网络数据包括微博博文、财经论坛帖子等。

2. 电子商务数据。电子商务数据不仅包括商品的真实成交信息，还包括很多其他有价值的数据，比如顾客浏览记录、商品消费评价、商品库存信息等。这些数据可用于分析产品价格、市场供求、品牌竞争力等与公司经营相关的信息，从而有助于投资者进行投资决策。

3. 泛搜索引擎数据。搜索行为通常被认为能够反映人们对事物的关注程度、信息需求以及对商品和服务的需求等，因此，与搜索行为相关的数据具有重要的分析价值。百度等平台均做了词条搜索引擎，人们在资讯软件、金融数据软件等接口生成的搜索行为数据同样能够用于投资决策。

4. 媒体数据。随着电子化媒体全面替代纸质媒体，媒体的信息容量也在剧增——从政治经济要闻到商业纠纷，网络上都有迹可循。与此同时，行业自媒体公众号、公司网站新闻等泛媒体渠道也能提供与投资相关的增量信息。如果媒体数据能做到真实客观，那么通过对这些数据的深入挖掘，数据使用者可以更好地预测公司的经营情况。

二、大数据分析在股票投资中的应用

（一）市场数据的分析

市场数据是大数据分析股票投资决策中的重要部分，它涉及的范围很广，包括市场指数、个股价格、成交量、流通量、市盈率等诸多指标。这些数据可以通过各种数据模型进行大数据分析，可以更准确地发现股票市场中的规律和趋势，从而提供投资决策的参考。

（二）企业数据的分析

企业数据也是大数据分析股票投资决策中的重要指标之一。这些数据包括企业的财务状况、业绩增长、行业地位、风险控制等方面，可以通过大数据分析模型进行综合分析，对企业的价值、未来发展潜力和市场表现等做出判断，从而为投资者提供决策参考。

（三）舆情数据的分析

随着互联网的普及和社交媒体的兴起，舆情数据已经成为股票投资决策中不可忽视的一部分。通过对各种网络舆情、新闻报道等进行分析，可以了解企业的声誉、产品质量、管理水平等方面的情况，为投资者提供更精准的决策参考。

（四）市场风险的分析

大数据分析还可以帮助投资者更精准地把握市场风险，从而更好地控制风险。例如，通过对公司的财务数据、股票交易价格等方面的数据分析，可以评估该公司股票的风险程度，以便投资者能够在风险可控的前提下，获取更高的投资回报。

利用大数据技术还可以进行量化投资，即通过人工智能、机器学习等技术，对大量的股票数据进行分析和预测，进行自动化交易，从而使投资决策更加科学化和自动化。目前一些基金公司和机构投资者已经通过大数据分析技术，建立了高效、自动化的投资决策系统，并取得了不错的投资回报。而对于普通投资者来说，也可以通过各种渠道获取到大量的股票数据，并通过简单的数据分析方法进行投资决策。

总之，利用大数据分析技术进行股市投资已经成为一种趋势，它可以帮助投资者更好地认识市场规律和风险，从而制定更科学的投资决策，帮助投资者达到稳健增值的目标。

第三节　智能投顾

一、智能投顾的含义和特点

（一）含义

智能投顾是一类提供在线组合配置建议及组合管理的理财顾问服务。该类业务兴起于 2008 年，最初由一些初创的科技公司发起。它以传统私人理财行业挑战者的身份出现，尝试利用人工智能技术替代传统的人工理财顾问服务。私人财富管理行业的特点决定了人工智能在该领域的良好应用前景，这使得近年来智能投顾业务的增长十分迅速，很多传统金融机构也已跟进布局。截至目前，在全球范围内，智能投顾已成为金融科技生态系统中最重要的应用场景之一。

智能投顾业务之所以能够如此迅速地普及，以马科维茨的投资组合理论为代表的量化组合管理理论功不可没。智能投顾系统正是以量化组合管理理论为基础，建立了一套可以遵循的量化分析逻辑，从而保证了自动化投资建议的准确性。因此，智能投顾也可以视作组合管理的一个实际应用案例。

（二）特点

在现阶段，典型的智能投顾服务有以下特征。

1. 自动化。智能设备的普及为智能投顾系统与客户之间的信息交换提供了一种更为便捷的渠道。与此同时，通过人工智能技术，智能投顾系统可以自主地对客户信息和投资信息进行分析，从而实现工作流程中各个环节的自动化。全自动化为智能投顾系统带来了两个非常重要的优势：一是规避了代理人问题；二是大幅降低了边际服务成本，使得中低收入人群能享受投资理财服务。

2. 个性化。与传统的财富管理行业采用标准化调查问卷来挖掘客户的风险偏好和投资目标的方法相比，智能投顾系统可以通过数据挖掘和人工智能的方式更为精准地定位客户需求，从而提供更为个性化的服务。例如，通过使用客户授权的电子商务数据，智能投顾系统可以了解客户的现金流需求特征，并征询客户是否将其纳入理财目标。

3. 以长期财富管理为目标，采用被动投资策略。智能投顾业务的核心是基于客户的长期财富管理目标来合理配置资产，而非通过战胜市场来为客户获取超额收益。因此，智能投顾系统通常将 ETF 作为底层资产并采用被动配置策略。在我国，由于现阶段市场上可供投资的 ETF 数量较少，相关的交易需要基金管理人牌照，因此国内的智能投顾服务主要以公募基金为底层资产。智能投顾系统所采用的被动配置策略更强调以定量方式分散组合风险并优化投资效用，这与人工智能技术的特点高度契合。

二、智能投顾在证券经纪业务中的应用

智能投顾的核心服务内容与传统人工理财顾问基本一致，都是以客户的具体偏好或需求为导向，为客户进行理财规划。但是，人工理财服务通常为经验导向，理财师通过与客户沟通来了解客户需求，并根据自身的专业技能来提供建议；而智能投顾服务是数据导向的，数据分析贯穿始终。一个典型的智能投顾系统通常包含以下工作流程。

（一）客户画像。通过在线调查问卷或大数据挖掘的方式，对客户的风险偏好（进取型、中立型、保守型等）和理财目标（资金流动性要求、税收筹划需求等）进行定位。

（二）投资组合建议。首先明确可配置的资产集合，然后根据客户的潜在需求，利用量化的投资组合策略模型生成最优的资产配置策略，并为客户提供投资建议。

（三）交易执行。在获得客户许可后，根据指定的资产配置策略进行资产配置。

（四）投资组合再平衡。当可投资品种的构成、预期收益率等外部环境发生变化时，需要重新构建投资组合策略。即使外部环境没有改变，在执行既定投资组合策略一段时间后，若该投资组合中的各类资产比例偏离了计划值，也需要定期或不定期地对该投资组合进行修正。

（五）收益报告。根据在财富管理过程中的收益表现，定期或不定期地向客户提供业绩报告。

本章知识要点

本章主要介绍了量化投资的基本概念、量化投资的两个前沿领域即大数据投资和智能投

顾系统。大数据投资将社交网络、电子商务、泛搜索引擎及媒体等数据纳入研究对象，采用以机器学习算法为代表的定制化手段进行分析，试图得到有利于投资决策的增量信息。

智能投顾系统以量化组合管理理论为基础，借助信息技术和人工智能技术实现对人工理财服务的替代。并对智能投顾的业务应用进行了阐述。

知识测评与实训操作

一、选择题

1. 下列哪一项不是智能投顾的特点（　　　）。
   A. 自动化　　　　B. 个性化　　　　C. 被动投资策略　　D. 强执行力

2. （多选）大数据分析在股票投资中的应用包括（　　　）个方面。
   A. 市场数据分析　　　　　　　　B. 舆情数据分析
   C. 企业数据分析　　　　　　　　D. 市场风险分析

3. （多选）关于智能投顾与人工理财顾问优势对比说法正确的是（　　　）。
   A. 人工理财顾问存在服务瓶颈
   B. 智能投顾数据处理能力大大超越人类
   C. 人工理财顾问按照既定的模型算法执行
   D. 智能投顾以销售为导向

二、判断题

1. 数据挖掘特别擅长于处理大数据，尤其是几十万行、几百万行，甚至更多更大的数据（　　　）。
2. 量化选股就是采用数量的方法判断某只股票是否值得买入的行为（　　　）。
3. 定量投资从历史中不断地挖掘有望在未来重复的历史规律并且加以利用（　　　）。

三、简答题

1. 大数据分析的信息来源有哪些？
2. 大数据分析的未来发展趋势有哪些？

四、实训操作题

利用同花顺 App，进行证券模拟操作，利用数据库进行大数据分析，根据分析结果，为某只选定证券做一份合理的投资分析报告。